小樽商科大学研究叢書

シュトラウス政治哲学に向かって

西永 亮 編著

佐藤貴史・飯島昇藏・中金　聡・近藤和貴
加藤哲理・佐々木潤・井上弘貴・手島勲矢 著

略号一覧

〔テクストにかんする注記〕
　シュトラウスのテクストからの引用・参照にさいしては，以下の略号を用い，かっこ［　］内に該当頁数を付して出所を示す．

PAW. *Persecution and the Art of Writing* (Glencoe: The Free Press, 1952).
PPH. *The Political Philosophy of Hobbes: Its Basis and Its Genesis*, translated from the German Manuscript by Elsa M. Sinclair (Chicago and London: The University of Chicago Press, 1952). 飯島昇藏・添谷育志・谷喬夫訳『ホッブズの政治学』（みすず書房，1990年）．
ToM. *Thoughts on Machiavelli* (Glencoe: The Free Press, 1958). 飯島昇藏・厚見恵一郎・村田怜訳『哲学者マキァヴェッリについて』（勁草書房，2011年）．
WIP. *What Is Political Philosophy? And Other Studies* (Glencoe: The Free Press, 1959). 飯島昇藏・中金聡・近藤和貴ほか訳『政治哲学とは何であるか？とその他の諸研究』（早稲田大学出版部，2014年）．
HPP. *History of Political Philosophy*, edited by Strauss and Joseph Cropsey (1st ed., Chicago: Rand McNally, 1963; 2nd ed., Chicago and London: The University of Chicago Press, 1972; 3rd ed., Chicago and London: The University of Chicago Press, 1987).
CM. *The City and Man* (Chicago: Rand McNally, 1964).
SCR. *Spinoza's Critique of Religion*, translated by E. M. Sinclair (New York: Schocken Books, 1965).
LAM. *Liberalism Ancient and Modern* (New York and London: Basic Books, 1968). 石崎嘉彦・飯島昇藏訳者代表『リベラリズム 古代と近代』（ナカニシヤ出版，2006年）．
SA. *Socrates and Aristophanes* (New York and London: Basic Books, 1966).
XSD. *Xenophon's Socratic Discourse: An Interpretation of the Oeconomicus* (Ithaca, N. Y. and London: Cornell University Press, 1970).
NRH. *Natural Right and History* (Chicago and London: The University of Chicago Press, 1971). 塚崎智・石崎嘉彦訳『自然権と歴史』（筑摩書房，2013年）．
XS. *Xenophon's Socrates* (Ithaca, N. Y. and London: Cornell University Press, 1972).
SPPP. *Studies in Platonic Political Philosophy* (Chicago and London: The University of Chicago Press, 1983).
RCPR. *The Rebirth of Classical Political Rationalism: An Introduction to the Thought of Leo Strauss*, selected and introduced by Thomas L. Pangle (Chicago and London: The University of Chicago Press, 1989). 石崎嘉彦監訳『古典的政治的合理主義の再生——レオ・シュトラウス思想入門』（ナカニシヤ出版，1996年）．
OT. *On Tyranny*, revised and expanded edition, including the Strauss-Kojève Correspondence, edited by Victor Gourevitch and Michael S. Roth (Chicago and London: The University of Chicago Press, 2000). 石崎嘉彦ほか訳『僭主政治について』（現代思潮新社，上2006年，下2007年）．
OPS. *On Plato's Symposium*, edited and with a Foreword by Seth Benardete (Chicago and London: The University of Chicago Press, 2001).

"RSW". "Replies to Schaar and Wolin: II ," *American Political Science Review*, 57 (1963).
"GH". "Greek Historians," *The Review of Metaphysics*, Vol.21 No.4 (1968).
"GA". "A Giving of Accounts," *Jewish Philosophy and the Crisis of Modernity: Essays and Lectures in Modern Jewish Thought*, edited with an Introduction by Kenneth Hart Green (Albany, NY: State University of New York Press, 1997).
GS. *Leo Strauss Gesammelte Schriften*, Bde.1-3, dritte Aufl. (Stuttgart und Weimar: J. B. Metzler, 2004-2008).
RKS. *Die Religionskritik Spinozas*, GS, Bd.1.
PG. *Philosophie und Gesetz*, GS, Bd.2.
HPW. *Hobbes' politische Wissenschaft in ihrer Genesis*, GS, Bd.3. 飯島昇藏・添谷育志・谷喬夫訳『ホッブズの政治学』(みすず書房, 1990年).
"ACS". "Anmerkungen zu Carl Schmitt, Der Begriff des Politischen," in HPW, GS, Bd. 3.
RKH. *Die Religionskritik des Hobbes: Ein Beitrag zum Verständnis der Aufklärung*, GS, Bd.3.
"APWF". "Antwort auf das »Prinzipielle Wort« der Frankfurter," GS, Bd. 2.
"BWK". "Bemerkung zu der Weinbergschen Kritik," GS, Bd. 1.
"ZI". "»Die Zukunft einer Illusion«," GS, Bd. 1.
"ZIPZ". "Zur Ideologie des politischen Zionismus (In Erwiderung auf drei Aufsätze Max Josephs)," GS, Bd. 1.
"RLG". "»Religiöse Lage der Gegenwart«," GS, Bd. 2.

序　論

西　永　　亮

1　シュトラウス政治哲学と「リベラル・エデュケーション」

　「教養教育」の危機が叫ばれて久しい．いや，今日においてはその存在意義自体が議論の俎上にあげられているのかもしれない．そして，その必要性を否定する者すら出現しているかもしれない．いずれにせよ，社会の民主化あるいは大衆化にともない，さらにはグローバル化の急展開のなかで，「教養教育」の意義に関する議論がますます重要性をおびている．仮に教育(学)を専門としてはいなくても，何らかの形において教育に携わっている人間は，この問題と無関係に生きることはできない．

　日本語における「教養教育」は，周知の通り，世界的には"Liberal Education"と表現される．ところで，近年世界中でその「政治哲学 Political Philosophy」がいっそうの注目を集め，日本においても少しずつではあるが知られつつあるシュトラウス(Leo Strauss, 1899-1973)が，「リベラル・エデュケーション」について議論を展開していることは，あまり知られていない．しかし，彼の「教育」論は，政治哲学者が片手間に行なった余興にすぎないのであろうか？　それは彼の政治哲学から切り離され無視されても構わない代物なのであろうか？　彼の考えにおいては，政治哲学が教育よりも価値的に優先されることが前提されているのであろうか？　けっしてそうではない．むしろ，彼にとって政治哲学と教育とりわけリベラル・エデュケーションとは，不可分の関係にある．彼は，「政治哲学とは何であるか？ What Is Political Philosophy?」と「リベラル・エデュケーションとは何であるか？ What Is Liberal Education?」という2つの本質的な問いに，同時に取り組んだのである．このことの重要性は次の事実からだけでも明らかである．つまり，

彼はこの2つの問いを，自らの2つの本のそれぞれの巻頭の章のタイトルにまでしているのである[1]。

そのさいに，シュトラウスはリベラル・エデュケーションをその起原から理解しようとする．その起原は，彼の見解においては古代ギリシアのポリスにある．つまり，その時点においてすでにそれはポリス的＝政治的 political である．ポリスにおいて「リベラル」であることは，言い換えれば「自由な人間 free man」であることは，「奴隷」ではなく「主人」であることを意味する．それは，「自分自身のための時間」すなわち「余暇」(スコレー)をもつことを意味する．そして，そうした余暇が向けられるのが「政治〔ポリスの事柄〕politics」と「哲学〔知恵を愛すること〕philosophy」なのである [LAM: 10]．もっとも，そうした自由人たちの間にも，自分たちのポリス・都市を支配する政治家(「ジェントルマン」と呼ばれる)と，政治に直接的には関与しない「哲学者」の区別があることをシュトラウスは指摘する．このことから，リベラル・エデュケーションは両者それぞれに固有の徳の行使に応じて異なる様相——政治家教育と哲学者教育——をもつとされる[2] [cf. LAM: 13]．いずれにせよ，ひとはリベラル・エデュケーションによってはじめてリベラル＝自由になる．それは人間の「自由化 liberation」，あるいは人間を「自由にすること liberalization」の運動にほかならない [cf. LAM: 8, 17]．

このような起原から現代のリベラル・エデュケーションを眺めるならば，それは衰退していると言わざるをえず，そしてそのことが今日のわれわれの「窮状 predicament」[LAM: 18] であるとシュトラウスは診断する．それは政治的側面に関係する．つまり，マス・デモクラシーにおけ

---

[1] 前者は『政治哲学とは何であるか？とその他の諸研究』*What Is Political Philosophy? And Other Studies* (1959年)の第Ⅰ章であり，後者は『リベラリズム 古代と近代』*Liberalism Ancient and Modern* (1968年)の第1章である．彼が "education" の語を用いる場合に，われわれは，それが "introduction" の語と成り立ちにおいてだけでなく意味においても対をなしていることに注意しなければならないであろう．両者とも "liberal" であることに関係している．シュトラウスに特有の「リベラリズム」と「導入 introduction」との関係についての1つの解釈として，本書の「あるエピローグ」も参照せよ．

[2] もちろん，ここで言う政治家は，奴隷を使用して「家事」(オイコス)を管理する「主人」でもあるので，同時に経済人 economist でもある．

る主権者・有権者である民衆と，その代表者・政治家の双方が，彼によれば，十分に教育されていないというのである．というのも，彼らは教育によらずとも主権者あるいは政治家になれるからである．現代において「自由」はもはや「教育」を必要としなくなってしまったのである [cf. LAM: 22]．したがってシュトラウスは，デモクラシーについても，その起原から理解しようとする．彼によれば，起原におけるデモクラシーとは，民衆が「徳」を有するような政体である．そして徳は「知恵」を必要とするがゆえに，デモクラシーとは，民衆が有徳で賢明であるような政体である．それは，少数ではなく大多数の優秀な人間によって統治される政体であるがゆえに，デモクラシーとは大規模な「アリストクラシー」なのである [LAM: 4]．ここからシュトラウスは，「リベラル・エデュケーションとは何であるか？」という問いに対して次のように応答する．

> リベラル・エデュケーションとは，それによってわれわれがマス・デモクラシーから起原において意図されていたものとしてのデモクラシーへと上昇する梯子である．リベラル・エデュケーションとは，デモクラティックなマス社会の内部にアリストクラシーを創設するのに必要な努力である．[LAM: 5]

しかしながら，教育だけでなく学問にも携わっているわれわれは，ここにおいてシュトラウスのリベラル・エデュケーション論のもう 1 つの側面，すなわち哲学者教育の側面にも目を向けなければならないであろう．

これに関してシュトラウスは，現代のマス社会における学問の状況を，M・ウェーバー（Max Weber 1864-1920）の思想に依拠しながら説明する．マス文化には，「精神のない専門人たち specialists と心のない享楽人たち」しか生産しない傾向が内在している [LAM: 5]．これは学問のあり方にも影響を及ぼす．いまでは，科学の「専門化 specialization」が進展すればするほど，科学は「価値」について何も知りえず，善悪の判断を下すことはできないとされる．諸科学の目的として，たとえば健康や長寿や繁栄などが当然視されているが，しかしそうした目的それ自体を科

学が正当化することはできない．諸科学を支えるものは，何らかの「客観的な」スタンダードではなく，「マス」という「顧客」の「欲望」である．その「マス」のほうはと言えば，何に対しても「責任」を果たしえない存在であるので，学問も教育も無責任となってしまっている．教育は単なる「社会への適応」にとって替えられてしまった[LAM: 22–23]．

　それでは，現状のマス・デモクラシーから有徳で賢明なデモクラシーへの上昇を目指す，言い換えれば「デモクラティックなマス社会の内部にアリストクラシーを創設する」ことを目指すリベラル・エデュケーションは，学問といかに関係するのか？　そしてそれはいかにして可能であるのか？　ここにおいてシュトラウスは，次の事実にわれわれの注意を向ける．

> 　われわれが忘れることのできない明らかな事実は，自由 freedom をすべての人びとに与えることによって，デモクラシーはまた人間的卓越性を世話する人びとに自由を与えている，ということである．……われわれは実際に専門人たちであるよう強制されているが，しかしわれわれは，最も重みのある諸々の事柄に，あるいはより単純にそしてより高貴に言えば，唯一必要なこと the one thing needful に，専門化 specialize しようとすることができる．[LAM: 24]

現代においてリベラル・エデュケーションを実行することによって，徳や知恵といった「人間的卓越性」を育もうとする「われわれ」は，デモクラシーの敵である必要はまったくない．むしろ逆である．デモクラシーはリベラル・エデュケーションの可能性を提供してくれるのである[3]．「専門化」の進んだ現代において，確かにわれわれは「専門人」であることを余儀なくされるが，しかし，デモクラシーのなかで，われわれは

3　シュトラウスは，自分の主張が自称デモクラットたちによって反デモクラティックなものとして解釈されうることに対して，こう警告する．「まさにわれわれはデモクラシーの友たちであり同盟者たちであるがゆえに，われわれはデモクラシーの媚売屋たちであることをゆるされない」[LAM: 24]．彼のリベラル・デモクラシー批判は，「デモクラシーの媚売屋たち」からデモクラシーを擁護するための友好的批判である．

「唯一必要なこと」——いかなる権威にも服従しない自由な生き方——の「専門人」であろうと努力することができる．これこそシュトラウスの意図する現代の「哲学者」の姿なのである．哲学は特定の地域や社会だけでなく，それを含む全体を理解しようとする活動であり，したがって現実社会の次元を超越する．そのことによって，社会の現状（マス・デモクラシー）に対する批判的視点が獲得され，より理想的な社会のあり方（デモクラシーとアリストクラシーの結合[4]）への展望が開かれる．それと同時に，学問と教育もより理想的なあり方に近づく．政治家は（そして経済人も），社会運営をめぐる最も重みのある事柄に関して意思決定し，さまざまな問題を解決するための知恵や技術を，教育によって身につけなければならない．これに対して哲学者は，何らかの決断や解決よりも，そうした重要な事柄を「問うこと questioning」の専門人である [LAM: 13]．そのための哲学者教育としてのリベラル・エデュケーションは，現行社会に支配的な常識や偏見から人びとの精神を「自由にすること」を目指すのである．

しかし，われわれは哲学者そのものになることはできない，とシュトラウスは言う．われわれができるのは哲学者になろうと努力することだけであり，「哲学〔知恵を愛すること〕を愛する」ことだけである [LAM: 7]．したがって，哲学者教育としてのリベラル・エデュケーションとは「哲学のための準備」[LAM: 13] である．そこでの教育内容としてシュトラウスが求めるのは，非常に単純な——そして非常に困難な——ものである．それは，偉大な哲学者たちの間の会話に耳を傾けること，そして偉大な本たちを読むことである [5][LAM: 7, 24]．

---

[4] これは，シュトラウスが呈示する一種の「混合政体 mixed regime」であると考えられる．事実彼は，同じテクストのなかで，混合政体論との関連において近代共和主義についての議論を展開している．Cf. LAM: 15ff.

[5] 大学における学問と教育のあり方をめぐるデモクラシーと精神的アリストクラシー Geistesaristokratie との関連は，すでにウェーバーが「職業としての学問」のなかで触れていた問題である（cf. Weber 1917: 587／邦訳: 19-20）．また，急激な近代化を迎えた戦後日本において，学芸における「古典」や「教養」の重要性を訴えたのは，ほかならぬ「戦後民主主義」を代表すると言われる政治学者の丸山眞男である．彼は——彼もまたウェーバーの思想に強く影響されていた——こう主張する．「現代日本の知的世界に切実に不足し，

本書『シュトラウス政治哲学に向かって』は，シュトラウス政治哲学にさまざまな角度から接近し，彼のテクストを丹念に読み，そして究極的には，彼のテクストを通じて偉大な哲学者たちの声に耳を傾けようとする試みである．この営為によって，本書はリベラル・エデュケーションのための準備を目指している．教育者こそが教育されなければならない．

2 本書の構成

本書は，編者が小樽商科大学に赴任した 2007 年以降現在にいたるまで，小樽と札幌で定期的に開催されている「政治哲学研究会」を中心にして知り合った研究・教育者たちとともにつくりあげた，シュトラウス政治哲学に関する論文集である．われわれは，責任ある教育者として，シュトラウス政治哲学をめぐって真剣に議論を積み重ねてきた．ここで，本書を構成する9本の論文の概要を示しておきたい．

第1章の佐藤論文「政治的シオニズムと無神論——シュトラウスのフロイト論を中心にして」は，近年注目されつつある，アメリカへの亡命以前のドイツ時代におけるシュトラウスのシオニズム論を分析する．とくに，フロイト『ある錯覚の未来』の書評をめぐるマックス・ヨセフとの論争が詳細に検討される．シュトラウスは，政治的シオニズム運動のなかに隠れた無神論的性格を明らかにし，「不信仰と信仰のあいだの戦い」の継続と徹底を訴えた．つまり，近代ユダヤ人は，特定の宗教や民

もっとも要求されるのは，ラディカル（根底的）な精神的貴族主義がラディカルな民主主義と内面的に結びつくことではないか」（丸山 1961: 179）．論考「「である」ことと「する」こと」において丸山は，日本では近代化を定着させる社会的基礎が十分に成熟しなかったがゆえに，「する」論理を非常に必要とするところ（政治・経済）でそれが著しく欠け，「する」論理をそれほど必要としないところ（「レジャー」を前提とする学芸）にその「とめどない侵入」（丸山 1961: 176）が果たされてしまった，と分析する．その結果として，大学における学問と教育には「すでにとうとうとして大衆的な効果と卑近な「実用」の基準が押しよせてきて」おり，それらはその内容よりも量的効率性にもとづいて評価されるようになる．それに対して，「古典」や「教養」を重視する学芸のあり方は，「「業績主義」の無制限な氾濫に対する防波堤」になっている（丸山 1961: 176-177）．ここにおいて，シュトラウスの次の主張が参照されるべきである．「リベラル・エデュケーションはマス文化に対する拮抗毒である」[LAM: 5]．

族の問題ではなく，より普遍的な「神学─政治問題」を引き受けなければならないというのである．

　第2章の西永論文「シュトラウスのウェーバー論における「神学─政治問題」──『自然的正と歴史』Natural Right and History 第Ⅱ章の再検討」は，アメリカ時代に公刊された，彼の最も有名な著作においても引き続き「神学─政治問題」の重要性が主張されていることを，その第Ⅱ章の分析を通じて明らかにする．彼のウェーバー批判は，従来，「価値相対主義」批判として理解されてきたが，しかし実際には，シュトラウスはウェーバーの思想のなかに，正しい生き方をめぐる哲学と神的啓示の対立という「神学─政治問題」を見出していたのである．

　第3章の飯島論文「哲学と宗教──マキァヴェッリ，スピノザ，そしてシュトラウス」は，シュトラウスを宗教者として解釈する傾向に対して，「マキァヴェッリの弟子」としてのスピノザというシュトラウスの理解に注目することによって，ほかならぬシュトラウス自身もまた哲学者であった可能性を示す．とくに論点となるのは，スピノザのユートピア批判，政治的シオニズムとの理論的関係，宗教理解，およびユダヤ民族に対する中立性である．そして，シュトラウスの哲学者としての生き方は大学での教育者としてのそれと不可分であったことが，彼の「リベラル・エデュケーション」論などの検討を通じて明らかにされる．

　第4章の中金論文「快楽主義と政治──シュトラウスのエピクロス主義解釈について」は，これまで等閑に付されてきたシュトラウスの生涯にわたるエピクロス主義への関心に注目することによって，彼の政治哲学の本質に迫る．近代化される以前のオリジナルなエピクロス主義においては，人間の至高の快楽である「哲学」はある種の「政治」を必要とすることが認識されていた．このようにエピクロス主義を解釈する「哲学者」シュトラウス自身もまた，「城壁のない都市」の住人たちの窮状を見落とすことなく，哲学的生と市民的生の双方にとっての平和と安全のための「城壁」＝「正義」の必要性を認識し続けたのである．

　第5章の近藤論文「ソクラテスの葬送演説──プラトン『メネクセノス』における弁論術と教育」は，シュトラウス的な思想史研究の手法を用いながら，これまでプラトン研究において真剣に検討されてこなかっ

た対話篇『メネクセノス』を緻密に分析する．同作品においてソクラテスは，一般の期待に反して，教師ソフィストの批判者として描かれてはいない．むしろ彼の葬送演説＝「弁論術」（レトリック）は，政治に野心を抱く若者を名宛人とする政治教育ならびに哲学教育として意図されているのである．本章は，シュトラウスを経由してプラトン政治哲学における「教育」の意義にまで迫ろうとする重要な試みである．

第6章の加藤論文「シュトラウスとガーダマーの対話——ポストモダンの時代における哲学の使命に寄せて」は，20世紀において「古代人・近代人論争」の再開・反復を目論んだ2人の哲学者の間での「対話」を仮想的に描きだすことによって，モダニティの危機を克服しうる新しい哲学のあり方を目指す．その「対話」は，歴史理解，自然理解，およびテクスト解釈の方法をめぐってなされる．両者の表面的な差異を越えて，ともに古典を通じて真理に向かった2人の「優れた教師」との対話を継続することが，ポストモダンの時代における哲学の使命なのである．

第7章の佐々木論文「『政治哲学の歴史』におけるH・V・ジャファとC・ロードのアリストテレス論の比較——「哲学」の位置付けを中心として」は，シュトラウスの2人の弟子によるアリストテレス論を比較検討することによって，アリストテレス政治哲学における「哲学」と「政治」の緊張関係の特質を解明する．ジャファとは対照的にロードは，アリストテレスの著作は「ジェントルマン」（政治的人間）を名宛人としているという，「レトリック」の要素を強調する．そしてこれは「教育」の問題と無関係ではない．というのも，そのレトリックは，政治的人間の過剰な「テューモス」（魂の気概的部分，好戦性，野心）に節度をもたせることを意図しているからである．

第8章の井上論文「分かたれたるシュトラウスの危機をめぐって——H・V・ジャファの政治哲学」は，同じくジャファの仕事を，他のシュトラウシアンたち（とりわけツッカート夫妻）との論争に即して分析する．ここで明らかになるのは，シュトラウス学派によるアメリカ合衆国の政治的伝統に対する洞察の多様性であり，同時に，シュトラウス自身とアメリカとの距離という問題の重要性である．日本におけるシュトラウス研究は依然としてこれらの問題に十分な関心を払っておらず，本章

はそうした欠陥を埋めるものであり，そのためのジャファ政治哲学への導入という意義をもつ．

第9章の手島論文「Kenneth Hart Green, *Leo Strauss and the Rediscovery of Maimonides*」は，書評論文でありながら，ユダヤ思想と聖書解釈の専門家が，シュトラウス政治哲学について中世のユダヤ思想家マイモニデスとの関連で歴史的かつ批判的に検討するという，極めて意義深い内容をもつ．論点は3点にわたる．①マイモニデスへのシュトラウスの関心の由来（ゴルディンとの交流の重要性）．②スピノザのマイモニデス批判についてのシュトラウスの理解の妥当性（「エソテリシズム」と「政治哲学」の問題）．③エソテリシズムに関するマイモニデス自身の理解．これらの検討を通じて，近代リベラリズム以降における思想の自由の問題についての研究方法が示される．

以上のように，本書は，多分野での優れた研究・教育者たちが，シュトラウス政治哲学という共通テーマにさまざまな問題関心から接近するものであり，そして最終的には，古代，中世，近代，現代の偉大な哲学者たちとの対話を実践しようとする試みなのである．

最後に，序論においていくつかの謝辞を述べることをお許しいただきたい．シュトラウス政治哲学をテーマとする本書の制作過程において，シュトラウス研究の第一人者である飯島昇藏教授（早稲田大学）にご寄稿いただき，さらには何人かの執筆者を編者にご紹介いただいたことは，本書の学術書としての信頼性を保証するものとなった．また，やはりシュトラウス研究をリードする中金聡教授（国士舘大学）には，ご寄稿に加えて，シュトラウスのテクストの「略号一覧」を作成していただいた．そして，シュトラウス政治哲学について真摯に研究され，優れた業績を残されている執筆者の全員には，本書の趣旨について深いご理解をいただき，編者からの多くの無理な要求にも寛大なご対応をいただいた．心よりお礼申し上げます．

本書は，平成 26 年度小樽商科大学研究成果刊行経費により出版される．「教養教育」に力を注ぎ続けている本学から本書が出版されることは，悦ばしいかぎりである．

2014 年 12 月 10 日

大学から小樽の街を見下ろしつつ　西　永　　亮

参考文献
Weber, Max (1917), "Wissenschaft als Beruf," in *Gesammelte Aufsätze zur Wissenschaftslehre*, 7. Aufl.,
　J. C. B. Mohr, 1988.(尾高邦雄訳『職業としての学問』，岩波文庫，1980 年).
丸山眞男 (1961)．『日本の思想』，岩波書店．

シュトラウス政治哲学に向かって

目　次

略号一覧……………………………………………………………………3

序　論　　　　　　　　　　　　　　　　　　　　　　　　西　永　亮
1　シュトラウス政治哲学と「リベラル・エデュケーション」………5
2　本書の構成………………………………………………………10

第1章　政治的シオニズムと無神論——シュトラウスのフロイト論を
　　　　中心にして　　　　　　　　　　　　　　　　　佐　藤　貴　史
1　「神学—政治問題」としてのシオニズム論 ………………………19
2　『ある錯覚の未来』を読むシュトラウス
　　2・1　「無神論の時代」におけるユダヤ人……………………22
　　2・2　「宗教的表象の論駁」と3つの正当化……………………24
　　2・3　何も期待しないフロイト……………………………………28
3　神信仰と生——シュトラウスの反批判
　　3・1　中立性という欺瞞……………………………………………30
　　3・2　真剣さと責任…………………………………………………33
4　「神学—政治問題」としての「不信仰と信仰のあいだの戦い」
　　4・1　ユダヤ人の問題から人間の問題へ…………………………35
　　4・2　奇跡と自然……………………………………………………36
　　4・3　近代ユダヤ人の窮状…………………………………………37

第2章　シュトラウスのM・ウェーバー論における「神学―政治問題」
　　　　――『自然的正と歴史』Natural Right and History
　　　　第II章の再検討　　　　　　　　　　　　　　　　　西永　亮
　1　シュトラウスはウェーバー論において何を問題にしたのか？
　　　――「価値相対主義」批判から「神学―政治問題」へ………………41
　2　藤原保信のシュトラウス解釈――ウェーバー批判との関連において……46
　3　ウェーバーの「中心的テーゼ」,「本当の争点」――理性と啓示の対立……49
　4　シュトラウスと歴史主義的先入見――進歩と回帰をめぐって………58
　5　ウェーバーと「政治哲学」――いかにコンフリクトを扱うべきか？……62

第3章　哲学と宗教――マキァヴェッリ,スピノザ,そしてシュトラウス
　　　　　　　　　　　　　　　　　　　　　　　　　　　飯島　昇藏
　1　なぜ,いま,ここで,シュトラウスが問題なのか？……………………67
　2　シュトラウスは哲学者か？ それとも,シュトラウスは宗教者か？……69
　3　マキァヴェッリの弟子としてのスピノザ
　　　3・1　ユートピア批判………………………………………………72
　　　3・2　政治的シオニズム……………………………………………74
　　　3・3　ユダヤ民族に対する中立性…………………………………77
　　　3・4　政治,その他への宗教の影響…………………………………80
　　　3・5　理性的道徳 rational morality とその問題点………………83
　4　Strauss as a modern philosopher king？……………………………86
　5　結　　論……………………………………………………………89

第4章　快楽主義と政治――シュトラウスのエピクロス主義解釈について
　　　　　　　　　　　　　　　　　　　　　　　　　　　中金　聡
　はじめに…………………………………………………………………91
　1　啓蒙と近代エピクロス主義……………………………………………93
　2　快楽主義――隠棲としての政治………………………………………100
　3　コンヴェンショナリズム――「城壁のない都市」の政治哲学………108
　4　古典的な自然的正の理論――キケロのエピクロス主義批判…………114
　5　エピクロスのエソテリシズム…………………………………………119

第5章　ソクラテスの葬送演説——プラトン『メネクセノス』における弁論術と教育　　近藤和貴

1　序論——葬送演説と対話篇『メネクセノス』……………………127
2　ペリクレスの葬送演説——アテナイ帝国賛美と非道徳性………131
3　『メネクセノス』の構造……………………………………………134
4　ソクラテスの葬送演説——母性と徳の系譜
　　4・1　アテナイ国土と国制論……………………………………142
　　4・2　アテナイ史——自由のための戦争………………………146
　　4・3　生者への勧告——徳と幸福の一致………………………151
5　結　　論……………………………………………………………156

第6章　シュトラウスとガーダマーの対話——ポストモダンの時代における哲学の使命に寄せて　　加藤哲理

1　はじめに——2人の哲学者は私たちに何を問いかけるのか？……159
2　真理と歴史——哲学的解釈学は相対主義につながるのか？………162
3　真理と自然——古代哲学の「本性」はどこにあるのか？…………165
4　真理と解釈——テクストはどう読まれるべきか？…………………168
5　おわりに——ポストモダン時代の哲学の使命に寄せて……………174

第7章　『政治哲学の歴史』におけるH・V・ジャファとC・ロードのアリストテレス論の比較——「哲学」の位置付けを中心として　　佐々木潤

1　執筆者の交代について………………………………………………179
2　読解の方法——「レトリック」への着目…………………………180
3　『政治学』における「哲学」の性格
　　3・1　「哲学」という語の捉え方………………………………184
　　3・2　ジャファによる解釈………………………………………186
　　3・3　ロードによる解釈…………………………………………188
4　結　　論……………………………………………………………191

第8章　分かたれたるシュトラウスの危機をめぐって
　　　　——H・V・ジャファの政治哲学　　　　　　　井上弘貴
　1　はじめに——過剰な野心を秘めた高弟かそれとも正統なる後継者か……… 195
　2　シュトラウス学派の区分をめぐって——ジャファとツッカート夫妻の論争……… 198
　3　民衆の自己統治能力という高貴かつ困難な課題とリンカンの賢慮……………… 203
　4　結語にかえて——シュトラウスとアメリカという問題圏の射程……………… 208

第9章　書評論文：Kenneth Hart Green, Leo Strauss and the
　　　　Rediscovery of Maimonides　　　　　　　　手島勲矢
　　　…………………………………………………………………………………… 213

あるエピローグ——「リベラリズム」の現在　　　　　西永　亮
　1　シュトラウスの世紀は，今日？……………………………………………… 233
　2　近代的先入見の分水嶺………………………………………………………… 235
　3　シュトラウスがスピノザに見る「リベラリズム」——「哲学への導入」…… 239
　4　シュトラウスと中世イスラーム哲学——『迫害と著述の技法』の「導入」…… 241

ABSTRACTS ……………………………………………………………………… 247

人名索引 …………………………………………………………………………… 255

執筆者紹介 ………………………………………………………………………… 259

第1章
政治的シオニズムと無神論
―― シュトラウスのフロイト論を中心にして

佐 藤 貴 史

1 「神学―政治問題」としてのシオニズム論

　ドイツ時代の若きシュトラウスが，ユダヤ人国家の創設を目指す政治的シオニズム運動，とくにその理論的活動に深く関わっていたことは，近年のシュトラウス研究が明らかにしているところである[1]．もちろん当時，多くのユダヤ青年は彼らに刻印されていたユダヤ性に直面し，理論や実践を問わずシオニズム運動に向かっていったのであり，それ自体は何ら珍しい出来事ではなかったのかもしれない．しかし，もしシュトラウスのシオニズム論に研究的価値があるとすれば，それは彼がみずからのユダヤ性とシオニズム体験を「神学―政治問題」(das theologisch-politische Problem)[HPW: 8]にまで昇華していったという事実のうちに，その重要な理由がある．シュトラウスは『哲学と法　マイモニデスと彼の先駆者の理解に関する諸論稿』(1935年)の序論の最後で，おそらくみずから自身を指すであろう近代ユダヤ人の苦境について，次のように語っている．

> 正統派ではいられず，無神論の基盤に立った唯一可能な「ユダヤ人問題の解決策」，つまり無条件の政治的シオニズムを大変名誉ではあるが真剣に考えれば結局は十分な逃げ道とみなすべきではないとするユダヤ人にとって，こうして作られた状況，つまり現在の状況は逃げ道なしと見える[PG: 26-27]．

---

[1] Zank 2002, Sheppard 2006, Tanguay 2007, Janssens 2008を参照されたい．とくにZank 2002には初期シュトラウスのテクストの英訳も収められており，本稿の執筆においても大いに参考にさせていただいた．

この引用では「正統派」と「無条件の政治的シオニズム」——すなわち無神論——の二者択一の前に立たされた近代ユダヤ人の姿が描かれていることがわかるが，シュトラウスはさらに続けてこう問うのであった．

> 結局，近代世界のなかに正統派か無神論かという二者択一しかないならば，他方で啓蒙されたユダヤ教の切実な要求を拒否できないならば，いったい啓蒙は必然的に近代の啓蒙なのかどうかという問いに人は向かわざるをえないように見える [PG: 27].

こうしてシュトラウスは「中世の啓蒙」，すなわち「マイモニデスの啓蒙」，そして「中世の啓蒙の中心的理念」である「法の理念」に向かっていくのであった [PG: 27]．いや，彼はすでに序論の冒頭ではっきりとマイモニデスに言及している．「マイモニデス解釈の先入見から目を覚まさせ，むしろ対立する強力な先入見に対する疑いを引き起こすことが本書の目的である」[PG: 9]．

ここでシュトラウスのマイモニデス解釈を問うことはできないが，近代ユダヤ人の行く末を案じる，この2つの引用はどのように理解されるべきなのか．事実，『哲学と法』を読んだシュトラウスの友人たちでさえ，シュトラウスが正統派の側についているのか，あるいは無神論の道を進んでいるのかについては見当がつかず，意見が分かれたようである．たとえば，カール・レーヴィット (Karl Löwith 1897-1973) は『哲学と法』を読み，シュトラウスが正統派を支持していると考えたようであり，シュトラウスは手紙のなかでレーヴィットに対して「わたしは正統派のユダヤ人ではありません！」(ich bin *nicht* orthodoxer Jude !) [GS, Bd. 3: 655. Leo Strauss an Karl Löwith (17. Juli 1935)] と明確に述べている．これとは反対に，ゲルショム・ショーレム (Gershom Scholem 1897-1982) は1935年3月29日付のヴァルター・ベンヤミン (Walter Benjamin 1892-1940) に宛てた手紙で，「この書は無神論を最も重要なユダヤの標語として，詳細な (まったく途方もないものだが) 理由付けをして，公然とこれを信奉することで始まっている！」(ショーレム 1990: 246) と書いている．さらにショーレムはシュトラウスをヘブライ大学

の宗教哲学を看板に掲げた講座の教授に就けることを狙っていたが，「無神論者」がその候補者となれば，その提案に賛成してくれる自由な考えをもった人など，「当地では当然のことだろうが，せいぜいのところ三人しかいない」と嘆息している（ショーレム 1990: 246）．レーヴィットの判断を強く否定するシュトラウスの手紙，そしてショーレムの読後感は，シュトラウスが無神論を標榜しているかのような印象を与える．

　実はシュトラウスには『哲学と法』に先立って無神論を論じたテクストがある．ジークムント・フロイト（Sigmund Freud 1856-1939）の『ある錯覚の未来』（1927 年）に対するシュトラウスの書評である．シュトラウスが書いた書評は，マックス・ヨセフの批判を引き起こし，それを受けてさらにシュトラウスはヨセフに対する反批判として「政治的シオニズムのイデオロギーに寄せて（マックス・ヨセフの 3 つの論文への返答）」を著したが，そこで問題となったのがまさに無神論であった．

　このような錯綜した状況を踏まえたうえで，本稿はシュトラウスのフロイト論やその後の反批判が，書評をきっかけとしながらも，シオニズム，無神論，近代の宗教批判，そして「不信仰と信仰のあいだの戦い」という根本問題に深く切り込み，最終的にシュトラウス自身の「神学─政治問題」に行き着いていることを明らかにしたい．それゆえ，本稿の問題関心は「無神論者」シュトラウスの姿ではなく，シュトラウスが無神論を議論しながら，何を考えていたかという点に向けられている[2]．

---

[2] 管見の限り，本稿で扱うシュトラウスのフロイト論に言及する研究はそれほど多くはない．しかし，そのなかでも E. シェパードはシュトラウスのフロイト論を「1 つの忘れられたシオニズム的エッセイ」と呼び，1 頁弱にわたって論じている．その研究によれば，シュトラウスはのちに述べる「政治的シオニズムによる正常化，安全，そして平和への意志」のうちに「人間たちに契約を取り決めさせ，ホッブズ的な自然状態から立ち去ることを強いるのと同じモチーフの場」を見ていると言う（Sheppard 2006: 48）．シェパードがシュトラウスのフロイト論に言及している箇所には，「シュミットと政治的なもの」というタイトルが付けられていることからも，シュトラウスの政治的シオニズム論はホッブズやカール・シュミットの問題意識とも密接に結びついていることがわかる．しかし，本稿では上記のようなアプローチは取らず，まずはシュトラウス自身のテクストの考察を通して，彼が考える政治的シオニズムと無神論の関係を明らかにする．そして，おそらくその内容を踏まえることで，シュトラウスの思想におけるホッブズやシュミットの位置づけ，すなわち不信仰／信仰と政治的なものの関係もまた，よりはっきりすると考えられる．

シュトラウスの／をめぐる＜無神論論争＞は，彼が何を意図し，誰に向けて議論を展開し，「無神論」という言葉を使うとき，彼がいかなるコンテクストのなかで思考し，行動していたかによって大きく判断が分かれることは言うまでもない．M. ザンクによれば，本稿で取り上げるシュトラウスの書評はシオニズムの学生組織「ユダヤ団体連合」(Kartell jüdischer Verbindungen, K.J.V.) の雑誌『ユダヤ人学生』(Der jüdische Student) に掲載されたものであり，シュトラウスの読者の多くはその内容を受け入れることができなかったようである．パレスチナに移住するユダヤ人を支持し，増やそうとする目標を，政治的シオニズムも宗教的シオニズムも共有していた時期に，イデオロギー闘争はもっとも避けねばならない事態であった．しかし，シュトラウスの議論はその妥協の産物を台無しにしかねないものであり，結果的にシュトラウスは政治的シオニズムの理論的活動から離れていくことになる (Zank 2002: 201)．

シュトラウスにとって政治的シオニズムをめぐる対立は，時代の枠組みに収まり切る出来事ではなく，それを越えて「神学―政治問題」へと帰着せざるをえなかった．しかし，この近代ユダヤ人を襲う深刻な現実に鋭く気づいていたのは少数の者たちだけだったのかもしれない．

2　『ある錯覚の未来』を読むシュトラウス

2・1　「無神論の時代」におけるユダヤ人

シュトラウスによれば，この書評は「シオニズム・イデオロギー (die zionistische Ideologie) が通常説明されない側面に向けてシオニズム・イデオロギーを説明することを要求するもの」["ZI": 431] として意図されていると言う．しかし，なぜ彼がフロイトを取り上げるかと言えば，それは「ドイツにおいて普通というわけではないフロイト的な口調の明晰性と簡潔さが，本来の問い (die eigentlichen Fragen) について，あれこれつまらぬことをおしゃべりすることを阻止するのにふさわしいからである」["ZI": 431]．このように述べながら，シュトラウスの議論はフロイト

第 1 章　政治的シオニズムと無神論

その人ではなく，まず政治的シオニズムの特徴に向かうのであった．本稿の議論においても重要な箇所なので，以下，長文ではあるがそのまま引用することにしよう．

> 政治的シオニズムはくり返しみずからを，ユダヤ民族の存在，つまりユダヤ民族を正常化させる(normalisieren)意志として特徴づけた．政治的シオニズムはこのような自称によって重大な誤解，すなわちまるで正常化への意志が政治的シオニズムの最初の言葉であるかのような誤解に身をさらしたのである；政治的シオニズムに対するもっとも効果的な批判はこのような誤解に立脚していた．実際のところ，シオニズムによる離散状態の否定(Galuthverneinung)を，その前提とするシオニズムの正常化への意志は，「宗教の力は破棄されて」しまった(Klatzkin, Krisis und Entscheidung 57)という確信をもっている．個々の多くのユダヤ人による宗教との断絶はきっぱりと遂行されてしまったので，そのために初めてこのような個々のユダヤ人はみずからの民族に対して，いまや民族はいかにして生きるべきかという問いを立てることができるのである．個々のユダヤ人は正常化という偶像に追従するのではなく，反対である：個々のユダヤ人はもはや非正常化のためのいかなる根拠も認めていない．そしてこれは，決定的なことである：ユダヤ民族は無神論の時代において，その存在をもはや神ではなく，ただ自己自身に，その労働に，その土地と国家にのみ基礎づけることができるのである；ユダヤ民族はきわめて多くの個々のユダヤ人がすでにはるか以前から断絶していたような伝統と，民族としてもまた断絶していたに違いない；無神論者にとっては嘘によってのみ手に入れられるような広大なものや豊かさよりも，文明の誠実な(redlich)窮屈さや乏しさのほうがよいのである ["ZI": 431–432]．

無神論の時代のなかでユダヤ民族はすでに宗教と断絶し，神ではなく自己自身にのみ，みずからを基礎づけている．だからこそ近代ユダヤ人は，「いまや民族はいかにして生きるべきか」と問うのであり，そこに彼

らの逃げ道があるかのように映ったはずである．そして，シュトラウスは政治的シオニズムの無神論的性格を率直に指摘するのであった．

> みずからをラディカルに基礎づけようとする政治的シオニズムは，不信仰として基礎づけられなければならない．政治的シオニズムとそのラディカルな敵対者のあいだの対決は，不信仰と信仰のあいだの戦い（Kampf zwischen Unglauben und Glauben）としてのみ扱われなければならないのである．この戦いは古く，「あらゆる世界と人間の歴史の永遠にして唯一の主題」（das ewige und *einzige* Thema aller Welt- und Menschengeschichte）である．文化哲学と体験哲学の時代のなかでほとんど眠り込んでしまったこの戦いは，言及されたフロイトの著作においてふたたび取り上げられる．フロイトが何を望み，何を達成しているかを見てみよう ["ZI": 433]．

「あらゆる世界と人間の歴史の永遠にして唯一の主題」という箇所は，ゲーテ（Johann Wolfgang von Goethe 1749–1832）からの引用である[3]．文化と体験を称賛する時代のなかで真剣に問われることのなかった主題が，シュトラウスによれば，フロイトの著作においてふたたび目を覚ましている．不信仰に基礎づけられた政治的シオニズム運動は，たしかに時代の産物かもしれない．しかし，シュトラウスの目から見れば，その根本においては不信仰をめぐる戦いが繰り広げられていたのであり，そこには「神学—政治問題」が歴然と横たわっていたはずである．

2・2 「宗教的表象の論駁」と3つの正当化

フロイトが『ある錯覚の未来』で成し遂げようとするのは「宗教的表象の論駁」["ZI": 433]である．そのような論駁はたとえば，「実験的に」

---

[3] ザンクによれば，この引用はゲーテの *Noten und Abhandlungen zum besseren Verständnis des West–östlichen Divan* からのものである（Zank 2002: 211）．

(experimentell)なされると言う．シュトラウスは，フロイトの次のような例を引用している．「「ザクセン人たちが聖なる木として崇めていた木を聖ボニファティウスが切り倒したとき，まわりにいた人々は，冒瀆に対する報いとして何か恐ろしいことが起こるに違いないと考えた．だが何も起こらなかった．そこで，ザクセンの人々は信仰を受け入れ，洗礼を受けた」(65)」["ZI": 434][4]．しかし，実験は「証明力」["ZI": 434]に乏しい．なぜなら，「もし神の考えが人間の考えではなく，人間の道が神の道でないならば，神の考えと道は実験によって点検することはできない；またこれだけではない：これに加えて，科学的手段で神の存在の否定を直接的に基礎づけようとするどんな試みも根本的に誤っている」["ZI": 434]からである．

さて，シュトラウスによれば，いま述べたような宗教的表象を論駁することの不可能性に対する洞察が，「フロイトの批判の前提条件」["ZI": 434]である．彼はふたたびフロイトを引用する．「「それら（宗教的教説）の大概に関する現実上の価値については判断できない．それらは証明することはできないが，同様にまた否定もできないのである」(50)」["ZI": 434]．もっと言えば，「宗教批判はたしかに宗教の教説を否定できないが，この教説の正当化を揺さぶることはできる」["ZI": 434]．

では，宗教はみずからの教説をどのように正当化できるのか．数世紀前までは「物理学者」でも神の存在を証明できると考えていた．たしかに「神は存在するという主張は論駁されないままであることができる」．しかし，「その科学的価値に基づいて判断すると，神は存在するという主張はもはや多くの仮説のなかの1つの仮説以上のものではないのである」["ZI": 434]．

第2の可能性としてあげられるのは「聖書と伝統の援用」["ZI": 434]

---

[4] シュトラウスがフロイトから引用している個所の内容と翻訳については，フロイト 2011 が大変有益であったが，佐藤によって変更を加えられた箇所もあるので，邦訳の該当頁は明記しないこととする．また，シュトラウスが引用するフロイトの文章につけられた（）のなかのアラビア数字は，フロイトの著作における該当頁であると思われる．ザンクによれば，シュトラウスが用いたフロイトの著作は，*Die Zukunft einer Illusion* (Leipzig, Wien, und Zürich: Internationaler Psychoanalytischer Verlag, 1927)である（Zank 2002: 209）．

である．しかし，これもまた不可能である．たとえば，奇跡の存在について言えば，聖書，言い換えれば奇跡の記事を書いた著者が正確に書いたかどうかがそもそも疑わしいからである．また，「「われわれは，宗教上の教説がいつ頃どのような人間たちによって創設されたのか，だいたいのところを知っている」(52)」["ZI": 435]．奇跡も教義も，聖書学や歴史学によって覆されていったのが 19 世紀ならびに 20 世紀における神学の状況であった．

そして，「宗教的教説を正当化する最後の可能性として残されているのは，信仰者にとっての固有の現在的経験(die eigene, gegenwärtige Erfahrung der Gläubigen)である」["ZI": 435]．これは聖書であろうと伝統であろうと，あらゆる媒介物を排除し，不信仰者は自分が経験していない信仰者の経験を点検することはできないのである．そして，「信仰者の経験は証言において表出される；この証言はそれ自体としては確認可能である；さまざまな証言は比較することができる；さまざまな時代において信仰者の側からなされてきた証言の比較的考察は，信仰の歴史が存在すること，信仰はある本質的な点において変容してしまったことをわれわれに教える」["ZI": 436]．

ここで指摘されているのは，「経験」の相対性の問題である．果たして，個人の経験が宗教的教義の正当性を保証できるのだろうか．このような疑念は，かなりあとの時代になるが，シュトラウスが『スピノザの宗教批判』の英語版に書いた「序言」においても，フランツ・ローゼンツヴァイク(Franz Rosenzweig 1886–1929)に対する批判という仕方で議論されている．ローゼンツヴァイクは，みずからの「新しい思考」を「経験する哲学」と呼んだ(Rosenzweig (1925/1984) 144/邦訳 183)．しかし，これに対してシュトラウスは次のように批判するのであった．

> 新しい思考はそれ自体，現在の信仰者によって経験されること，あるいは少なくとも経験されることが可能なことと，伝統によって単に知られるだけのこととの差異に，情熱的に関心をもっている；その差異は伝統的ユダヤ教にとってはまったく関心にのぼらなかった．新しい思考は経験する哲学として，経験されることからいつ

でも出発し，経験の経験されざる「前提条件」からは出発しない [LAM: 237/邦訳 366].

現在的経験が宗教的教義を正当化することはできない．なぜなら，つねに経験は＜いま＞，＜ここ＞という特定の経験から出発するのであって，経験の「前提条件」である無条件に権威あるものから出発することはできないからである．

このような人間における現在的経験の強調は，信仰の歴史に変化をもたらしたのであった．いったい何が変わったのだろうか．フロイト，そしてシュトラウスによれば，信仰において強調点は自然から人間へと移ったのである．

> かつての世代にとって，自然に対する神の力は奇跡のなかで示された；奇跡に対する態度における変化は，信仰の中心において起こった変化にとって徴候的なものである．信仰者の側から見れば，聖書においてすでに強調点は奇跡の事実ではなく，奇跡の待望にあることが認められていた：神に対する信頼を表明するのは，生じた奇跡を確認したり，あるいは他者の報告を信じる者ではなく，将来の奇跡を信仰心をもって待望する者である ["ZI": 436].

奇跡をどのように受け取るかは信仰にとってきわめて重要な問題であったが，奇跡は自然のなかで神の力によってひき起こされる外的「事実」ではなく，単に人間が待望するものとして，人間の内面で生じる出来事，もっと言えば現在的経験に変貌してしまったのである．結果的に，信仰者のあいだでは，「聖書的奇跡を現実性として承認する傾向」["ZI": 436]が少なくなってしまった．

> 自然に対する神の力は信じるに足りなくなってしまった；神に関する主張はもはや内的世界，心の世界にのみ妥当するにすぎないのである．もしそうであるならば，聖書の神，つまり天と地を創造した神，小川の水のように人間の心に通じているだけでなく，創造者の

自由でもって自然的出来事をも支配する神はもはや信じられないと言わなければならない ["ZI": 436].

このようにシュトラウスはフロイトに依拠しながら, 宗教的教義を正当化する可能性／不可能性と信仰の変容について語る. しかし, シュトラウスにとってフロイトの議論のどこが重要なのかはいまだ不明なままである.

2・3　何も期待しないフロイト

シュトラウスが言うように,「宗教を説明すること」, そして「いかなる理由から人間は神をでっち上げ, 神を頼りにすること」になったかを語る必要がある ["ZI": 437]. とはいえ, 重要なのは「……無神論に基づき, どこまでも議論の余地がある宗教のフロイト的説明」ではなく,「このような説明が導かれている傾向」である ["ZI": 437]. シュトラウスは, ここからフロイトが描く人間の状況について語り始める.

> フロイトは人間の惨めさ (Elend) という事実, 人間がいわゆる「運命」, つまり征服されない自然と他の人間たちによって脅かされるような危険に対する人間の寄る辺なさから出発する；人間の存在だけでなく, それに先立つ人間の自己感情もまたもっとも深刻な仕方で脅かされている；人間は惨めであり, 人間は自分を惨めだと感じている. いまや宗教は「人間の寄る辺なさを耐えられるものにするという必要から生まれた」(27) のである ["ZI": 437].

ここで取り違えてはならないことは, フロイトによれば「「宇宙全体を前にして人間が卑小で無力であると感じ入ること」」["ZI": 437] が, 宗教的なものではないという点である.「「宗教性の本質をなすのはこの感情ではなく……；むしろ, やっと次なる 1 歩, すなわちこの感情を振り払おうとする反応である」(52). 宗教は 1 つの錯覚である」["ZI": 437].

果たして宗教は「慰めと救い」(Trost und Hilfe) ["ZI": 437] を与えてく

れるのだろうか．フロイトは次のように語り，シュトラウスもそれを引用する．「「われわれとて，仮に宇宙の創造主にして慈愛に満ちた摂理としての神，道徳的な世界秩序，死後の生命などがあればさだめし素晴らしかろう，などと言う．ただ気になるのは，これらはすべてが欲望として抱いているとおりのものばかりだ，という点である」(53)」["ZI": 437]．慰めも救いも錯覚であり，人間の欲望にすぎないのである．たしかに人間は慰めを必要としている．しかし，この欲望の存在こそ，「われわれの現実的状況についてわれわれに思い違いをさせる錯覚に対して用心しなければならない」["ZI": 437-438]十分な理由である．

　シュトラウスによれば，かつての宗教批判は「宗教を打ちのめしたあとには，幸福の時代が，そして天国が地上で始まるだろう」["ZI": 438]という確信をもっていたのであり，「いずれにせよ，かつての宗教批判は宗教の没落から何かを期待したのである」["ZI": 438]．しかし，「フロイトは何も期待しない；人間の現実の状況への洞察を別とすれば」["ZI": 438]．フロイトは宗教を批判するが，かつての宗教批判のように，宗教が消滅したのちに何か素晴らしいものがやってくるとは考えていないのである．シュトラウスにとってここで重要なのは，フロイトにおける「人間の現実の状況への洞察」に尽きると言ってよい．

　こうしてシュトラウスは，書評の最後でフロイトの批判が未解決のままにした問題を列挙する．「フロイトが前提とするように——信仰の意味は慰めと救いを授け，生に意味，安らぎ，深みを与えるものなのか？」，「そこから信仰者が救済されることを願う危険そのものは，不信仰者が知ることのできるあらゆる危険の彼方にあり，それゆえ信仰は慰めや救いとまさに同じくらい絶望を，そしてむしろそれ以上に絶望をもたらすということは，実際はそうではないのか？」，「不信仰者としての彼にとって，神なき生は惨めで，希望がなく，空虚で，単調に思えるという理由で，信仰者は信じているのか，あるいはむしろ信仰者は信じているがゆえに，神なき生の慰めのなさ，希望のなさ，空虚さ，単調さを知っているということではないのか？」，「フロイトによって認められ，明示された人間の惨めさは，信仰者が惨めさそのものとして知っているものと同じ「惨めさ」なのか？」["ZI": 438]．

そして,彼はこう結論づけるのであった.「このように問うことは,次のことを理解することを意味する.すなわち,本来の問い(die eigentliche Frage)はフロイトの批判のあとでやっと始まる.しかし,創造や奇跡の主張,自然に対する神の力への信仰に関する最近のおそらく偶然ではない断念あるいは——同じことであるが——,その再解釈に直面して,本来の問いにとってもまたフロイトの批判は最高の意義をもったままである」["ZI": 438-439].フロイトの宗教批判は単なる無神論の擁護などではけっしてなく,それを受け止めたあとで,近代ユダヤ人は不信仰と信仰の根本的対立がいまだ続いていることに気がつかなければならない出発点である.

3 神信仰と生——シュトラウスの反批判

3・1 中立性という欺瞞

シュトラウスのフロイト論が雑誌『ユダヤ人学生』に掲載されると,同誌にマックス・ヨセフによって立て続けに3つの批判,すなわち「シオニズムの無神論的イデオロギーに寄せて」(Joseph 1928a),「宗教は本当に幻想なのか?」(Joseph 1928b),「科学と宗教」(Joseph 1929)が掲載された.それぞれ内容は異なるが,シュトラウスに対する批判がもっとも明確に出ているのが,最初の論文「シオニズムの無神論的イデオロギーに寄せて」であり,そこでは政治的シオニズムと無神論の関係に焦点が当てられていた.

ヨセフによれば,「シュトラウスのイデオロギーは現実的な諸関係にまったく適合していない」(Joseph 1928a: 11).シオニズムは単に「ユダヤ民族の現在の心的状態」だけを考慮しているのではなく,「われわれのイデオロギーもまた,1つの発展として必然的に,これまでのユダヤ民族の内的,そして外的な歴史から生じなければならない」(Joseph 1928a: 11).それゆえ,「歴史的運動」としてのシオニズムは「ユダヤ民族の歴史的な救済信仰」と結びついており,その信仰は「ユダヤ民族の強力な

生への意志とユダヤ民族の召命への信仰のうちに根づいている」(Joseph 1928a: 11). ヨセフにとって，シュトラウスが政治的シオニズムと無神論の関係を吹聴していることは我慢できない事態だったはずである．しかし，シュトラウスのフロイト論は非常に複雑な構成になっており，たしかに政治的シオニズムの無神論的性格を指摘してはいるものの，彼の主要な論点はそこにとどまるものではなく，より深く根本にまで掘り進もうとしていることが，ヨセフに対する反批判のテクストを読むとわかってくる．

シュトラウスにとって，みずからのフロイト論に誤解される可能性があったことは織り込み済みだったようである．また，シュトラウスは「無神論の社会的な危険のなさ，それどころか有益性を説明しようとするフロイトの直接的な意図」["ZIPZ": 442]に気に留めるべき内容はないとも書いている．そして，そうであるならば，ヨセフはこの点だけからでも，「わたし〔シュトラウス〕にとって無神論のためのプロパガンダ，あるいは無神論のためのプロパガンダへの助言が問題ではなかった」["ZIPZ": 442]ことが推測できたはずだと言う．

「何かのためにプロパガンダをする者は，プロパガンダから何かを期待しなければならない」["ZIPZ": 443]．シュトラウスが無神論のためのプロパガンダを望むはずもなく，そもそも「われわれは無神論を要求していない」["ZIPZ": 443]．実のところ事態はもっと先に進んでいたのである．すなわち，「われわれは無神論を事実的なものとして，そして影響力のあるものとして認識している」["ZIPZ": 443]．ユダヤ教の信仰をもっているとは言えないユダヤ人はみずからをユダヤ人としてあらためて認識し，シオニズムへと向かうことを考えるきっかけを得ている．シオニストになった不信仰のユダヤ人は，すぐに「政治的な諸要求を主張する……ユダヤ的伝統」["ZIPZ": 443]に直面する．しかし，彼らはこのような要求のなかで矛盾を抱え込まざるをえなくなる．「なぜなら彼〔不信仰のシオニスト〕は，それに基づいてこのような諸要求がなされる前提を否定しているからである」["ZIPZ": 443]．信仰なきユダヤ人が，みずから否定するユダヤ的伝統に基づいて行動することは果たして可能なのか．ここでは「信仰を基礎とする信仰的政治」(die auf dem Glauben fußende gläubige Politik)と「不信仰を基礎とする不信仰的政治」(die auf dem Unglauben fußende ungläubige Politik)が対立しているが，いずれにせよ「これら〔信仰を基礎とする信仰的政治と不信仰を基礎とする不信仰的政治〕は，政治の領域でその戦いを戦い抜かなければならない」["ZIPZ": 443]．

　シュトラウスはこのような見解に対して2つの反論が，すなわち「政治的シオニズムは「世界観的に」中立である」と「宗教は政治的に中立である」という反論が起きるだろうと書いている["ZIPZ": 443]．前者の反論は政治的シオニズムから無神論を引き離そうとするものであるが，ここでは後者の反論について少し詳しく見てみよう．

　シュトラウスによれば，「ユダヤ教信仰は首尾一貫性(Konsequenzen)をもっている」["ZIPZ": 444]．それは，より正確に言えば「無条件の「正常化」へと向けられている政治に抗する(gegen)首尾一貫性」("ZIPZ": 444)であり，ヘブライ語聖書における王と預言者の関係を思い出せばよいだろう．それゆえ「そのような政治に抗する首尾一貫性は，ユダヤ的伝統の精神のなかで政治的シオニズムに対する戦いを行う」["ZIPZ": 444]と考えられる．こうしてシュトラウスは，フロイト論でも引いたゲーテの言葉に言及しながら，政治的シオニズムをふたたび次のように特徴づけるのであった．

> 政治的シオニズムは，ユダヤ教における不信仰の組織である；政治的シオニズムは，ユダヤ民族を不信仰の土台に組織づけようとする試みである．こうして政治的シオニズムの戦いは，「あらゆる世界と人間の歴史の永遠にして唯一の主題」である信仰と不信仰のあいだの古い戦いに組み入れられ，それにしたがうのである["ZIPZ": 445]．

ヨセフはシュトラウスが選んだゲーテの言葉のうちに「安易な嘲笑」["ZIPZ": 445]を見てとるかもしれないが，シュトラウスはヨセフよりも真剣にゲーテの言葉を受け取っていることを自負している．そして，続けて彼は政治的シオニズムの欺瞞を批判する．「少なくともわたしは，

どんな犠牲を払っても，もっとも重要な戦いを回避するために，政治的シオニズムの中立性(die Neutralität des politischen Zionismus)を引き合いに出すことはけっしてないだろう」["ZIPZ": 445]．すなわち，「中立性（「私的事柄としての宗教」）」(Neutralität »Religion als Privatsache«))は「戦略的な原則」にすぎないのであって，「信仰者にとってそれは禁じられている」["ZIPZ": 445]．

3・2　真剣さと責任

　シュトラウスは，ヨセフとフロイトのどちらかの側に加担しようと思っているわけではない．ただ彼は，もし「ヨセフの「理想主義」(»Idealismus«)」と「フロイトの「自然主義」(»Naturalismus«)」のどちらかを選べと言われたならば，フロイトを選ぶと言う["ZIPZ": 445]．なぜなら，「人類が文明の有益さのさらに先を知り，それを愛すること」を，「もっともそっけない自然主義者たち」のほうが，「より重要なものを「美化」や「昇進」という題目のもとで誉めそやす者たち」よりも適切に取り上げているからである["ZIPZ": 446]．

　しかし，そうは言ってもシュトラウスにとって，ヨセフの理想主義もフロイトの自然主義も所詮必要とされていないのである．「あらゆる形而上学に先立ってあるのは「経験の恐ろしい深み」，すなわち，かつて存在したそれぞれの形而上学のあらゆる内実と正しさが由来する人間的生の経験の「恐ろしい深み」である」["ZIPZ": 446]．この経験が断片的であり，「生の謎」を解決することなく，ただそれを立てているだけだと言っても，反論していることにはならない．むしろ，「同様にその謎を解決するのではなく，地平を暗くすることによってその謎をもみ消すような形而上学に先立つその本来の長所」["ZIPZ": 446]を，「経験の恐ろしい深み」は示している．

　シュトラウスは言う．「経験の領域でのみ，信仰と不信仰のあいだの戦いは戦い抜かれなければならない」["ZIPZ": 446]．人間的生の経験の恐ろしい深みこそ，信仰と不信仰の主戦場であり，先に述べた「信仰を

基礎とする信仰的政治」と「不信仰を基礎とする不信仰的政治」が対立する領域でもある．人はこのような経験をどのように理解すべきか．ヨセフは，ある経験を証明しようとしていると言う．「彼は，生は「生の意味への信仰」がなければ無意味であるということを証明できると信じている」["ZIPZ": 446]．しかし，シュトラウスがこのような問いの設定で満足するはずもない．彼は，あえてこう言い換えるのであった．「しかし，生は神つまり天と地の創造者への信仰がなければ無意味であるかどうかは，議論の余地がある」["ZIPZ": 446]．

　シュトラウスはこの問いを踏まえたうえで，「信仰の歴史に由来する１つのアナロジー」を語り出す．モーゼス・メンデルスゾーン (Moses Mendelssohn 1729–1786)，ドストエフスキー (Fyodor Dostoyevsky 1821–1881)，そしてローゼンツヴァイクにいたる歴史は，魂の不死への信仰の没落の歴史であったと言う．そして，「人間たちはこの信仰とともに，真剣かつ責任を負って (ernst und verantwortlich) 生きる能力を失ってしまった」["ZIPZ": 447]．そして，魂の不死への信仰よりも長く生き続け，人間の心のなかに深く根づいている「神信仰」["ZIPZ": 447] もまた永遠ではないことを告げる．神信仰なき生は無意味かどうかという形而上学的問いは，こうして神信仰なき生は「真剣かつ責任を負って」生きるに値するのかどうかという，道徳的問題に変貌する．ユダヤ民族の正常化を求めた政治的シオニズムの問題は神信仰という神学的問題から切り離しえないことが指摘され，そうであるならば中立性など存在しないのである．神を信仰するかしないか，この究極的選択は政治的問題とならざるをえないのである．その意味では，「宗教は政治的に中立である」という批判も存在しない．政治的シオニズムをどのように理解するかは，神信仰，そして人間的生の道徳的次元に直結しているのであって，だからこそシュトラウスは次のように言うことができたのである．

　　どんなに守られていなくとも，神信仰なしに，真剣かつ責任を負って生きられうるかどうか，これについては最終的に，みずから不信仰を要求し，不信仰に適しており，その可能性を束縛されずに見る目がある人間の経験だけが決断できるのである ["ZIPZ": 447–448]．

シュトラウスは，無批判に信仰を守る宗教者でありたいわけではない．むしろ，彼が一貫して論じ，批判しているのは，中立性を装い，無神論の深淵を覗き込まず，それによって「真剣かつ責任を負った」生の道徳的次元を等閑視しようとする政治的シオニズムの不誠実さである．時局的な政治的シオニズムを舞台にしてはいるものの，シュトラウスは神信仰なき人間の生の（不）可能性を，すなわち「神学—政治問題」を問うている．

4 「神学—政治問題」としての「不信仰と信仰のあいだの戦い」

シュトラウスのフロイト論は当初は書評というかたちをとっていたが，ヨセフの批判によって最終的にはシュトラウス自身の思想が前面に出てくる結果になった．最後に，シュトラウスの議論から導き出されるいくつかの論点を述べて，本稿を終えることにしたい．

4・1 ユダヤ人の問題から人間の問題へ

シュトラウスはいったい何を論じたかったのだろうか．2つのテクストでは政治的シオニズムが不信仰に基づいた運動であることが指摘され，最初のテクストでは「いまや民族はいかにして生きるべきか」という問いが立てられることが述べられていた．この個所についてザンクは，「同様の問いのさらに一般的な形式，すなわち「われわれはいかにして生きるべきか」」が1930年の講演「現在の宗教的状況」のなかに見出されると言う["RLG": 388](Zank 2002: 209)．こうして「この問いの一般的な形式への再定式化は，シュトラウスがシオニズムの根本問題と理解したものを哲学一般の根本問題へと変え始める地点の証拠となる」(Zank 2002: 209)．

しかし，フロイト論におけるシュトラウスの叙述を見ると，シオニズムの議論は最初の部分に限られており，その内容は徐々にフロイトによる宗教一般に対する批判に移り変わり，最後の部分になるとフロイトからの引用もなくなる．その意味では，「無神論の時代」["ZI": 432]におけ

るユダヤ人(ユダヤ民族)という問題から，人間における「神なき生の慰めのなさ，希望のなさ，空虚さ，単調さ」["ZI": 438]の問題へと議論が移行していることがわかる．シュトラウスは次のように述べていた．「政治的シオニズムとそのラディカルな敵対者のあいだの対決は，不信仰と信仰のあいだの戦いとしてのみ扱われなければならないのである．この戦いは古く，「あらゆる世界と人間の歴史の永遠にして唯一の主題」(das ewige und *einzige* Thema aller Welt- und Menschengeschichte)である」["ZI": 433]．そして，ゲーテからの引用は反批判のテクストでもふたたび取り上げられていた．そうであれば，ザンクが指摘するように「一般的な形式への再定式化」は1930年であるが，事柄としては少なくとも1928年にはシュトラウスによってかなり強く意識されていたと考えることもできよう．

4・2　奇跡と自然

フロイト論のなかで書いているように，シュトラウスによれば歴史のなかで信仰は変容し，焦点が「自然」から「人間」に移行してしまった．また同じテクストの結論部分は次のようなものであった．「本来の問い(die eigentliche Frage)はフロイトの批判のあとでやっと始まる．しかし，創造や奇跡の主張，自然に対する神の力への信仰に関する最近のおそらく偶然ではない断念あるいは——同じことであるが——，その再解釈に直面して，本来の問いにとってもまたフロイトの批判は最高の意義をもったままである」["ZI": 438-439]．

人間の惨めな状況を語るだけのフロイト，そして慰めを与える宗教を「錯覚」としてしりぞけるフロイト——このようなフロイトの宗教批判を通過して初めて「本来の問い」が始まると書かれている．いまだ終わりを迎えていない「不信仰と信仰のあいだの戦い」がフロイト以後の「本来の問い」と深く関係すると思われる．しかし，それと同時に引用の後半部分からもわかるように，人間やその内面の問題には回収されない自然あるいは外的秩序の問題を無視するわけにはいかないだろう．

かつての信仰は，奇跡というかたちで自然のなかで働く神の力を「事

実」として信じていた．しかし，信仰は人間の内面に撤退してしまい，宗教も人間に慰めを与えるものへと変貌してしまった——単なる人間の欲望にもかかわらず，そう思い込んでしまった．しかし，シュトラウスは「人間の現実の状況」["ZI": 438]しか語らないフロイトの指摘を受け入れて初めて，自然の問題——秩序の問題——に取り組める，あるいは回帰できるのであって，かつての信仰は自然の問題を排除することはなかったと考えたのではないか．

またすでに述べたように，フロイトによれば「「宇宙全体を前にして人間が卑小で無力であると感じ入ること」」["ZI": 437]が，宗教的なものではないのである．「「宗教性の本質をなすのはこの感情ではなく……やっと次なる 1 歩，すなわちこの感情を振り払おうとする反応である」(52)」["ZI": 437]．しかしそうであっても，シュトラウスから見ればフロイトの信仰概念は狭すぎたのではないだろうか．フロイト自身が，強調点が自然から人間へ移ってしまったことを指摘していたが，しかしいずれにせよ彼によれば「宗教性の本質」は人間が自分のことを惨めだとする感情を振り払う点に見られるのであって，当然のことながらそれが自然や秩序の問題にまでつながることはない．フロイトは「本来の問い」に取り組むための出発点であったが，より正確に言えば批判的出発点であった．

4・3　近代ユダヤ人の窮状

シュトラウスは別のテクストで，「シオニズム—正統派の連合の代わりに，シオニズム—リベラリズムの連合が現われなければならないだろう．今日，敵は右にいる！」["BWK": 427]と書いている．ここでの「シオニズム」とは政治的シオニズムと理解すべきであるが，政治的シオニズムとリベラリズムのどこに共通点があり，なぜ連携できるのだろうか．ここでははっきり述べられていないが，両者のあいだには宗教をどのように扱うかという問題をめぐって共通点がある．すでに指摘したようにシュトラウスにとって，政治的シオニズムは不信仰に基づいた運動である．またリベラリズムは，「宗教と世俗的なものの分離」["APWF"

: 303]である.政治的シオニズムとリベラリズムにとって宗教との断絶が,みずからを成り立たせるうえで原理的に重要な意味をもっていることがわかるだろう.しかし,それ以上に注目すべき点は,両者が宗教の還元不可能性を真面目に受け取っていないということである.

『哲学と法』の序論のあとにおかれたテクストの本文と注で,シュトラウスは「文化哲学の悩みの種」として,「政治的なものの事実」とともに「宗教そのものの事実」を挙げ,それを「「文化」を超える事実」「根源的な事実」と呼んでいるが[PG: 30-31],人間の手ではどうしようもできない——文化を越える——「宗教そのものの事実」とどのように向かい合うかが,「シオニズム—リベラリズムの連合」に課された本来の課題であり,「悩みの種」である.だが,両者はこの宗教的現実を簡単にあしらおうとしているのであり,そこにシュトラウスはいら立ちを覚えていた.

反批判のテクストにあったように,政治的シオニズムはいくら中立性を偽装しても,みずからの無神論的性格を,すなわち逆説的ではあるが「宗教そのものの事実」を無視することはできないのである.「不信仰と信仰のあいだの戦い」は戦い抜かれなければならず,隠蔽されてはいけない.その徹底的な戦いを潜り抜けることで政治的シオニズムは,正統派に対する十全な意味での,もう1つの選択肢になりうるのである.本稿の冒頭で引用した文章にもあったように,近代ユダヤ人は正統派と無神論の二者択一の前に立たされている.もちろんシュトラウスはこの2つの選択肢の外——「中世の啓蒙」——に向かうことを示唆しているが,たとえそうであっても,この根本的な対立を真剣に受け止めなければ,シュトラウスの/における＜無神論論争＞を解明することはできないだろう.そして,これが正しいのであれば,近代ユダヤ人がおかれていた「神学—政治問題」の地平もまた,そこから初めて見えてくるはずである.

参考文献

Janssens, David (2008) *Between Athens and Jerusalem. Philosophy, Prophecy, and Politics in Leo Strauss's Early Thought*, State University of New York Press.
Joseph, Max (1928a) "Zur atheistischen Ideologie des Zionismus." *Der Jüdische Student*, 25. Jg., Heft 6/7 (Oktober).
Joseph, Max (1928b) "Ist die Religion wirklich eine Illusion?" *Der Jüdische Student*, 25. Jg., Heft 8 (Dezember).
Joseph, Max (1929) "Wissenschaft und Religion." *Der Jüdische Student*, 26. Jg., Heft 5 (Mai).
Rosenzweig, Franz (1925/1984) "Das neue Denken. Einige nachträgliche Bemerkungen zum "Stern der Erlösung"." in *Der Mensch und sein Werk: Gesammelte Schriften III: Zweistromland: Kleinere Schriften zu Glauben und Denken*, herausgegeben von Reinhold und Annemarie Mayer. Martinus Nijhoff(合田正人・佐藤貴史訳「新しい思考──『救済の星』に対するいくつかの補足的な覚書」,『思想』第1014号, 2008年).
Sheppard, Eugene R. (2006) *Leo Strauss and the Politics of Exile. The Making of a Political Philosopher*, Brandeis University Press.
Tanguay, Daniel (2007) *Leo Strauss. An Intellectual Biography*, translated by Christopher Nadon, Yale University Press.
Zank, Michael (trans. and ed.) (2002), *Leo Strauss: The Early Writings (1921-1932)*, State University of New York Press.
ショーレム, ゲルショム(編)(1990)『ベンヤミン―ショーレム往復書簡 1933―1940』山本尤訳, 法政大学出版局.
フロイト, ジークムント(2011)「ある錯覚の未来」, 高田珠樹訳,『フロイト全集20』, 岩波書店.

第2章
シュトラウスのM・ウェーバー論における「神学―政治問題」
―― 『自然的正と歴史』 Natural Right and History 第Ⅱ章の再検討

西 永　亮

> To reject natural right is tantamount to saying that all right is positive right, and this means that *what is right* is determined exclusively by the legislators and the courts of the various countries.
> …… reason determines *what is by nature right* with ultimate regard to man's natural end.

1　シュトラウスはウェーバー論において何を問題にしたのか？
――「価値相対主義」批判から「神学―政治問題」へ

　シュトラウスの「政治哲学 political philosophy」は，現在，いかに理解されているであろうか？ それについてすでに一般的な合意が形成されているのか，あるいはいくつかの理解もしくは先入見の間で論争や対立，あるいは相互的無関心が存在しているのか，いずれにせよ，少なくとも日本においては次のようなシュトラウス像が――それに対して肯定的であれ否定的であれ――一定の影響力を及ぼし続けているように思われる．現代の社会科学における価値相対主義を批判した古典的自然法論者としてのシュトラウス．しかも，この像は，彼のM・ウェーバー論と密接に関連づけられている．つまり，現代の社会科学の危機のうちに政治哲学の没落を見出したシュトラウスは，その危機の原因を，ウェーバーが学問に要請した価値判断排除・倫理的中立性に求め[1]，そしてその危機と没落を克服するために，彼は古典的政治哲学における自然法の理念

---

[1] もちろん，もう1つの原因として歴史主義が彼によって挙げられることもわれわれの常識となっているであろう．

を復興させようとした,というのである.

このようなシュトラウス理解を非常な情熱をもって提示したのは,藤原保信(1935-1994)であるように思われる.彼は,単にホッブズ研究の範囲内でのシュトラウスのホッブズ論への参照に留まらずに,現代の社会科学の危機と政治哲学の没落についてのシュトラウスの問題提起を真摯に受けとめ,そしてそれとの関連において彼のウェーバー論から価値相対主義批判の要素を引き出したのである.ここで始めに確認されるべきは,このような藤原のシュトラウス解釈は次の2つの問いにかかわることである.第1に,シュトラウス自身は自らのウェーバー論において何を問題にしたのか? 第2に,シュトラウスの意図する「政治哲学」とは何であるのか? それは本当に,藤原が解釈したように古典的自然法の理念の復興を本質とするものであるのか[2]?

本稿の目的は,これら2つの問いに,『自然的正と歴史』(初版1953年)の第II章「自然的正と諸事実と諸価値との間の区別」の読解を通して間接的にアプローチするという,非常にささやかなものである.しかし,そこでは,それら2つの問いが実際には1つであること,より具体的に言えば前者は後者に包摂されることが前提される.本稿は,『自然的正と歴史』第II章においてシュトラウスはウェーバーの「価値相対主義」を批判したのではなく,彼の思想のなかに「神学—政治問題[3]」を見出したことを確認する[4].そしてこの作業は,社会科学方法論やウェーバー論という限定的な枠組みを越えて,シュトラウス自身が意図する「政

---

[2] 藤原のシュトラウス解釈の問題をこのように指摘するものは,本稿が最初ではない.Cf. 飯島2013: 4.

[3] シュトラウスにとっての「神学—政治問題」の意義については,cf. マイアー2010.また,「神学—政治問題」との関連においてシュトラウスへと簡潔に導入しているものとして,cf. 飯島1995.

[4] 藤原は,シュトラウスがウェーバーの学問論における価値相対主義を批判したとして,そこから彼自身もウェーバーの思想を批判的に扱うのだが,しかし,そのような種類の批判に対してウェーバー(とくにその価値多元主義と呼ばれるもの)を擁護しようとする側でも,価値相対主義批判というシュトラウス理解それ自体は共有されている場合がある.シュトラウスが批判する「価値相対主義」はウェーバー自身が意図していた「神々の闘争」とは異なるという主張は,そもそも,シュトラウスはウェーバーの思想の何を問題にしたのか,そしてそこで含意されている「政治哲学」とは何であるかについての正確な理解を前提にして,初めて成立するものであろう.

治哲学」の正確な理解に部分的に寄与することが期待される．彼が現代の社会科学の危機から出発して「政治哲学」の復権を目指したことは事実だとしても，その内実は，たとえばいわゆる「自然法」や「正義」などの普遍的な規範や絶対的な価値とされるものの実現への志向であるよりも，むしろ「神学—政治問題」への取り組みのなかで明らかになるであろう[5]．

シュトラウスのウェーバー論を「神学—政治問題」として読み解く本稿の手法は，必ずしも身勝手な独創の産物というわけではなく，彼自身によって少なくとも2つの導きを与えられている．1つは，彼の「あるエピローグ An Epilogue」が収められているハーバート・J・ストーリング編『政治の科学的研究についての諸エッセイ』 *Essays on the Scientific Study of Politics* (1962 年)に対するジョン・H・シャールとシェルドン・S・ウォーリンの批評へのリプライ(1963 年)である (cf. Behnegar 2009: 230-231)．そこにおいてシュトラウスは，彼らの批判の不十分さを指摘するさいに，本稿での再検討の中心をなす『自然的正と歴史』第Ⅱ章の極めて重要な箇所への参照(あるいはその再読)を促し，そしていくつかの論点を提出している．

> マックス・ウェーバーは，マルクス，フロイト，および論理実証主義ほどに，新しい政治科学 political science への大きな影響力をおそらくもった——もっとも，彼はマルクスとフロイトほどには，新しい政治科学者では確実になかったが——が，〈啓示〉Revelation の可能性を真摯に受けとった；ここから，彼の諸著述は，科学 science それ自体を扱う諸著述でさえ，そしてとくにそれらこそ，顧慮され

---

[5] 『自然的正と歴史』第Ⅱ章では，シュトラウスが意図する「歴史的諸研究」の方法，「厳格に歴史的なアプローチ」の観点からウェーバーの歴史的研究に対する批判が展開されるが，本稿はこの論点を扱うことができない．また，第Ⅱ章の終わりの数頁では，ウェーバーの方法論(「理念型」)に対する批判の文脈において，フッサールの影響がよく指摘される「前科学的」「常識」についての議論が展開される．藤原もこれを政治哲学の復権に不可欠のものと理解するのだが，しかし，本稿の筆者はこの議論を，藤原とは違う理解において，つまり「神学—政治問題」との関連において，そしてその意味における「政治哲学」にとって，重要なものと理解している．この論点も本稿は直接に扱うことができない．

るべき深さと主張 a depth and a claim を所有している．それを，私が信じるに，私は適正に承認していた；私はあえてこう言う．この特殊な開かれた精神性 open-mindedness が，究極的に，なぜ彼が新しい政治科学者ではなかったかの理由であった，と．(『自然的正と歴史』，73-76 を参照せよ) ["RSW": 153]

　まず，シュトラウスは，一般に認められているようにはウェーバーは現代の政治科学者ではない，と主張している．次に，それは彼が「＜啓示＞の可能性」を真剣に考えることのできる「開かれた精神性」を有しているからだ，と説明されている．そして，啓示と科学の対立の存在が「深さ」の語とともに示唆されている(ついでながら，これらの論点はすでに『自然的正と歴史』第Ⅱ章において提出されているのだが批評家たちはそのことを理解していないから再読せよ，という皮肉は，必ずしもその批評家たちにのみ向けられているわけではないかもしれない)．

　もう1つは，『自然的正と歴史』第7刷(1971年)に付された「前書き」PREFACE TO THE 7th IMPRESSION (1971) である[6]．初版から20年近く後に書かれた，わずか4つの段落で構成されているにすぎないこの「前書き」自体は，シュトラウスの思想と行動の全体を理解するために非常に重要なテクストであるが，しかしここで参照されるべきは，自然的正の理解の仕方について彼が述べている最後の段落である．

　　私が学んできた何ものも，「自然的正」を，とくにその古典的形式におけるそれを，実証主義的[7]であれ歴史主義的であれ支配的な相対主義よりも選好する私の性向を動揺させることはなかった．ある共通の誤解を避けるために，私は次の発言を加えるべきである，つまりあるより高い法 a higher law への訴えは，もしもその法が「自然」から区別されるものとしての「われわれの」伝統の用語において理解されるならば，意図においてはそうでないとしても性格にお

---

[6] 日付は「1970年9月」となっている．
[7] 原語は "politivist" であるが，それを "positivist" の誤植と判断した経緯については，cf. 飯島 2014: 161, n. 12．

いては歴史主義的である．もしも訴えが神法 the divine law へなされるならば，事態は明らかに異なる：それでも，神法は自然法 the natural law ではなく，まして自然的正 natural right ではなおさらない．[NRH: vii]

ここにおいてシュトラウスは，確かに「相対主義」よりも「自然的正」を優先する性向が自分にあることを認めているが，しかしその直後に，それをめぐって一般に「誤解」があると指摘している．それは「法」にかかわる．歴史主義的な相対主義を克服するには，ある特定の伝統的な法から区別される「神法」への訴えがなされる必要があると主張されている．そして，次が決定的なのだが，神法は「自然法」から明確に区別されている．それでは，そのようなものとしての神法が事態を変えるとはどういうことか？ それは神法それ自体というよりは，そのライヴァルが何であるかにかかわるであろう．最終的にシュトラウスは，神法を「自然的正」から区別する．このことによって彼は，自然的正の問題は神法――自然法ではなく――との対決のなかで考えられるべきであると示唆しているように思われる[8]．少なくとも，その問題の意味は，相対主義を越えて，自然(ピュシス)と法(ノモス)の対立との関連においてでなければ理解されえないであろう[9]．

8　もはや明らかなように，シュトラウスはここにおいて神的であれ自然的であれ「法」には（不）定冠詞をつけ，「自然的正」には何もつけていない．

9　『自然的正と歴史』（におけるウェーバー論）を「神学―政治問題」として読み解く手法の妥当性は，「自然法と自然的正との間の区別」と題するセクションを含む近年の次の仕事によっても確証される．Cf. Tanguay 2007: ch. 3. これ以前にすでに，リチャード・H・ケニントンは，シュトラウスが参照（再読）を求めた箇所について，次のように主張している．「『自然的正と歴史』において20世紀の思想家を長々と検討する唯一の章はまた，シュトラウスが，皮肉が冗談と嘲りとに移っていくのを許す唯一の章でもある．マックス・ウェーバーについての章はまた，いくぶん重みのある事柄，つまり「哲学と神学との間の世俗的闘争」（75頁）が議論される唯一の章でもある」(Kennington 1991: 237)．ケニントンによる『自然的正と歴史』の構成全体についての分析と，内容の緻密な読解は，本稿のさらなる導きである．

2 藤原保信のシュトラウス解釈——ウェーバー批判との関連において

われわれに一定の影響を与え続けていると思われる藤原のシュトラウス解釈がどのようなものであるか,そしてそれがウェーバー論とどのように関連しているか,ここで簡単に整理しておこう.第 1 に検討されるのは,1985 年に公刊された『西洋政治理論史』の第 11 章「ウェーバー」である.ここにおいて藤原は,ウェーバーの学問論における「価値自由」を価値相対主義として批判し,そしてそのような理解および批判がシュトラウスに依拠するものであることを明言する.

> もっとも,ウェーバーが「価値自由」をいい,価値判断の排除をいうとき,そこにはすでに社会科学的認識の客観性という問題をこえたより根源的な問題が含まれている.それはいわば,世界の魔術からの解放 (die Entzauberung der Welt) が進み,主知化が進んだ現代社会においては,価値の相対化は避けられえない現象であり,「神々の闘争」は不可避であるという固有の時代認識を根底においている.そしてこの認識はウェーバーのなかで次第次第に深まっていったようにも思われる.ウェーバーが『職業としての学問』のなかで,教壇禁欲を説くのは,決してたんなる,自己の批判者ではなく,沈黙を余儀なくされている自己の「傾聴者のみに対する教室」において,おのれの理想や価値判断を語るのは無責任であり,かつそのような「価値判断のみをこととする学者が現われる時には,事実の完全な理解が止んでしまう」ということにとどまらない.むしろそれは,「今日世界のさまざまの価値秩序が相互に解きがたき争いのうちに立っているがゆえに,原理的に無意味である」という理由に基づいている.ウェーバーによれば,かかる神々の争いに決をつけるものがあるとするならば,それは「運命」であって「学問」ではない.……〔改行〕……レオ・シュトラウスのいうように,ウェーバーの社会科学のうちに,価値の相対主義をみるのは間違いではないであろう.(藤原 2005: 279-280〔強調は引用者による〕)

第2章 シュトラウスのM・ウェーバー論における「神学―政治問題」

そして，この引用箇所の最後の部分に藤原は注をつけ，シュトラウスによる価値相対主義者としてのウェーバー批判について，『自然的正と歴史』第Ⅱ章への参照を求めるのである．

ところで，その同じ注において，シュトラウスのウェーバー批判について藤原は，同年に公刊される『政治理論のパラダイム転換――世界観と政治』に加筆のうえ収録される自身の論文への参照をも同時に求めている．したがって，次に，『政治理論のパラダイム転換』Ⅰ「政治哲学の復権(1)――レオ・シュトラウスの場合」を見てみよう．第1に，ここにおいて藤原は，シュトラウスの意図する政治哲学を「自然法」と関連づけ，Natural Right and History のタイトルの訳にそのことを反映させる．

> さて，政治哲学が「政治的なことがらの本質，ならびに正しきもしくは善き政治的秩序を真に知ろうとする試み[10]」であるとしたならば，それは必然的に「此処や今」という引照枠をこえて，つねにどこででも普遍的な妥当性をもつ客観的な価値基準としての「自然法」への問いにかかわる．それゆえにシュトラウスは『自然法と歴史』において，自然法（権）の没落を分析しながら，それを通じて同時に政治哲学の没落の要因をも明らかにしていったのである．〔改行〕ところで，われわれがこのような意味での自然法についての学，つまり政治哲学の没落の要因を辿っていくならば……．（藤原 2006: 30-31〔強調は引用者による〕）

第2に，自然法についての学すなわち政治哲学の没落の重要な要因として，『自然的正と歴史』第Ⅱ章において論じられる，とりわけウェーバーによる学の倫理的中立性への要求が指摘される．

> 自然法の観念を解体せしめている社会科学上の要因の分析として，よりわれわれの関心をひくのは実証主義の批判であり，それは「事実と価値の分離」という表題のもとに，もっぱらウェーバー批判に

---

10 シュトラウス「政治哲学とは何であるか？」の次の箇所の引用・翻訳である．WIP: 12.

あてられている．……ウェーバーは事実と価値とを分離し，社会科学的認識から価値判断を排除しながら，それを倫理的に中立的な学として成立せしめようとしたのである．〔改行〕しかしシュトラウスによれば，ウェーバーがこのように社会科学および社会哲学の倫理的中立性を強調した真の理由は，そのような事実と価値，存在と当為の根本的対立への信仰ではなく，まさに当為についてはいかなる真正の知識も存立しえないという信念にある．それはおよそ人間の理性によって解決されえないさまざまの価値の対立する領域であり，それゆえ社会科学ないし社会哲学のなしうることは，かかる価値の衝突とそれが含意するところを明晰化することにとどまる．
（藤原 2006: 33〔強調は引用者による〕）

このように藤原は，シュトラウスに依拠してウェーバーの学問論に自然法の観念の解体の要因を見出す．しかしながら，他方において藤原はこうも理解している．つまり，ウェーバーによる学の倫理的中立性への要求の「真の理由」を，シュトラウスは，諸価値間の対立・衝突を「学」（「科学」，「哲学」）＝「人間の理性」は解決することができないというウェーバーの「信念」に見出した，というのである．ここから，最終的に藤原は，これこそシュトラウスがウェーバーの思想のなかに認識した「根本的な問い」であると主張する．

> ウェーバーとシュトラウスのこのような相違は，たんに歴史家と政治哲学者の相違をこえて，さきの究極的な価値の間の衝突が人間理性によって解決されうるかどうかという根本的な問いにかかわっており，それは人間本質とそれによって構成される現実をどうみるかということにかかわっている．〔改行〕すなわち，シュトラウスによるならば，究極的な価値の間の衝突は人間理性によっては解決されえないというウェーバーのテーゼは，「人間生活は本質的に，不可避の葛藤 conflict であるという包括的な視点の一部，あるいは結果」であり，それは平和ではなく戦争を現実とし，「平和や普遍的な幸福」を非正当的で狂信的な目標にすぎないとする，固有のきわめて

ペシミスティックな現実観を前提としている．そしてこのような葛藤を本質とする世界は，おのれのうちに葛藤をかかえる人間，必然的に罪のもとにある人間を前提とせざるをえないというのである．（藤原 2006: 38-39〔強調は引用者による〕）

シュトラウスの思想全体において，「根本的問い the fundamental question」は最も重要な用語の1つである．彼はさまざまな著述においてそれを問い続けたと言っても過言ではないであろう．シュトラウスの諸著述の真摯な読者であった藤原は，そのような観点からシュトラウスの思想を理解しようとした．しかし，その理解の内実ははたしてどこまで正確であっただろうか？ シュトラウスにとって「根本的問い」は，事実と価値の区別から帰結する価値相対主義と（古典的）自然法との対立であったのか？ 彼はウェーバーの思想における「根本的問い」として，人間理性による諸価値間のコンフリクトの解決不可能性を識別したのか？ ウェーバーの「ペシミスティックな現実観」，そしてそれに関連して藤原であればリアリスティックな政治観と呼ぶであろうようなもの，つまり権力政治観が，根本的に問われたのか？

　本稿は，藤原のシュトラウス解釈とそれにもとづいたウェーバー批判とによって，シュトラウスの思想の中心へと方向づけられながらも，その影響力から脱して改めて次のように問う．シュトラウスがウェーバーの思想に見出した「根本的問い」とは何であるか？

3　ウェーバーの「中心的テーゼ」，「本当の争点」——理性と啓示の対立

　シュトラウスは確かに，藤原も主張したように，『自然的正と歴史』第Ⅱ章において，ウェーバーによる学の倫理的中立性の主張の「真の理由 the true reason」は，諸価値間の対立・衝突を人間理性は解決することができないという「彼の信念 his belief」である，と述べている．

なぜウェーバーが社会科学ならびに社会哲学の倫理的に中立的な性格を主張したかの真の理由は，したがって，＜存在＞と＜当為＞の

根本的対立への彼の信念ではなく，＜当為＞についてのいかなる真正の知識も存在しえないという彼の信念であった．彼は人間に，真の価値体系についての，経験的であれ合理的であれいかなる科学も，科学的であれ哲学的であれいかなる知識も，認めなかった：真の価値体系は現存しえない；存在するのは同一の位(ランク)にある多様な諸価値であり，それらの要求は相互に葛藤(コンフリクト)し，そしてその葛藤は人間理性によっては解決されえない．社会科学あるいは社会哲学は，その葛藤とそのすべての含意とを明晰化する以上のことをなしえない；その解決は，各個人の自由な，非合理的な決断に委ねられざるをえない．[NRH: 41-42]

　ところが，後にシュトラウスは，この引用箇所を含む議論が，「ウェーバーの中心的テーゼ Weber's central thesis」の理解のためのいわば予備的作業であったと明言するにいたる．「われわれがこの地点までに言ってきたほとんどすべては，ウェーバーの中心的テーゼの理解に対する最も重要な諸々の障害を取り除くために必要であった．ようやくいまになって，われわれはその精密な precise 意味を把握することができる」[NRH: 62]．そしてここから，ウェーバーの思想における「本当の争点 the real issue」について論じられる．それは「宗教対無宗教の，すなわち真正の宗教対高貴な無宗教の争点」である．そして，「この本当の争点こそが，ウェーバーにしたがえば，人間理性によっては解決されえないものなのである」[NRH: 62-63]．これ以降，この決定的な対立を前提にした，諸価値間のコンフリクトの人間理性による解決不可能性を，はたしてウェーバーは合理的に証明しているかどうかが検討されていく．
　シュトラウスは次のように問題設定を行なう．

　　いずれにせよ，諸社会科学の範囲および機能についてのウェーバーの考え全体は，究極的諸価値の間の葛藤は人間理性によっては解決されえないという，論証可能と申し立てられている前提 the allegedly demonstrable premise に依拠している．問いは，その前提が本当に論証されたのかどうか，あるいはそれは単に特定の道徳的

第2章　シュトラウスのM・ウェーバー論における「神学─政治問題」

選好に駆られて要請されただけなのかどうか，ということである．[NRH: 64]

　このような問題設定によって，シュトラウスは議論の焦点を，諸価値間の衝突の理性的解決の不可能性というより，その「前提」がウェーバーによって本当に──申し立てられているようには──証明されたのかどうかという合理的な証明可能性に合わせる．と同時に彼は，その問いに対する否定的な考えを，つまりそれは理性によって論証されたのではなく道徳的選好に由来したのではないかという疑いを示唆する．
　いずれにせよ，この問いをめぐってシュトラウスはウェーバーの思想を分析していくのだが，すぐに彼は，ウェーバーは自らの基礎的前提の論証にはあまり頁を割いていないという事実を指摘する．ここで，「なぜその基礎はそれほど証明を必要としなかったのか？ なぜそれは彼にとって自明であったのか？」が問われる．そして，その「暫定的な」答えとして，ウェーバーの思想における「権力政治(パワー・ポリティクス)」の要素がとりあげられるのである．つまり，諸価値間の対立の理性的解決の不可能性という彼の前提は，「より古くより共通の」，「倫理と政治との間の葛藤は解決不可能である」という見解が，言い換えれば「政治的行動はときに道徳的罪を犯すことなしには不可能である」という見解が一般化されたものにすぎないのだ，と暫定的に考えられる．「その場合には，「権力政治」の精神こそがウェーバーの立場を生みだしたように見える」[NRH: 64〔強調は引用者による〕]．暫定的に考えるならば，ウェーバーのテーゼは，「人間的生は本質的に不可避的な葛藤である」という「包括的な」見解の一部もしくは帰結にすぎない．ウェーバーは，ニーチェの「最後の人間」批判を継承し，「平和」ではなく戦争を真に人間的な生の現実ととらえる．ここにおいて，「最も剥き出しのマキァヴェッリアニズム」が当然視される．生は「悲劇的」であり，そして悲劇的であることが生の「深さ」である [NRH: 65-66]．
　ウェーバーの基礎的前提を「権力政治」の古くて一般的，包括的な見解に求めようとする逃げ道を塞いだ後，いよいよシュトラウスは，ウェーバーの──言葉数と事例数の限定された──「証明 proof」の試みへと向かう [NRH: 67]．そこで扱われる数少ない事例のなかでシュトラウスが最も重

51

視するのは,「責任の倫理 the ethics of responsibility」と「意図の倫理 the ethics of intention」[11] の対立の解決不可能性である.ここにおいて,この両者は「現世〔此岸〕的倫理 thisworldly ethics」と「来世〔彼岸〕的倫理 otherworldly ethics」に言い換えられるのだが[12],重要なことは,最終的にその両者の対立が「理性」と「啓示」の対立に関連づけられることである.

　　ウェーバーは次のことを確信して convinced いた.厳格に現世〔此岸〕的な方向づけを基礎にしては,いかなる客観的規範も可能でない:啓示を基礎にしなければ,「絶対的に妥当する」,そしてそれと同時に特定の規範は存在しえない.けれども彼は,支援されない人間精神は客観的規範に到達することができないことを,あるいは,異なる現世〔此岸〕的な倫理的諸教説の間の葛藤は人間理性によっては解決不可能であることを,けっして証明しなかった never proved.彼は単に,来世〔彼岸〕的倫理は,あるいはむしろあるタイプの来世〔彼岸〕的倫理は,支援されない人間精神が識別するような人間的卓越性あるいは人間的尊厳の標準と両立不可能である,ということを証明しただけである.現世〔此岸〕的倫理と来世〔彼岸〕的倫理との間の葛藤は社会科学にとって真摯なかかわり事である必要はない,とひとが言うとしても,不敬の罪を犯すことにはならないであろう.ウェーバー自身が指摘したように,社会科学は社

11　前者は Verantwortungsethik の,後者は Gesinnungsethik の英訳であろうが,後者は「心情倫理」や「信条倫理」などと日本語に訳されることがある.しかし,本稿にとって重要なのは,ウェーバーの概念を日本語にいかに訳すべきか(また,その前提としていかに理解するべきか)ということ以上に,なぜシュトラウスは the ethics of intention という訳語を採用したかという問いである(彼自身,当該箇所に注をつけることまでしている).本稿は,この問いの存在の可能性を隠蔽して素通りすることのないように,愚かなまでに直訳をしておく.もちろん,「意図の倫理」という訳語が適切であるかどうかという問いもまた,開かれたままである.

12　「ウェーバーが意図の倫理と責任の倫理との間の解決不可能な葛藤について話すときに本当に意図したことは,したがって,「現世〔此岸〕的倫理」と「来世〔彼岸〕的倫理」との間の葛藤は人間理性によっては解決不可能であるということであった」[NRH: 70].明らかなように,前二者の倫理には定冠詞がつけられているのに対して,後二者の倫理には何もつけられていない.いずれにせよ,シュトラウスはウェーバーの思想のなかに,「倫理」すなわち生き方 way of life の問題の重要性を読みとる.

第2章　シュトラウスのM・ウェーバー論における「神学—政治問題」

会的生を現世〔此岸〕的視点から理解しようと試みる．社会科学は人間的生についての人間的知識である．その光は自然的光である．それは社会的諸問題に対する合理的あるいは理にかなった諸解決を見出そうとする．それが到達する諸洞察と諸解決は，超人間的知識あるいは神的啓示を基礎にして，疑問視されるかもしれない．しかし，ウェーバーが暗示したように，社会科学はそのようなものとして，そのような諸々の疑問視を気にすることはできない．なぜなら，それらは，支援されない人間理性にはけっして明らかでない諸前提に基礎づけられているからである．……加えて，もしも社会科学の真正の諸洞察が啓示を基礎にして疑問視されうるのであれば，啓示は単に理性を超えているのではなく理性に反している．ウェーバーは，まったくはばかることなく，啓示へのあらゆる信念は究極的には不条理 the absurd への信念であると言った．[NRH: 70-71]

シュトラウスによれば，ウェーバーは，啓示に支援されない人間理性は客観的あるいは絶対的な規範に到達することができず，したがって諸価値間の衝突を解決することができなという自らの基礎的前提を「確信」していただけであって，けっして「証明」していない．証明されたのは，啓示と理性の両立不可能性である．そしてウェーバーは，この点において葛藤を抱えなかったかもしれない．なぜなら，彼は社会科学を，科学的理性を，現世・此岸の事柄にとどめたからである．つまり，ウェーバーは科学＝理性の側に立つ人間であり，「神学的権威」ではなかった [NRH: 71]．したがって，彼にとって啓示信仰は「不条理」への信仰，つまり「知性の犠牲」にほかならなかった[13]．

ところが，シュトラウスは直後に一転して，啓示に対するウェーバー的な科学・理性擁護は極めて危ういものであると主張し，議論を反転さ

13　ここでの長い引用箇所につけられた注において，シュトラウスはウェーバーの「中間考察」における次の箇所への参照を求めている．「どこかで「不条理であるにもかかわらずではなく，不条理であるがゆえにわれ信ず」——「知性の犠牲 das Opfer des Intellekts」——を要請せずともやっていけるような，屈折のない，生の力としてはたらく宗教はひとつも存在しない」(Weber 1916: 566／邦訳: 150).

せる．つまり，ウェーバー自身が科学すなわち哲学は信仰に依存していることを認めている，というのである．

> ひとたび，社会科学，すなわち人間的生についての現世〔此岸〕的理解が明らかに正当的であることが認められるならば，ウェーバーによって提起された困難は有意的でないように思われる．しかし，彼はその前提を認めることを拒絶した．彼は，科学すなわち哲学が，最終的に，人間としての人間の随意になる明らかな諸前提にではなく，信仰に依拠すると主張した．科学すなわち哲学のみが人間の知りうる真理にいたりうることを認めながら，彼は，知りうる真理の探求が善であるかどうかという問いを提起したのであり，そして彼は，この問いがもはや科学すなわち哲学によっては答えられえないと決断したのである．科学すなわち哲学は，それ自身の基礎についての明晰あるいは確実な説明を与えることができない．……真理の探求をそれ自体において価値あるものとして見なすことによって，ひとは自分がもはや善いあるいは十分な理由をもたない選好を下していることを認める．ひとはそれとともに，選好は善いあるいは十分な理由を必要としないことを承認する．[NRH: 71-72〔強調は引用者による〕]

哲学は啓示信仰に対して自己自身の基礎を合理的に説明することができない．哲学は善い生き方であるかどうか，その生き方に意味はあるかどうか，哲学自身が答えることはできない．それに答えることができるのは啓示である．このことを認めたウェーバーにとって，「知性の犠牲 the sacrifice of the intellect」[NRH: 72] の拒絶を可能にしてくれるように見えるのは「知的誠実性」であった[14]．しかし，これもまた十分な理由をも

14　ここの長い引用箇所につけられた注において，ふたたび「中間考察」が参照されている．「そして，あの〔自然因果性の〕秩序界を創造した科学（コスモス）は，自分自身の最終的な諸前提について確実な解明を与えることができないように見えたにもかかわらず，それは，「知的誠実性 die intellektuelle Rechtschaffenheit」の名において，自らは思考する世界観察の唯一可能な形態であるという主張とともに出現した」(Weber 1916: 569／邦訳: 156)．周知のように，類似の議論はたとえば「職業としての学問（ヴィッセンシャフト）」(1917年) においても繰り返される．

ちえない以上,「選好」でしかない(そしてその意味において道徳的である).「「合理的自己決定」と「知的誠実性 intellectual honesty」へのウェーバーの尊重は,「合理的自己決定」と「知的誠実性」への彼の非合理的な選好以外のいかなる基礎ももたない彼の性格の特性である」[NRH: 48].

　ウェーバーの科学擁護がこのように絶望的であったのは,シュトラウスによれば,彼が「歴史主義」の影響下にあったからである.彼は「20世紀」という歴史的状況にこだわり,「現代」における脱魔術化を重視した.幻想からの自由としての科学の妥当性は歴史的状況に制約される.しかも脱魔術化は,科学に意味を与える根拠である宗教的信仰を衰退させる.科学が進歩すればするほどその根拠は失われていく.「完全な精神的虚無か宗教的復活の二者択一」を眼前にして彼は葛藤を抱えていた.そのなかで彼を科学への信念に向かわせたのは,理性ではなく「運命 fate」であった.「彼は近代の現世〔此岸〕的な無宗教的実験に絶望したが,それでもなお彼がそれに愛着をもち続けたのは,彼が彼の理解したものとしての科学を信じるように運命づけられて fated いたからである」[NRH: 73-74][15].

　このような絶望的な運命にまでウェーバーの思想を追いつめた地点において,シュトラウスは議論を仕切り直す.すなわち再陳述 restatement を遂行する.何のために？ 科学すなわち哲学のイデアを救い出すためである.

> けれども,近代的生と近代的科学との危機は,必ずしも科学のイデア the idea of science を疑わしいものにするわけではない.われわれはそれゆえに,ウェーバーが科学はそれ自身についての明晰あるいは確実な説明を与えることができないように見えると言ったとき,彼は何を心に抱いていたか,より精密な用語において陳述しよう to state in more precise terms としなければならない.[NRH: 74〔強調は引用者による〕]

15　言うまでもなく,「歴史主義」と「運命」の関連については NRH: ch. I 参照.

この歴史主義批判を含意した再陳述においてシュトラウスは，彼が理解するものとしての人間の生をめぐる基本的あるいは包括的な問題とウェーバーの思想を関連づける．つまりここにおいて，「根本的問い the fundamental question」とは何であるかが議論されるのである．それは，2つの生き方の間での二者択一である．

> 人間は光，導き，知識なしに生きることはできない；善についての知識を通じてのみ，彼は彼が必要とする善を見出すことができる．根本的問いは，それゆえに，人間たちはそれがなければ彼らが彼らの生を個人的あるいは集団的に導きえないような善についての知識を，援助されない彼らの自然的諸力の諸々の努力によって獲得しうるかどうか，あるいは，彼らはその知識のために＜神的啓示＞に依存しているかどうか，である．次のものよりも根本的であるような二者択一はない：人間的導きか神的導き．第1の可能性は，用語の起原的意味における哲学すなわち科学に特徴的であり，第2のものは＜聖書＞において呈示されている．そのディレンマはいかなる調和化や総合によっても避けられえない．というのも，哲学と＜聖書＞の双方とも，ある何かを唯一必要なこと the one thing needful として，究極的に重要である唯一のこととして宣言し，そして＜聖書＞によって宣言された唯一必要なことは，哲学によって宣言されたものの反対であるからである：服従的な愛の生対自由な洞察の生．[NRH: 74〔強調は引用者による〕]

　そして最終的に，この根本的問い——諸価値間の衝突の人間理性による解決不可能性ではなく，理性と啓示との，哲学という自由な知的探求の生と神法に服従する生との調停不可能な対立（「神々の闘争」ではなく神々と人間理性の闘争）——の観点から，絶望へと運命づけられたとシュトラウスが考えるウェーバーの科学擁護がとらえ返される．理性と信仰の対立が調停不可能であるという事態は，両者にとって公平なものではなく，前者にとって不利にはたらくことをシュトラウスは強調する．なぜなら，「彼〔＝人間〕はかの〔存在の〕謎 [the] riddle [of being] の解

決 a solution を非常に切望し，そして人間的知識は非常に限定されているので，神的照明の必要は否定されえず，そして啓示の可能性は論駁されえない」からである．われわれ人間は，問い（「謎」）以上に答え（「解決」）を求めてしまい，そしてわれわれの自然的能力はそれが可能なほど十分ではない．哲学は啓示の可能性を認めざるをえない，ということは，哲学は「唯一必要なこと」ではないかもしれない．ここにおいて，シュトラウスは「正 right」の問題を挿入する．

> 啓示が可能であることを認めることは，哲学的生が必ずしも明らかには正しい生そのもの the right life というわけではないことを認めることを意味する．哲学，すなわち人間としての人間にとって利用可能な明らかな知識の探求に捧げられた生は，それ自体，明らかでない，恣意的な，あるいは盲目の決断に依拠するであろう．……〔改行〕啓示と用語の完全な意味における哲学すなわち科学との間の葛藤こそが，ウェーバーを，科学すなわち哲学のイデアは運命的な fatal 弱点を煩っていると断言することへと導いていったのである．彼は自律的な洞察の大義に信仰をもち続けようとしたが，しかし彼は科学すなわち哲学によって嫌われている知性の犠牲が科学すなわち哲学の底にあると感じたとき，彼は絶望したのである．
> [NRH: 75-76]

シュトラウスにとって自然的正 natural right とは，哲学（知恵を愛すること）——人間が自然的力によって，神的啓示に支援されない自律的な理性によって，真理を探求する生き方——が正しい生であるかどうかという問いそのものである．そして彼はウェーバーの思想のなかに，正しい生き方をめぐる理性と啓示との，自由な哲学的生と啓示された神法への服従的——そしてこの意味において神学—政治的——生との架橋不可能な対立の問題を見出したのである．しかも，それは哲学の根拠がそのライヴァルである啓示によって与えられる——その意味においてそれはもはや自律的ではない——という絶望に運命づけられていた．ここにおいて自然的正は，あるいはそれを問う可能性は危機に陥る．これこそが

57

ウェーバーの思想の「畏れに満ちた深さ」[NRH: 76] なのである．

4　シュトラウスと歴史主義的先入見——進歩と回帰をめぐって

　哲学は，正しい生き方をめぐるライヴァルである啓示信仰に対して，自己自身の価値を自力で，合理的に，あるいは自然的に根拠づけることができない．それどころか，いやだからこそ，哲学それ自体が信仰に依拠せざるをえず，かくして知性を犠牲にせざるをえない．シュトラウスはこう主張する．「哲学と啓示が相互に論駁しあえないという単なる事実だけでも，啓示による哲学の論駁を構成するであろう」[NRH: 75]．
　ところで，ここに引用した 1 文は，仮定法で書かれている．The mere fact that philosophy and revelation cannot refute each other *would* constitute the refutation of philosophy by revelation[16]．そして，この 1 文を含む段落は条件節で始まる．「も̇し̇も̇，われわれが哲学と神学との間の世俗的闘争を鳥瞰するならば，*If* we take a bird's-eye view of the secular struggle between philosophy and theology,」[NRH: 75〔強調は引用者による〕]．しかも，この段落直後の段落の始まりにおいて，ウェーバーの思想の「畏れに満ちた深さから急いで戻り，精確には悦ばしい gay というわけではないが，少なくとも静かな眠りを約束する表面に向かう」ことが宣言されている．自然的正は危機のなかに放置される．この奇妙な著述の仕方に着目したのがリチャード・H・ケニントンである．「彼〔＝シュトラウス〕は，哲学が啓示によって打ち負かされることになる第 2 章の議論を，反論なしにそのままにしておき，そして闘いの場面を「これらの畏れに満ちた深さから急いで戻り」という冗談とともに去る (75-76 頁)．これは『自然的正と歴史』において最も好奇な瞬間である」(Kennington 1991: 238).
　ケニントンは，この奇妙さを「鳥瞰 a bird's-eye view」という語句に焦

---

[16] これと同一の段落を構成する，すでに引用した 1 文もまた同様である．「哲学，すなわち人間としての人間にとって利用可能な明らかな知識の探求に捧げられた生は，それ自体，明らかでない，恣意的な，あるいは盲目の決断に依拠するであ̇ろ̇う̇」．Philosophy, the life devoted to the quest for evident knowledge available to man as man, *would* itself rest on an unevident, arbitrary, or blind decision.

第 2 章　シュトラウスのM・ウェーバー論における「神学—政治問題」

点を合わせることによって説明しようとする．彼によれば，この語句は『自然的正と歴史』において 2 回しか出てこない．

> しかし，独断主義——すなわち「われわれの思考の目的地を，われわれが思考することに疲れてしまった地点と同一視する」性向——は人間にとって非常に自然的であるので，それは過去に限られた領分ではありそうにない．われわれは，歴史主義は独断主義がわれわれの時代において現われるときに好む偽装なのではないかと思うように強いられる．われわれには，「歴史の経験」と呼ばれているものは思想の歴史の鳥瞰 a bird's-eye view であるように見える．というのも，その歴史は，必然的進歩への（すなわち過去の思想に回帰することの不可能性への）信念と，多様性あるいは唯一無二性の（すなわちすべての時代や文明の平等な正〔権利〕の）至高の価値への信仰との，複合的影響のもとで見られるようになったからである．ラディカルな歴史主義は，そうした諸信念をもはや必要としないように見える．しかしそれは，それが参照する「経験」がそうした疑いうる諸信念の結果ではないかどうかを検証したことがない．[NRH: 22〔強調は引用者による〕]

ここから明らかなように，第 1 に，「鳥瞰」は「信念」に，しかも「疑いうる」信念に依拠する．第 2 に，それは思想史の理解において，過去の思想よりも現在の思想のほうが必然的に進歩を遂げている，言い換えれば過去の思想への回帰は不可能である，ということを前提する．そうであるならば，われわれが問題にしている「哲学と神学との間の世俗的闘争」の鳥瞰についても，同様の独断主義的偽装が疑われうるのではないだろうか．そして，ケニントンも指摘しているように (cf. Kennington 1991: 238-239)，理性と啓示の対立をめぐって，シュトラウスはかつての自らのスピノザ研究が必然的進歩への，すなわち過去の思想に回帰することの不可能性への信念（あるいは先入見）に依拠していたことを認める．ここで検討されるべきは，『スピノザの宗教批判』の「英訳版への

59

前書き」(1965 年)[17] である．

　この自伝的かつ自己批判的テクストは，『自然的正と歴史』第Ⅱ章と少なくとも 2 つの論点において関連している．第 1 に，「知的廉直からの無神論 the atheism from intellectual probity」である．これは明らかにウェーバーのことを念頭においているように思われる．

> この無神論〔は〕，啓示への信念の，信念と不信念との間の世俗的闘争の，後継者かつ判定者〔である〕……スピノザの批判の最後の言葉にして究極的な正当化は，正統派をラディカルに理解することによってそれをラディカルに克服する知的廉直からの無神論である．……けれども，この主張は，いかに雄弁に掲げられようとも，その基礎が意志の行為，つまり信念の行為である，そして信念に基礎づけられていることはあらゆる哲学にとって運命的 fatal である，という事実についてひとを欺くことはできない．[SCR: 30]

　しかしながら，第 2 に，シュトラウスはこの直後に「知的廉直からの無神論」の「運命」——言い換えれば正統派の勝利——から自らを引き離す．「力への意志は事実であると言われた．その他の諸観察と諸経験は，理性との別れを告げることは賢明ではないのではないだろうかという思いを確証した」[SCR: 30-31〔強調は引用者による〕]．この文脈において，進歩と回帰をめぐる先入見に対する自己批判がなされる．

> 本研究〔=『スピノザの宗教批判』〕は，前近代的哲学への回帰は不可能であるという，強力な先入見によって認可された前提に基礎づけられていた．[SCR: 31]

　以上の関連から見るならば，『自然的正と歴史』第Ⅱ章における「哲学と神学との間の世俗的闘争の鳥瞰」もまた，歴史主義的先入見の存在を示唆していると考えられる．そこにおいてシュトラウスは，哲学は啓

17　日付は「1962 年 8 月」となっている．

示によって論駁されてしまったという信念を枕にしてまどろみに安らぐことが独断主義的であることを，したがってその惰眠から理性へと目覚めることの必要性を，暗示しようとしているのではないだろうか．しかも，哲学と神学の対決は「世俗的」次元において展開されてきたにすぎない，というさりげない指示がここにはないだろうか．闘争が世俗的であるかぎり，それは理性にとって有利なものであり，それゆえに，そこにおける理性の宗教批判は本当にラディカルだったというわけではないのではないか．反対の立場から言えば，それが知的誠実性や意志の行為からのものであるかぎり，それは「キリスト教神学によって解釈されるものとしての聖書信仰の世俗化されたヴァージョン」である [SCR: 12〔強調は引用者による〕]．したがって，哲学と神学との間の「世俗的」闘争は，知的なものではなく道徳的なものでしかなかった．ここから，「理性の自己破壊は，前近代的合理主義から区別されるものとしての近代的合理主義の不可避的所産ではないか」という彼の疑い [SCR: 31] が出てくるのではないだろうか[18]．だとするならば，哲学と啓示の，自然的正と神法の対決は継続されるべきものとして，より正確に言えば反復されるべきものとして放置されている．いや，シュトラウスはそれを彼が理解するものとしての真の審級に差し戻す．『自然的正と歴史』が第Ⅱ章で終わらないのはそのためである．哲学の可能性を，そしてそれによって自然的正という問いの可能性を開くために，近代以前の思想へと，哲学のイデアへと，回帰することによって (cf. Kennington 1991: 239)[19]．

---

18 このような主張は，すでにたとえば『哲学と法』(1935年) の「導入 Einleitung」において展開されている．近代的啓蒙は，その正統派批判を，何らかの知ではなく信念，理念，あるいは観念にもとづいて遂行し正当化した．ライヴァルとの対決を自らに好都合な範囲に内化する (そのことによって闘争相手の真の姿を取り逃がす) ことによって，理性の自律性を確立したと思い込んだ瞬間に，哲学は自然的生き方から文化領域の1つへと転落する．自然と文化の論点については，もちろん，すでにたとえば「カール・シュミット「政治的なものの概念」への注解 Anmerkungen」(1932年) において論じられている．

19 そしてそれは，本稿の注5でも少し触れたように，「ラディカルに前科学的すなわち前哲学的であるような世界」の把握にかかわるが，しかしここでの「前 pre」は「科学すなわち哲学の第1の出現の背後 behind」[NRH: 79] を意味する．つまり，近代以前の思想への，哲学の起原への，哲学の誕生の場面への回帰は，哲学に先行してすでに世界が存在していたことを前提する．哲学は始まりにあらず．それでは，哲学に先立っていたものとは何であるか？

表面に戻ることはそこに留まることを意味しない．洞窟に戻ることが太陽を見ないことを意味しないように．

5 ウェーバーと「政治哲学」——いかにコンフリクトを扱うべきか？

第Ⅱ章では，理性と啓示の対決をいかに扱うべきかについて，いかなるヒントも残されていないであろうか？ いや，そもそも，なぜシュトラウスは「畏れに満ちた深さ」から「表面」へと戻ったのか？[20] 読者たちは，知的悦びよりも眠りへと誘われる．本稿では最後に，この誘惑に抗って，これらの問いに関連すると思われる第Ⅱ章での議論を検討したい．それは「節度 moderation」にかかわる[21]．

ラディカルな啓蒙の宗教批判の結末をいかにシュトラウスが理解したのか（あるいはその理解は彼の生涯にわたって一貫したのか）という問いは別にして[22]，何らかの対立，衝突，あるいは二者択一に直面した場合

---

20 ニーチェ『悦ばしき知』，「第2版への前書き」参照．
21 『自然的正と歴史』に関して言えば，NRH: 123 以降参照．
22 われわれが検討を加えた『スピノザの宗教批判』の「英訳版への前書き」においてシュトラウスは，自らの「方向づけの変化 [t]he change of orientation」の「第1の表現」は「カール・シュミット「政治的なものの概念」への注解 Anmerkungen」（1932年）に見出される，と述べている．そしてここにおいて決定的に重要なのは，近代以前への回帰の意義が，思想家たちの著述の「仕方 the manner」——および，それに対する「読む read」仕方と「理解する understand」仕方——にかかわるとされている点である [SCR: 31]．なるほど確かに，「注解」においてシュトラウスは，自然状態，起原，始まりへの回帰の問題とならんで，シュミットの「語り方 die Sprechweise」に注意を払っており，それに対する「表面的な読者」の存在に触れている（つまり深さと表面は書き方と読み方の両者にとって意味をもつ）["ACS": 220]．その後の『自然的正と歴史』を含むシュトラウスの思想全体における「注解」の重要性については，cf. Meier 1998: 94, n. 110．（この観点に立つならば，「注解」にはシュトラウスの意図する「政治哲学」のエッセンスが凝縮されているようにも見える．）進歩と回帰をめぐる歴史主義的先入見からの方向転換の何回目かの表現は，『自然的正と歴史』の前年に公刊された次のものに見出される．Strauss, "Preface to the American Edition," in *The Political Philosophy of Hobbes: Its Basis and Its Genesis*, trans. from the German Manuscript by Elsa M. Sinclair, The University of Chicago Press, 1952, pp. xix-xx. 日付は「1951年8月」となっている．そして，それは次のものにおいて文字通りに反復される．Strauss, "Vorwort" zu *Hobbes' politische Wissenschaft*, Luchterhand, 1965. 日付は「1964年10月」となっている．それらにおいて，思想家たちの表現方法の問題は，思想の明晰性から

に，一方において，その調停，より高次の第3者への総合，媒介などの可能性が，他方において，取捨選択，それにともなう犠牲と責任，選択したもののラディカル化などの可能性が問題となる．シュトラウスは，「実践的政治家ポリティシャン」としてではなく「社会科学者」としての，つまり知的生を送る者としてのウェーバーに言及しながら，この問題についていくつか言葉を残している．

> ひとが一瞬たりとも忘れてならないのは，一方における過激主義 extremism の，他方における節度 moderation の，社会的生にとっての一般的重要性である．ウェーバーはこの性格のすべての考察を次のように宣言することによって脇に押しやった．「中間派が右派と左派の最も過激な党派的理想よりも科学的に正確であることはいささかもない」，そして中間派は過激な諸解決に劣ってさえいる，というのもそれはより曖昧でなくはない less unambiguous からだ，と．問いは，もちろん，社会科学は社会的諸問題へのセンシブルな諸解決にかかわる必要がないかどうか，そして節度は過激主義よりもセンシブルでないかどうか，である．いかにウェーバーが実践的政治家としてはセンシブルであったとしても，いかに彼が狭い党派的狂信の精神を嫌っていたとしても，社会科学者としては，彼は社会的諸問題に，ステイツマンシップの精神と共通するものをまったくもたないような，そして狭い頑強さに勇気を与える以外のいかなる実践的目的にも役立ちえないような精神において，接近した．葛藤コンフリクトの至高性への彼の動揺しえない信仰は，節度ある路線と少なくとも同程度に過激主義を尊重するように彼を強いた．[NRH: 66–67]

区別される「抑制 reserve, die Zurückhaltung」あるいは「明け透けな語り outspokenness, die Freimütigkeit」の問題として提起される．この問題は，ここにおいて，明確に「節度」と結びつけられる．つまり，「知恵 wisdom, Weisheit は節度 moderation, Mäßigung から切り離されうるのかどうかという問い，あるいは〔すなわち〕われわれの精神が自由であるためにわれわれが払わなければならない諸々の犠牲 the sacrifices, die Opfer」に，十分な注意を向けていなかったという自己批判が展開される．そして周知のように，これらの言明は「私の諸探究の主題そのもの」としての「神学─政治問題」へと包摂される．節度は神学─政治的な意味における「知性の犠牲」である．

63

科学者あるいは哲学者は，社会あるいはポリス the *polis* に生きる．そこにおいては，さまざまな闘争あるいは二者択一に直面する．場合によっては迫害されるかもしれない（とシュトラウスであれば強調するであろう）．そのとき，哲学者は「ステイツマンシップの精神」と結びつかなければならない[23]．つまり，哲学という生き方を擁護するためには，知的ではない徳 virtue である「節度」を必要とせざるをえない [cf. WIP: 28, 32, 39-40, 43]．またそれは，哲学者の表現方法 art, Kunst にかかわってくる．つまり，哲学は「曖昧 ambiguous」であることを要求される．ラディカルな生き方をラディカルなままに擁護するためには，ラディカルであってはならない．

> 不可避的で反論不可能な諸々の価値判断は表現される〔外に押される〕expressed べきか抑圧される〔下に押される〕suppressed べきかという問いに関して言えば，それは実際には，いかにそれらは表現されるべきか，「どこで，いつ，誰によって，そして誰に向かって」という問いである；それは，それゆえに，諸社会科学の方法論の法廷とは別の法廷の前に属する．[NRH: 54]

かくして，哲学は「政治的 political」でなければならない，すなわち「政治哲学」でなければならない．

---

23 センシブルなステイツマンシップの精神について，ここで多くは説明されていない．シュトラウスはウェーバーの政治家論を逆手にとっているのであろうか？ ウェーバー自身は「実践的政治家」についてこう述べている．「実践的政治家にとっては，当然ながら個々の場合において，現存する意見対立の間を仲介する〔中間に立つ〕vermiltteln ことが，それらのうちの1つに加担することとまったく同様に，主体的には義務にかなう」(Weber 1904: 154／邦訳: 42)．いずれにせよ，シュトラウスはウェーバーとは異なる仕方で，実践と理論の緊張をラディカルに理解しているように思われる．

第 2 章　シュトラウスの M・ウェーバー論における「神学—政治問題」

参考文献

Behnegar, Nasser (2009), "Strauss and Social Science," in *The Cambridge Companion to Leo Strauss*, ed. by Steven B. Smith, Cambridge University Press.

Kennington, Richard H. (1991), "Strauss's *Natural Right and History*," in "THE THEOLOGICAL-POLITICAL PROBLEM," *Leo Strauss's Thought: Toward a Critical Engagement*, ed. by Alan Udoff, Lynne Rienner Publichers.

Meier, Heinrich (1998), *Carl Schmitt, Leo Strauss und »Der Begriff des Politischen«: Zu einem Dialog unter Abwesenden*, Erweiterte Neuausgabe, J. B. Metzler.

Tanguay, Daniel (2007), *Leo Strauss: An Intellectual Biography*, trans. by Christopher Nadon, Yale University Press.

Weber, Max (1904), "Die „Objektivität" sozialwissenschaftlicher und sozialpolitischer Erkenntnis," in *Gesammelte Aufsätze zur Wissenschaftslehre*, 7. Aufl., J. C. B. Mohr, 1988（富永祐治・立野保男訳，折原浩補訳『社会科学と社会政策にかかわる認識の「客観性」』，岩波文庫，1998 年）．

――――― (1916), "Zwischenbetrachtung: Theorie der Stufen und Richtungen religiöser Weltablehnung," "Die Wirtschaftsethik der Weltreligionen: Vergleichende religionssoziologische Versuche," in *Gesammelte Aufsätze zur Religionssoziologie*Ⅰ, J. C. B. Mohr, 9. Aufl., 1988（大塚久雄・生松敬三訳「世界宗教の経済倫理 中間考察――宗教的現世拒否の段階と方向に関する理論」，『宗教社会学論選』，みすず書房，1972 年）．

飯島昇藏 (1995)，「シュトラウス――政治哲学の復権」藤原保信・飯島昇藏編『西洋政治思想史』Ⅱ，新評論．

――――― (2013)，「レオ・シュトラウス『都市と人間』についての覚え書き――Notes on Leo Strauss, *The City and Man*」『政治哲学』第 15 号．

――――― (2014)，「レオ・シュトラウスの *Natural Right and History* の邦訳のタイトルについての覚え書き」『武蔵野大学政治経済研究所年報』第 9 号．

藤原保信 (2005)，『藤原保信著作集』4 岸本広司・川出良枝編，新評論．

――――― (2006)，『藤原保信著作集』8 千葉眞・添谷育志編，新評論．

マイアー，ハインリッヒ (2010)，『レオ・シュトラウスと神学―政治問題』石崎嘉彦・飯島昇藏・太田義器監訳，晃洋書房．

第3章
哲学と宗教
―― マキァヴェッリ，スピノザ，そしてシュトラウス

飯 島 昇 藏

1 なぜ，いま，ここで，シュトラウスが問題なのか？

今年〔2006年〕の5月頃だったと思いますが，手島勲矢先生から電話で「同志社大学のCOEプログラム『一神教の学際的研究』で話してください」という趣旨のお招きがあったときに，「セキュラリズム，世俗主義に関連したテーマでシュトラウスについて話してもらえれば一番よいのですが，何か話していただければ幸いです」と言われましたので，報告することを引き受けました．たいへん光栄に存じますと同時に，いまここで，非常に困っているというか，内心びくびくしているというのが本音です．

なぜ私が呼ばれたかというと，これは明らかに，「セキュラリズム」というテーマの重大性のゆえにでも，私のゆえにでもなく，まさにレオ・シュトラウスの生涯にわたる学問的営為の神学―政治論的性格のゆえに呼ばれたのだろうと思います．シュトラウスは，日本ではごく限られた政治哲学の専門家以外の人びとによっては，これまでそれほど重要な思想家としてはとりあげられてきませんでした．それではなぜ彼は日本で近頃突然注目され始めたのでしょうか．私が静かにシュトラウスについて勉強したいと思っていたら，ここ3年の間に4回ほど，シュトラウスに関して話をしてくれというお招きを受けました．

第1回目は，広島大学平和科学研究センターの篠田英朗先生から，現代アメリカの外交政策とシュトラウスの関係についての講演の依頼がありました．アメリカ合衆国におけるいわゆるネオコンたちとシュトラウスの政治哲学の関係について明確な説明を求められたのですが，そのときも，あまり実質的なことは何も喋れなくて大変申しわけなかったと思

っています[1].

　次に，2004年7月に立命館大学で開催された「アメリカ研究」に呼ばれました．そのときはアメリカの現代哲学，政治理論の領域で非常に有名なウィリアム・E・コノリーが「プルーラリズムとリラティヴィズム (Pluralism and Relativism)」というテーマで基調報告をされ，そのコメンティターの1人として参加しました[2]．彼は複数〔多元〕主義 pluralism は相対〔相関〕主義 relativism とは違うのだという議論から始めて，それら2つを混同しているシュトラウスの思想はよくないと，非常に怒った言い方で批判していました．私はそれに対して少しコメントをしました[3].

　2004年12月には，その当時はまだ「ヘーゲル学会」になっていませんでしたから，全国規模の「ヘーゲル研究会」だったのですが，そこへ呼ばれました．お茶の水女子大学で「ヘーゲルとレオ・シュトラウス」というシンポジウムが開催されたのです．私は非常に驚きました．なぜかというと，そのときの報告書のなかでも指摘しましたが，「ヘーゲルとレオ・シュトラウス」というシンポジウムの企画自体が，かなり衝撃的だったわけです．たとえば，「ヘーゲルとカント」とか，「ヘーゲルとスピノザ」とか，「ヘーゲルとプラトン」とか，そういうテーマのシンポジウムならば誰も驚かないけれども，なぜ「ヘーゲルとレオ・シュトラウス」というシンポジウムを開催するのか？いずれにしても，私はそのシンポ

---

[1] シュトラウスと現代アメリカの外交政策の関係に関しては，ネイサン・タルコフ (Nathan Tarcov) シカゴ大学教授が2012年9月22日に広島大学応用倫理学プロジェクトセンターにおいて行なった講演「レオ・シュトラウス　自由主義の批判と擁護」("Leo Strauss: Critique and Defense of Liberalism")（飯島昇藏・小高康照訳）が示唆に富んでいる．『ぷらくしす』(2013年3月1日)第14号，23-42，とくに28-42を参照せよ．

[2] William E. Connolly, *Pluralism* (Duke University Press, 2005). 本書の第2章で展開されているコノリーによるシュトラウス批判は，彼の著作のなかでもほとんどもっぱら *Liberalism Ancient and Modern* しかとりあげておらず，しかもその第3章，すなわち Eric A. Havelock, *The Liberal Temper in Greek Politics* (Yale University Press, 1957) に関するシュトラウスの哲学的書評論文にほとんどもっぱら集中している点は，注目に値する．

[3] William E. Connolly, "Pluralism and Relativism," *Proceedings of the Kyoto American Studies Summer Seminar July29-July 31, 2004* (Center for American Studies, Ritsumeikan University, Kyoto, 2005), 1-23. Iijima Shozo, "Pluralism, Monism, and Dualism——Comments on Uno Shigeki, 'Republican Principle vs. Right to the Differences' and William E. Connolly, 'Pluralism and Relativism,'" *ibid.*, 45-49.

ジウムで,「マキァヴェッリと近代」というテーマで報告し,ヘーゲルに関しては,彼がジステム System としての学を強調したこと——体系的でないものは学ではない,学はすべからく体系でなければならない——に言及している程度です[4].ここまでが今日の報告の第1の導入部分です.

2　シュトラウスは哲学者か？　それとも,シュトラウスは宗教者か？

さてシュトラウスついて何か話せという4番目のお誘いです.最初に,この節では「シュトラウスは哲学者か？それとも,シュトラウスは宗教者か？」という問題を掲げました.なぜこれが問題かというと,先ほど触れました「ヘーゲルとレオ・シュトラウス」というシンポジウムの報告書でも,私は最初の節で「シュトラウスは哲学者か？」という問いかけをしているのとまったく同じ理由からです.ヘーゲルは哲学者であると言っても,みんな納得します.それは高校生の常識にさえも属するでしょう.しかし,シュトラウスは哲学者ですかと,彼らに問えば,レオ・シュトラウスって誰(Leo Strauss? Who?)と逆に質問されるだけでしょう.そうすると,先のシンポジウムの企画は常識に反することになります.しかしヘーゲルとレオ・シュトラウスとを並べたからには,少なくともこのようなシンポジウムを企画した人たちは2人の間に何か共通点があると想定したに相違ないのだろうという問題提起を私はしたわけです.

私がこのように「シュトラウスは哲学者か？」と問うたときに,シュ

4　このシンポジウムでは私以外に石崎嘉彦氏(摂南大学)と高田純氏(札幌大学)が報告者であり,佐藤康邦氏(東京大学)と加藤尚武氏(鳥取環境大学)がコメンティターであった.それぞれの報告とコメントは,『ヘーゲル哲学研究』(日本ヘーゲル学会編)第11号,2005年に次のように収録されている.飯島昇藏「マキァヴェリと近代——レオ・シュトラウスのマキァヴェリ解釈」,41-54；石崎嘉彦「レオ・シュトラウスとヘーゲル」,55-72；高田純「ホッブズとヘーゲルにおける近代性——シュトラウスの近代政治哲学批判の検討のために」,73-84；佐藤康邦「レオ・シュトラウスを介してのヘーゲルとウェーバーとの比較」,85-91,および加藤尚武「ヘーゲルとレオ・シュトラウス」92-96.なお,この拙稿は大幅な増補改訂を経て「マキァヴェッリと近代政治哲学——レオ・シュトラウスのマキァヴェリ解釈をてがかりに」,飯島昇藏・中金聡・太田義器編『「政治哲学」のために』(行路社,2014年),137-158に収録されている.

トラウスはいろいろな評価のされ方はしているが，一般的には哲学者としてみなされてもいませんでしたし，自分自身からも哲学者とは名乗らずに，1人の政治哲学の歴史のa scholarだと自己限定し，単なる学者(社会科学者)に過ぎないと言ってきた事実を念頭においていました．しかし近年では，事情は大分違ってきており，たしかに(政治)哲学の歴史の研究をしているが，シュトラウス自身が哲学者であるという解釈もかなり出てきています．

　シュトラウスが哲学者であるか否かはひとまずおいて，他方，マキァヴェッリの場合はどうでしょうか．シュトラウス自身がマキァヴェッリをどのように捉えているかというと，彼についてはみんながよく知っているととりあえず答えます．すなわち，マキァヴェッリについては，一方では「邪悪の教師the teacher of evil」という古くからの陳腐な理解があり，他方では現実主義的な政論家，政治理論家，イタリアの愛国主義思想家，あるいは科学的な近代政治学の始祖であるという洗練された新しい理解も存在するという事実の確認からシュトラウスは出発します．さらにはMachiavellianismという英語の言葉さえ作られ，人口に膾炙している事実にも特別に注目しています．そしてシュトラウス自身は，マキァヴェッリを無条件に哲学者philosopher simply，哲学者そのものphilosopher as suchとして捉えているわけです(ToM)．このようなマキァヴェッリ評価は，はっきり言って，世界中の学界の常識ではない．そういう常識とは違うことを公然と述べる人間は一般的に嫌われます．

　2年前の報告を私はシュトラウスが哲学者であるという立場から行ないましたが，今回この報告をするにあたって，日本の研究者がシュトラウスについて書いたものを読んでみましたら，たまたま面白い論文に遭遇しました．長尾龍一『争う神々』という著作の末尾近くに載っているシュトラウス関連の3本の論文のなかから，今日は「シュトラウスのフロイト論」という論文を取り上げたいと思います．

　この論文の詳細を紹介する余裕はありません．私の報告のタイトルと内容とに最も直接的に関係する長尾の論点は，シュトラウスは宗教者である，すなわちシュトラウスは哲学者ではないという理解であります．論文「シュトラウスのフロイト論」の最後の箇所での結論は，「宗教者シ

ュトラウスと非宗教者フロイトの対立を浮き彫りにした」講演，つまりシュトラウスが 1958 年に行なった "Freud, Moses and Monotheism" という講演の内容を読むと，宗教者シュトラウスが，非宗教者フロイトをいろいろと批判しているが，その批判はまったくナンセンスであるという結論なのです．長尾論文の最後の部分を少し読みあげます．

> シュトラウスは，フロイトのモーセ論が「否定する」という言葉から始まるという事実が，本書〔*Der Mann Moses und die monotheistische Religion* を指す〕の否定的・破壊的性格を象徴していると指摘している．しかし，筆者の観るところでは，これは純粋に知的関心から生じたフロイトの仮説が，このような副作用をもったことにつき，一言弁明したもので，本書の本来的動機が「否定的・破壊的」であると解すべきではない．フロイトは，自分の仮説に惚れ込んだのである．ここにもシュトラウスの態度，究知心の独自性を否定する反科学主義が表われている．

長尾によれば，シュトラウスの態度は反科学主義的である．さらに引用を続けますと，

> シュトラウスはフロイトに哲学的基礎がないという．しかしこれは，宗教と哲学を混同しているのではないか．哲学は「知の愛」であり，認識にタブーを課し，宗教現象の歴史的・心理学的研究を宗教の権威によって圧殺しようとするシュトラウスが「哲学」を云々することは「片腹痛い」というべきである．
> シュトラウスは弱き一人のユダヤ系知識人に過ぎない．それは学問にとって幸せなことである．彼が中世の異端審問官のような権力をもったら，少なくとも彼の「目のかたき」であるユダヤ教を離れたユダヤ系知識人たちは，焚殺刑を免れないであろう[5]．

---

5 長尾龍一「シュトラウスのフロイト論」『争う神々』（信山社叢書，1998 年），282-283．

シュトラウスに対する長尾のこのような明確なスタンスは，私にはある意味で羨ましいかぎりです．もしもシュトラウスが宗教者であると割り切れるならば，それはシュトラウスを理解するうえで非常に便利であろうと思われます．ところが私のように優柔不断であり——「弱き」誰かみたいに——，態度を明確に決定できない人間にとっては，シュトラウスは宗教者であるとは読み切れないところがあり，羨ましさというのはそこにあるわけです．

　この節を今日の報告の第2の導入として，シュトラウスが宗教者であることを当然視するのを差し控えて，むしろ「シュトラウスは哲学者であるか？それとも，シュトラウスは宗教者であるか？」という問題設定の中で，議論をさらに進めていきます．

3　マキァヴェッリの弟子としてのスピノザ

3・1　ユートピア批判

　次に，サブ・タイトルに掲げました「マキァヴェッリ，スピノザ，そしてシュトラウス」について一言説明します．その出発点として，スピノザがマキァヴェッリの弟子discipleであるというシュトラウスの解釈に関連して，彼のいくつかの論点を紹介することから始めます[6]．

　シュトラウスがスピノザをマキァヴェッリの弟子とみなすときに，いくつか根拠はありますが，1番大きな根拠はいわゆるユートピアutopia批判の共有です．政治思想，政治哲学の歴史における有名なユートピア思想といえば，もちろんプラトンに始まります．それに対して，マキァヴェッリという哲学者は明らかに現実主義者realistであり，とくに『君主論』の第15章の簡潔な表現が有名です．

---

[6]　シュトラウスによれば，われわれはみなマキァヴェッリの弟子たちである．たとえば，「マキァヴェッリの弟子たちとしてのホッブズとカント」というシュトラウスの認識に関しては，拙稿「マキァヴェッリと近代政治哲学」飯島昇藏・中金聡・太田義器編『「政治哲学」のために』（行路社，2014年），145-150を参照せよ．

他方でスピノザの場合はどうでしょうか．彼の Tractatus Politicus は日本では『国家論』というタイトルで訳出されてもいますが，本書と『神学・政治論』Tractatus Theologico-politicus との関連をわれわれが見失わないためにも，ここではその著作のタイトルを直訳してスピノザの『政治論』と呼びたいと思います．その第 1 章のユートピア批判の箇所の日本語訳と，第 10 章からは単にラテン語の語句だけをここに引用します．後者に関して言えば，第 10 章においてはマキァヴェッリという固有名は直接的には触れられていませんが，フィレンツェ人〔フローレンス人〕という言葉が挙がっており，『ティトゥス・リウィウスの最初の 10 巻についての論説』Discorsi Sopra La Prima Deca Di Tito Livio の第 3 巻の第 1 章がスピノザによって言及されています．ラテン語原文の語句は，acutissimus Florentinus Disc. I. lib. 3 in Tit. Livium です．

前者，すなわち『政治論』第 1 章のユートピア批判に関しては次の箇所を引用します．

> ……彼ら〔哲学者たち Philosophi〕は，あるがままの人間ではなく，そうあってほしいと思うような人間を脳裏に浮かべているのである．この結果として，彼らの大部分は，倫理学を書くかわりに風刺を書き，実際に適用される国家学を思念するかわりに，キマイラとしか見られないような国家学を，あるいは，ユートピアとかまたは詩人たちの，あの黄金時代——そのような時代には，たしかに，国家学は少しも必要ではなかった——とかにおいてのみ構成されうるような国家学を思念したのであった．

シュトラウスは，近代の政治哲学がどこで，すなわち，誰から始まったのかという問いを非常に深く追究しました．周知のように，シュトラウスには有名な問題群があります．B・コンスタンが，古代人の自由と現代人の自由とを比較しているのは有名ですけれども，それに因んだかどうかはわかりませんが，「古代人と近代人の論争」という問題が 1 つです．さらに，「Jerusalem と Athens の対立」とか，「哲学と詩の対立」とか，いくつかの問題群があります．

さてシュトラウスは古代と近代の対立に注目し続けましたが，近代政治哲学はいったいどこから出発したかという問いを立てたときに，『ホッブズの政治学』という書物においては，シュトラウスはホッブズ政治哲学を近代政治哲学の嚆矢とみなしました．ホッブズは「自然法natural law」と「自然権natural right」とを明確に区別した最初の思想家であり，シュトラウスはホッブズを伝統的自然法思想とは逆に「自然権」＝(主観的)権利から「自然法」＝義務を導いていった最初の近代的思想家として評価したわけです(PPH)．

しかし，本当は近代哲学はマキァヴェッリから始まったのだということを教えてくれたのはスピノザであった，と後年シュトラウスは自己修正を行ないました．具体的には，「君主の鑑」という伝統的なジャンルの装いのもとに革命的思想が展開されている，まさに『君主論』の第15章の重要性，すなわちマキァヴェッリによるユートピア批判をシュトラウスに教えたのは，スピノザであったと言っております[PPH: xvi/邦訳: XV-XVII]．したがって，スピノザがマキァヴェッリの弟子であるとみなすことのできる1つの根拠を，シュトラウスは2人の思想家の政治的ユートピア主義批判の共有にみているのはむしろ明らかではないかと思われます．

3・2　政治的シオニズム

第2番目の根拠は，マキァヴェッリとスピノザに直接的に関係するわけではありません——あるいは，同志社大学のユダヤ教の研究に少しは関係するかもしれません——が,「政治的シオニズム」とスピノザとの関係についてのシュトラウスの見解です．

この政治的シオニズムの唱道者たちには何人かの有名な人たちがいます．シュトラウスは，レオン・ピンスカーという人よりも，もっと早く政治的シオニズムの諸原理をスケッチした人間であり，偉大な人間ではあったけれども，a good Jew(善きユダヤ人)ではなかった人間が存在した，それはスピノザであったと言っています．

これは私が今回はじめて気がついたことなのですが，いままでに公刊

されたシュトラウスの著述では，少なくとも 3 箇所でスピノザの『神学・政治論』第 3 章の末尾に言及しながら，シュトラウスはスピノザが政治的シオニズムに理論的に責任があると指摘しています．

第 1 に，"Why We Remain Jews: Can Jewish Faith and History Still Speak to Us?"というタイトルの講演が挙げられます．これは 1962 年の 2 月 7 日（日曜日）午後 8 時からシュトラウスがシカゴ大学において行なった「講演」です〔以下においては「講演」と略記する〕．

第 2 に注目すべきは，"Preface to the English Translation," in *Spinoza's Critique of Religion*です．これは，『スピノザの宗教批判』の英語版に対する「序文」です〔以下においては「序文」と略記する〕．これにも前掲の「講演」での発言と非常に類似した事柄が書かれています．両者が厳密に同じかどうかは詳しく調べてみなければならないのですが，スピノザこそが政治的シオニズムの原理的な最初の提唱者であったというシュトラウスの基本的解釈はまったく同一です．「講演」がなされた時期と「序文」が執筆された時期はほとんど同じ頃です．「序文」の執筆は「講演」の約半年後の 1962 年 8 月です[7]．

最後に第 3 に，1932 年の "Das Testament Spinozas" というドイツ語の論文は，シュトラウスが，ロックフェラー財団から奨学金を得てフランスのパリへ移る前に，ドイツのベルリンのユダヤ教の研究所で研究した成果を纏めた論文であります．この論文のなかでも，スピノザと政治的シオニズムの関連についてシュトラウスは述べています．いったいスピノザのいかなる思想や発言が政治的シオニズムとの関連でシュトラウスによってこれら 3 つの箇所で共通して引用されたり言及されたりしているかというと，『神学・政治論』第 3 章末尾にあらわれる，スピノザの次のような思想です．

> 否，彼らの宗教の基礎が彼らの精神を軟弱にしてしまわなければ，私は次のことをまったく信じるであろう．すなわち，彼らはいつか

7　Leo Strauss, "Preface to *Spinoza's Critique of Religion*," in LAM: 224-259. 西永亮・飯島昇藏訳「『スピノザの宗教批判』への序言」，345-397．

機会さえ与えられれば——人間的事柄は極めて変化しやすいものであるから——彼らの国家を再び建てるであろうし，神は彼らを再度選ぶであろう．

　1998年の拙稿「戦間期のレオ・シュトラウス」において，私はシュトラウスによって引用されたこの箇所について若干触れましたが[8]，今日はそれとは少し違ったことを申しあげます．政治的シオニズムとスピノザの関係はマキァヴェッリとは直接関連がないとさきほど申しあげたばかりですが，それをいまここで直ちに修正します．なぜ修正するのかと言えば，「彼らの宗教の基礎が彼らの精神を軟弱にしてしまわなければ」というスピノザの発言に何が読み取れるかを問題にせざるをえないからです．この表現はわれわれにマキァヴェッリを思い出させます．
　マキァヴェッリが15-16世紀イタリアにあって何を嘆いたかと言えば，イタリアが蛮族の足下に蹂躙されていて，イスパニアやドイツやフランスなどの外国勢力の侵入に悩まされていて，国内は不統一であり，教会勢力が強すぎてしかもイタリアを統一するほどには強くなくて，それらの結果として，甚だしい分裂状態にあった．そして精神的には，キリスト教という一神教が，古代イタリアがもっていた宗教に取って代わってしまって以来，イタリアの人びとが世俗的な事柄に関心を示さずに，来世での幸せを願うようになってしまった．そういうことが，いまイタリアが不幸のどん底にある元凶であるということを言っているわけです．ここが，すなわち，(宗教による)精神的教育の問題の重要性がスピノザとマキァヴェッリの重要な共通点であります．すなわち，宗教が民族の精神を柔弱にすることに対する弾劾・告発です．マキァヴェッリにあってはキリスト教がローマ人たちの美徳を腐敗させたことに責任があり続けたように，スピノザにあってはユダヤ教がユダヤ人国家の再生を不可能とさせることに責任があるのです．このような(政治的)宗教批判においても，スピノザはマキァヴェッリの弟子であると言うことができるでしょう．

8　拙稿「戦間期のレオ・シュトラウス——『政治的なものとの出会い』」飯島昇藏編『両戦間期の政治思想』(新評論，1998年)，182-207．

3・3 ユダヤ民族に対する中立性

　しかしわれわれは次に直ちに，マキァヴェッリのキリスト教批判とスピノザのユダヤ教批判とはその精神においてはたして本当に同一か否かを考えてみなければなりません．すなわち，2人の(政治的)宗教批判はそれぞれの同胞に対する愛に発したのか，それとも憎しみに発したのか，それとも，それら以外の何か別の感情に発したのかという問いをシュトラウスは発しています．

　イタリアの統一と解放とに対するマキァヴェッリの訴えは彼の同胞イタリア人たちへの愛に発したことにはほとんど疑いを差し挟むことはできないでしょう．マキァヴェッリは『君主論』の最後の第26章を，蛮族からイタリアを解放すべく君主に旗を立てて戦うように，旗幟を鮮明にしさえすれば，勇気あるイタリア人たちが馳せ参じるであろうという勧説で締め括っています．(もっとも，シュトラウスはマキァヴェッリの政治哲学を愛国主義 patriotism という言葉で単純に特徴づけることには断固反対しています．[ToM:10-11/邦訳：2-3])

　同じような質問をスピノザに向けてわれわれは問うことができますし，そしてこのゆえに問わなければなりません．すなわち，スピノザは，この『神学・政治論』第3章末尾の文章(シュトラウスが「スピノザの遺言書」と呼んでいる文章)を，マキァヴェッリと同じような精神で，つまり彼の同胞であるユダヤ民族に対する愛から語っているのか否かを問わなければなりません．その問題に対する解答を得るためには，しかしながら，われわれはどこにその手がかりを求めたらよいのでしょうか．

　この問題の解決のための十全な手がかりを得るためには，「スピノザの破門の特異性」に触れなければなりません．(今年はスピノザがアムステルダムのユダヤ教徒の世界から追放されてちょうど350年の記念の年にあたります．哲学つまり理性の立場に立つ人びとにとっては祝福すべき年なのかもしれません．)シュトラウスは論文「スピノザの遺言書」のなかではスピノザの破門の特異性を次の事実に求めています．スピノザはユダヤ教の共同体から破門された後に，単にユダヤ教徒に留ま

らなかっただけではなく，さらにまたキリスト教徒にも転向しなかった．シュトラウスにとってはまさにここが重要な点なのです．スピノザとは対蹠的に，デカルトもホッブズもライプニッツもキリスト教徒であり続けたのです[9]．

　因みに，スピノザの師マキァヴェッリについても調べてみました．マキァヴェッリは，生前に彼の名前で発表した著作は『戦術論』だけであったためか，教会から破門されることはなかった．『君主論』という有名な作品は，ある一定のサークル内で読まれていたが，著者が迫害を恐れたからでしょうか，公刊されなかったので，彼は破門されませんでした．

　セバスティアン・デ・グラッツィアに *Machiavelli in Hell* という本があります．その伝記的記述を読みますと，マキァヴェッリはミサにはほとんど出席しなかったようですが，臨終の床では修道僧を呼んでいます[10]．普段ミサにはほとんど出席しなかった男が，なぜ臨終の間際には修道僧を呼んだのでしょうか？自分のために呼んだのでしょうか，それとも何かほかの理由からでしょうか？いずれにしても1つだけ確かなことは，結局マキァヴェッリも少なくとも形式的にはキリスト教徒として死んだということです．正真正銘の本物のキリスト教徒として死んだのか否かはここでは重要な問題ではなく，臨終のときにはキリスト教徒として死んだということ，形式的なことが決定的に重要なのです．

　スピノザの場合はまったく違うのです．スピノザの破門の性格を正しく理解することが重要であるのは，彼がユダヤ教に対してだけ敵対的であったのかどうかという問題に関連がありますが，ここではシュトラウスに従いながら，スピノザはユダヤ教に対してだけではなくて，キリスト教に対しても，その点では，すべての宗教に対して敵対的ではなかったとしても，少なくとも中立的であったと暫定的に結論しておきたいと思います．とくにユダヤ教に対してスピノザが中立的であったということは，ユダヤ教徒たちにとっては，スピノザを崇めてよいのか，スピノ

---

[9]　"Das Testament Spinozas," GS, Band 1, 416.
[10]　Sebastian de Grazia, *Machiavelli in Hell* (Princeton University Press, 1989). 田中治男訳『地獄のマキアヴェッリ』(I), (II)(法政大学出版局, 1995年, 1996年).

ザをユダヤの伝統，ユダヤの民族のなかで優れたユダヤ人として a good Jew として崇めるべきか否かは大問題になるはずです．

　閑話休題．先ほど読んだ文章のなかの「彼らの国家を再び建てるであろうし」という言葉は，スピノザの場合にはマキァヴェッリの精神とは異なった精神で述べられたのです．既述したように，マキァヴェッリはイタリアの統一とイタリアの蛮族からの解放とを願い，それを叫んだ，少なくともイタリア人たちに対する 1 人のイタリア人愛国者として叫んだのでした．しかしながら，シュトラウスによれば，スピノザは，こういう預言者的な発言——「選民」に関する——を，ユダヤ人たちとしてのユダヤ人たちのために，あるいはユダヤ民族としてのユダヤ民族のために 1 人のユダヤ人として表明しているのかというと，そうではない．すなわち，彼はユダヤ国家の再建を実際に願ったり，要求しているのではなく，みずからの哲学的中立性の立場の高みから(いわば 1 人の哲学者として)，ただ議論しているにすぎない(nur diskutiert)のであると，シュトラウスは 1932 年の論文で述べています[11]．

　ところですでに論及したように，スピノザはユダヤ教の基礎がユダヤ民族の精神を軟弱にした，すなわち柔弱にし，いわば女性化したと非難しますが，シュトラウスはスピノザのこの判断そのものの妥当性ないしはこの非難の一面性を問題視しています．スピノザを論駁すべくシュトラウスが挙げる証拠は，まさに長尾龍一氏が言及した「中世の異端審問官」の権力行使，弾圧，焚殺刑の犠牲者たちに，そのような極端な苦難を耐え忍ぶことのできる力，強さを与えたものこそユダヤ教であったという事実です．そしてシュトラウスは問いかけます．スピノザはこの事実を忘却してしまったのかと．答えは否です．それではなぜ，スピノザはユダヤ教こそユダヤ民族の国家の再建にとっての障害であるとして弾劾したのでしょうか．シュトラウスによれば，マキァヴェッリを師と仰ぐスピノザは，国家を創設し維持するために必要とされる力，すなわち社会がそれなしには存続しえない命令する力，強さは，「中世の異端審問」のような苦難を忍従するために必要とされる力，強さとは同一では

11　"Das Testament Spinozas," 420-422.

ないという見解を抱いていたというのです．シュトラウスにあって，この点でもスピノザはマキァヴェッリの弟子であったのです[12]．

3・4　政治，その他への宗教の影響

次に宗教の「政治，その他への影響」という問題に進みます．ここでも話が飛びます．今年は大学院の演習で，シュトラウスの『ソクラテスとアリストファネス』 *Socrates and Aristophanes* という書物を読んでいます．あるところに次のような一節が書かれています．これはアリストファネスの喜劇的作品『騎士たち』 *The Knights* についてのシュトラウスのコメントであります．

> Could suicide be the consequence of the belief in gods as beings necessarily inimical to man? For regardless of whether gods are the work of man's fear or of his love of beauty — of his longing for never-aging and never-perishing thinking beings of indescribable splendor — they impair man's self-esteem. [SA: 82-83]

「ここの研究会は一神教についての研究会であるから多神教の世界は関係ない．まったく異質なことを，おまえはここでしゃべっている」と言われてしまえばそれまでなのですが，この自殺の問題と神がみの存在との関係をどう考えるかが問題なのです．日本では近頃，自殺者が多数にのぼり，社会問題化しています．その原因は，経済的な理由だと言われていることが多いという印象がありますが，対照的に，シュトラウスには重要な問題すべてを神学的問題に関連づけて，そこに何らかの答えを求めようとする傾向があると私には思えてなりません．自殺が，こういう神がみ，すなわち gods necessarily inimical to man への信仰に対する帰結であるのか否かという問題設定の是非がまず問われなければならないのかもしれません．しかし，上に引用した疑問文はギリシアの神がみ

12　"Das Testament Spinozas," 420.

第3章　哲学と宗教

に関してのみ発せられた疑問文であると簡単に片付けてしまってよいのでしょうか？

　アリストファネスの喜劇についてのシュトラウスのコメンタリーなので「神がみ」に関する論及という形式を取らざるをえませんが，なぜわれわれがそもそも神（がみ）の存在を信ずるのかと問うならば，いくつかの理由があるのかもしれません．しかし，神と呼ばれるものの存在が，人間の自己評価 man's self-esteem を害する impair ことがあるというシュトラウスの示唆というよりもコメンタリーは，おそらくスピノザの思想にも共通する点があるのではないか．伝統的な神（がみ）の観念は人間の自己評価に対してネガティブな影響を及ぼしたのではないかと．

　私はこういう類のシュトラウスの文章に何度もぶつかりますが，いつもよくわからない．シュトラウスは宗教者であるか，それとも哲学者であるかの問いに答えがなかなか出ないことに関係するのかもしれません．繰り返しになりますが，この文章はアリストファネスの『騎士たち』という作品を解釈したシュトラウスの文章です．問題はそれが，『騎士たち』にだけ関連した解釈なのか，それとも，シュトラウス自身の思想そのものを反映しているのか，反映しているとすればどの程度まで反映しているのかは決着をつけるのが非常に難しい問題だと思われます．

　ところで『スピノザの聖書学の基礎としてのスピノザの宗教批判』という書物〔以下においては『スピノザの宗教批判』と略記する〕のなかでシュトラウスは，スピノザによる宗教批判は科学的な批判という装いのもとに遂行されているが，その宗教批判は，伝統的な様ざまな宗教批判のなかでは，ギリシアのエピクロスに始まるエピクロス主義的批判のなかに究極的には位置づけられる，と主張しています．シュトラウスは，17世紀に流布していた伝統的な宗教批判の傾向を『スピノザの宗教批判』では基本的には3つの類型に分けています．

　第1番目の種類の宗教批判は政治的な批判です．典型的にはマキァヴェッリによる宗教批判です．周知のように，マキァヴェッリによれば，宗教には健全な宗教と不健全な（問題のある）宗教の2種類がある．問題のある宗教として，たとえばキリスト教があります．その宗教が人びとをこの世の栄光から来世の栄光へと目と心を向けさせたという，宗教

に対する批判です．

　今日，イラク戦争がらみで，とくにアメリカ合衆国のキリスト教ファンダメンタリズムの政治的活動の関係などで，宗教が，とりわけ一神教が悪いのだ，すなわち（世界）戦争の原因になりがちであるという批判がかなりあります．宗教は人びとを結びつけるのではなくて，人びとを分断するdissociate一因であるという批判です．つまり，そのような宗教の政治的な悪影響（平和の破壊要因）という観点からの宗教批判です．近代に話を戻せば，マキァヴェッリの場合には，キリスト教的啓示宗教は人びとを非政治的にすると批判したのですが，他方において，宗教戦争の時代などにはこの宗教があまりにも政治（世俗）にコミットし過ぎると，too much politicalである，あるいは他者に対して非常に不寛容であると批判がなされたわけです．

　第2番目の種類の宗教批判は，シュトラウスによってアヴェロエス的伝統と呼ばれている宗教批判の伝統です．宗教は理性的な教えと対立することを教えているという点で，宗教は学問，科学，知性の展開にとってネガティブなことをしてきたという批判です．

　そして，第3番目の種類の宗教批判の伝統としてシュトラウスが最も重要視するのが，すでに触れたように，エピクロス主義的批判です[13]．さて，エピクロス主義的宗教批判の場合に[14]何が最も重要な問題かと言えば，ここで宗教が批判されなければならない理由は，人びとの心の平安が神の存在によって掻き乱されるということです．神に対する恐怖——自分が本当に正しい人間かどうかということを絶えず吟味しなければならないので人びとは心の平安を確実には手に入れることはできない——，処罰する神が問題なのであって，こういう処罰する神の存在が信

---

[13] もちろん，宗教に対するそのようなマキァヴェッリ的政治的批判とアヴェロエス的知性主義的批判とエピクロス主義的宗教批判が，ある思想家による宗教批判に常に相互排他的であるというわけではない．

[14] シュトラウスの分類は，おのおのの宗教批判の内容（教説）よりもその動機に焦点を当てている点に特徴がある．彼がスピノザも含む17世紀の宗教批判の1つの大きな流れをHedonismusと定義せずに，むしろEpikurtumと定義するのは，その宗教批判の動機を「単なる快楽ではなく，確実な快楽」を確保しようとする傾向に見ているからである．RKS: 65-82; SCR: 37-52.

じられており，われわれはなぜ神を恐れるかといったら，たとえば古代のギリシアのエピクロスとか，それを踏襲したローマのルクレティウスなどは，地震とか，津波とか，火山の爆発とか，そういう天変地異をすべて，神の人間に対する罰として人びとは考える傾向があるが，そのような傾向は人間の無知に起因するのであり，本当は恐れる神など存在しないという思想を展開したが，そのような宗教批判の伝統のなかにシュトラウスはスピノザの宗教批判も位置づけていたわけです．

スピノザの宗教批判は理性的な根拠に基づいて，オーソドックス（正統派）に対する，すなわち啓示信仰に対する"rationalist attack"あるいは"secularist attack"として成功したと一般には主張されていますが[15]，よく吟味すると，そうではないのではないか．そうではなくて，スピノザが宗教の批判に成功したと言われたときに，その多くは科学的な議論に基づくというよりも，むしろ聖書のなかにあらわれる様ざまな矛盾とか，いろいろな稚拙な文言をあげつらったり，その滑稽さをridiculeしたりすることによって，非常に真摯な宗教心に溢れる敬虔な若者たちを聖書に対する真剣な関心から逸らすというところで，非常に大きな成功を収めたのではないかということをシュトラウスは『スピノザの宗教批判』のなかで言っているわけです．

3・5　理性的道徳rational moralityとその問題点

この節の最後のトピック「理性的道徳とその問題点」に移ります．rational moralityという道徳によって多くの人びとが正しく生きていけるのかどうかという問題と，rational moralityではないmoralityはいったいどういうものがあるのかという問題があります．rational moralityではない道徳はたくさんあるのかもしれませんが，今日のシンポジウムとの関連で考えるならば，divine morality，神（がみ）によって啓示された教えにもとづくmoralityとの対立がある．対立というか区別は少なくともあるだろうと思います．

15　"How to Study Spinoza's *Theologico-Political Treatise*," in PAW: 142.

divine moralityの側にも重大な区別，あるいは対立さえあるといえるでしょう．一神教と多神教の区別もありますが，いわゆる一神教と呼ばれる諸宗教の道徳の内部でも区別や異同についても議論しうるでしょうし，極端なことをいえば，神がみの数だけ人間に対して様ざまな生き方が，道徳的教えが，示されているといえるのかもしれません．
　ところでこの関連でのスピノザのユニークな点は，スピノザが，キリスト教とユダヤ教という一神教の学際的研究あるいは少なくともその比較研究を実行し，近代の世俗社会の道徳的礎を理論的に築いた点であるかもしれません．スピノザによれば，キリスト教とユダヤ教の教えのなかには共通部分がある．その共通部分は，rational moralityであると．少なくとも，それはシュトラウスの解釈したものです．そこからいったいどのような重大な帰結が生ずるかといえば，それはすでに触れたように世俗化の1つのあらわれであるrational moralityであると思うわけです．それはまた，今日の報告の最後の4番目のテーマの"Strauss as a modern philosopher king?"というところでとりあげる問題にも関係していきます．
　さてrational moralityと，シュトラウスがあるところでnatural moralityと言っているものが同じかどうか少し考えてみましょう．natural morality を考える場合には，自然natureそしてなかんずく，人間的自然human natureとは何であるかという問題は避けて通ることはできません．もちろん，人間の本質は理性であると言うことはできると思いますが，しかし，人間的自然は理性的な部分だけではありません．たとえば，プラトンの心理学によれば，人間的自然はreasonの部分，理性的な部分と，spiritednessというかangerというか，気概的な部分と，それからdesire，欲望的な部分から，すなわち少なくとも3つの部分から構成されているとされます．もしもこのようなプラトン的心理学が基本的には正しいとするならば，naturalなものはrationalなものよりも，より広くより複雑なものかもしれません．natural moralityとrational moralityの間には少なくもそのような大きな違いが1つあります．
　シュトラウスの『迫害と著述の技法』*Persecution and the Art of Writing*のなかの第4章に，「『クザーリ』における＜理性の法＞」"The Law of

第3章　哲学と宗教

Reason in the *Kuzari*" という論文が収められています．ハレヴィ（Yehuda Halevi）が著した *Kuzari* という書物のなかで使用されている＜理性の法＞ The Law of Reason とはいったい何を意味しているかということをシュトラウスが分析した論文ですけれども，次のようなことを述べている箇所があります．

> He [Halevi] accepts, at least within these limits, what may be called the philosophers' view of the Natural Law. But precisely by going so far with the philosophers, does he discover the fundamental weakness of the philosophic position and the deepest reason why philosophy is so enormously dangerous. For if the philosophers are right in their appraisal of natural morality, of morality not based on Divine revelation, natural morality is, strictly speaking, no morality at all: it is hardly distinguishable from the morality essential to the preservation of a gang of robbers [PAW: 140].

　＜神的啓示＞ Divine revelation にもとづかない道徳——それを哲学者たちは非常に評価したけれども，それは厳密に言えば morality ではないのであり，そういう natural morality は，盗賊団の維持・保存 preservation にとっても本質であるところの morality とほとんど区別がつかないものになってしまう．同じところにこういう表現もあります．"Moral man as such is the potential believer." 道徳的人間としての道徳的人間は潜在的信者 potential believer である，とハレヴィ解釈に仮託してシュトラウスは述べているのです．ここも評価が分かれると思うのです．すなわちシュトラウスは，この Divine revelation にもとづく morality を非常に高く評価しているのか，それとも，額面（＝文言）どおりには高く評価していないのではないか，どっちなのかは簡単には決められない性質の問題だと思われます．

85

4 Strauss as a modern philosopher king?

最後のトピックは "Strauss as a modern philosopher king?" です．最後の疑問符を忘れないでください．疑問符なしに言い切ってしまうとたいへんなことになりますので．

a philosopher king あるいは philosopher kings/queens という考えは，もちろんプラトンの『ポリテイア』のなかで，いわゆる「哲人王支配」の思想が出ていることに関係します．つい最近，あるオーストラリアの大学の教授から，何人かの人たちと一緒に英語で本を出版しないかと誘われました．具体的には，modern philosopher kings というテーマで近代政治思想史が書けるのではないかという提案をうけました．なかなか面白い提案なのですけれども，結局，「英語圏の出版社があまり乗り気でないから，やめよう」という結論になってしまったのは誠に残念です．

philosopher kings と言えば，私はそれまでプラトンの専売特許だと思い込んでいました．しかし少し考えてみたら，政治哲学者たちのやってきたことは，もしかしたら，みんなこういう野望や欲望を多かれ少なかれもっていたのではないかと考えるようになりました．マキァヴェッリは君主のアドバイザーである．彼は，なかんずく新しい君主たち new princes に対するアドバイザーであると言われますが，政治的支配者の教育者という点では，プラトンの営みと本質的にどこが違うのでしょうか[16]．そして，スピノザがその時代のオランダの政治と深くかかわっていたことも周知の事実です．

いろいろな政治哲学者がいろいろな政治的処方箋を書いているわけですが，書くということは知っているのだから書くわけです．知行合一，理論と実践を統一すべきであるという単純な，非常に荒っぽい議論からしても，哲学者が自分の理論や知識が実践に移されることを夢見ることは，ごく自然なことであろうと思われます．プラトン自身は，自分も若

---

[16] マーク・リラ『シュラクサイの誘惑――現代思想にみる無謀な精神』，佐藤貴史・高田宏史・中金聡訳（日本経済評論社，2005年）を参照せよ．本書は，「哲学と政治権力の行使の関係，わけても僭主政治における政治権力の濫用との関係」の問題を20世紀の思想家たちを実例にして議論している好著である．

い頃に政治家になろうとしたけれども、いろいろな理由から（もちろんソクラテスの運命が一番大きなそれでした）それを断念して、哲学の道に入って、政治哲学については、あのような政治的理想を書いたとされています。

　それでは、マキァヴェッリも、ホッブズも、スピノザもルソーもヘーゲルも……と考えていったときに、シュトラウス自身の場合はどうなのかが当然疑問になります。シュトラウスについての研究が1990年代にかなり出たわけです。最初に私が言及しました長尾は、そういう研究が非常に沢山出てきたということを自分の本のなかでも言及されています。彼はその潮流の中で研究を進めていますが、私は今日それらの研究書のうちのいくつかを持参しました。ここにディヴィッド・ノバク（David Novak）が編集した *Leo Strauss and Judaism* という書物がありますが、そこに所収されたハドリー・アーケス（Hadley Arkes）の"Athens and Jerusalem: The Legacy of Leo Strauss"という論文のなかで次のような面白いエピソードが紹介されています。

　ある若い学生がシカゴ大学のシュトラウスの講義に初めて出席した。このとき彼はカトリックの聖職者たちがその講義に出席していたことに非常に驚いた。なぜ彼らがそこにいたのか。シュトラウスがカトリック的な教えに対して非難や悪口を言っていることを咎めようとしてそこにいたのかというと、そうではないのです。少し長く引用させてください。

> Surely, one of the most striking attributes, evident at once to the young student who entered a class of Strauss's for the first time, was the presence of a contingent of Catholic priests. They were not there as detached observers trying to scout the opposition. They were sitting at his feet, along with the rest of us, and there was, in the room, the most intense concentration, and in the most pronounced reverence. Harry Jaffa has written that Strauss's distinct mission was to restore both reason and revelation against the tendency of modern science to deny them both. Both strands were unmistakably present in those classrooms: the interest in reason *and* in revelation. It was evident that

the thing that connected everyone in that room — from the Catholic priests to the young Jewish students — was the interest in standing against the world — *contra mundum* — standing against the current culture, with its variants of moral relativism. What connected everyone was the interest in what might be called "natural law": the conviction that there were indeed moral truths, grounded in human nature, and those truths would endure as long as that nature would endure. That is to say, what connected the Christians and Jews in that room was the religion of reason, or "rational morality."[17]

　私は「セキュラリズム」や「世俗主義」という用語をこの報告の冒頭で使いましたが，スピノザの聖書批判からの１つの帰結として，スピノザにおいてrational moralityが新約キリスト教と旧約ユダヤ教の共通項としてあるのではないかと示唆したいのです．というのも，シカゴ大学におけるこの光景についてこの論文の著者は，"That is to say, what connected the Christians and Jews in that room was the religion of reason, or 'rational morality'"とはっきり言っているからです．

　シュトラウスが教室のなかで非常に献身的なカトリックの聖職者たちと，非常に有能な若いユダヤ人の学生たちの前で講義をしている姿を，私はふとa modern philosopher kingの１つの姿かなと思ったので，この節のタイトルにStrauss as a modern philosopher king?と掲げたのです．そして，そのような光景は，"Das Testament Spinozas"という論文のなかでニーチェの謦咳に倣ってシュトラウスが「善きヨーロッパ人」と呼んだスピノザが，17世紀に哲学的中立な立場に立って，彼のところにやって来る人びと——キリスト教徒であるとユダヤ教徒であると無神論者であるとに関係なく——と交流したというその姿と，私にはときどき重なるわけです．シュトラウスは，もちろんスピノザを厳しく批判しているところはありますが，私には，ときどきシュトラウスとスピノザとがそ

17　Hadley Arkes, "Athens and Jerusalem: The Legacy of Leo Strauss," in David Novak (ed.), *Leo Strauss and Judaism: Jerusalem and Athens Critically Revisited* (Rowman and Littlefield, 1996), 4.

の精神において相通じるものがあるのではないかと思われるのです.
　ここでの議論がシュトラウス自身の発言にではなく，いわば外在的情報に基づく推測の域を出ていないという反論が当然予想される．「リベラル・エデュケーションと責任」という論文におけるシュトラウスの次の発言は，そのような反論を論駁しなくとも，少なくとも一方における支配者（政治家）と他方における教育者（哲学者），なかんずく支配者の教育者との関係について熟考するようにわれわれに要請するように思われる．"I thought that it was my job, my responsibility, to do my best in the classroom, in conversations with students wholly regardless of whether they are registered or not, and last but not least in my study at home. I own that education is in a sense the subject matter of my teaching and my research. But I am almost solely concerned with the goal or end of education at its best or highest — of the education of the perfect prince, as it were — and very little with its conditions and its how." [LAM: 9. Emphases are added.] "Strauss as a modern philosopher king?" は，あまりにも大胆な仮説ですので，疑問符を3つくらい書いておいたほうが良いと思います．

5　結　論

　近年，日本においてさえもシュトラウスの思想への関心が，アメリカの外交政策やヘーゲル哲学との関連や，一神教の学際的研究やその他の様ざまな領域で高まっている．「神学―政治問題」を一生の課題としたシュトラウスが宗教者であると当然視することを差し控えて，すなわち，彼が神学や宗教の側の人間であることを当然視することなく，神学―政治問題を哲学的に思索し続けた人間であったという可能性に精神を開きつつ，本章においては，宗教の世俗化に対して責任の一端を負うスピノザの思想についてのシュトラウスの特徴的なアプローチのいくつかを検討した．その際われわれの考察を導いたのは，近代哲学の創始者「マキァヴェッリの弟子としてのスピノザ」というシュトラウスの理解であった．すなわち，本章は，スピノザにおけるユートピア批判，政治的シオニズム，ユダヤ民族に対する中立性，理性的道徳などの諸問題を

指摘し，最後に，近代における哲人王のあり方の 1 つの可能性としてのシュトラウスによる大学での教育の姿を示唆した．

第4章
快楽主義と政治
―――シュトラウスのエピクロス主義解釈について

中 金 聡

> この小園の神エピクロスとはなにものであったか．その秘密がギリシアの知るところとなるには百年を要した．――とはいえ，その秘密ははたして知られえたのか？
>
> ニーチェ『善悪の彼岸』

はじめに

> ちょうど人間がさまざまな宇宙観を有するからといって，宇宙は存在しないとか，宇宙についての真なる説明そのものがありえないとか，人間はけっして宇宙についての真に究極的な知識には達しえないとかが少しも証明されたことにはならないのと同じく，人間がさまざまな正義の観念を有するからといって，自然的正は存在しないとか，自然的正は認識不可能であるとかが証明されたわけではない[NRH:97-98／邦訳:140].

　思想史研究者としてのレオ・シュトラウスの業績は，この自然的正（Natural Right）の観念とその探求に捧げられた理論の系譜を発掘したことによって記憶されている．以下ではこの常識に逆らい，『自然的正と歴史』(1953年)で古典的な自然的正の理論のいわば仇役として登場するコンヴェンショナリズム，あるいはエピクロス主義にシュトラウスがあたえた解釈に注目したい．
　シュトラウスとエピクロス主義の浅からぬ因縁といえば，M・オークショットが『ホッブズの政治哲学』(1936年)を評して，エピクロス主義

からホッブズがうけた影響をシュトラウスが無視していると批判したことがよく知られている(オークショット 2007: 194-95, 198-99). しかし結論からいえばこれは単純な誤解であり,『ホッブズの政治哲学』と相前後する作品には, エピクロス主義に寄せるシュトラウスのむしろ並々ならぬ関心があらわれていた. エピクロスないしエピクロス主義に言及した作品としては, 発表順に『スピノザの宗教批判』(1930 年),『哲学と法』(1935 年),『自然的正と歴史』,『リベラリズム 古代と近代』(1968年)所収の「ルクレティウスについての覚え書き」があり, シュトラウスの執筆活動のほぼ全期間にわたるのである.

シュトラウスのエピクロス主義解釈に注目する意義は, エピクロス主義研究史とシュトラウス研究史の両面にかかわる. エピクロス主義については, それまでもっぱら快楽主義倫理学が近代功利主義の先駆形態として理解されるか(Guyau 1886:Livre Ⅳ), あるいは原子論形而上学の系譜のなかでだけ語られる傾向があり, 社会および政治思想としてはしばしば「荒涼たる砂漠」にたとえられてきた(Bailey 1928:520). そのエピクロスの哲学のなかに, プラトンやストア派の「古典的な自然的正の理論」に拮抗する「コンヴェンショナリズム」を発見したのは, シュトラウスに帰せられるべき功績といってよい. 現代のエピクロス研究文献でシュトラウスの解釈が直接引照されることはたしかに皆無に近いが, シュトラウスの影響下にあるエピクロス主義研究者の成果をつうじて一定の地位を確立しつつあることもたしかな事実なのである(Clay 1983, 1998)[1].

もうひとつは, シュトラウスのエピクロス主義理解がシュトラウス自身の思索の発展過程を理解することに資するという点である[2]. のちにみるように, その特徴は若き日のニーチェ体験からうけた影響にあり, シュトラウスがニーチェから距離をおくようになるにつれ, そのエピクロス主義理解にも変化が生じる. シュトラウスの解釈によってエピクロス主義のなにが明らかにされるのか, そしてそれはシュトラウス政治哲学

---

[1] シュトラウスの思い出に捧げられたクレイの前著には, 1965 年にシュトラウスとともにルクレティウスの『事物の本性について』を読んだと記されている(Clay 1983:10).
[2] シュトラウスのエピクロス主義解釈に本格的に論及した文献は, 管見のかぎりで 2 篇しかない(Neumann 1977; Wurgaft 2012).

にとってどのような意味をもっているのか．それを考察することが本章の課題である．

1 啓蒙と近代エピクロス主義

エピクロス(Epicurus, c.341-c.270B.C.)の教えは『主要教説』(Κύριαι δόξαι)の最初の3命題に簡潔に要約される．

1　至福かつ不死のものは，それ自身煩いをもたず，他のものに煩いをあたえることもしない．したがって怒りに駆られることもなければ，愛顧にほだされることもない．そのようなことはすべて弱者にのみ属することだからである．
2　死はわれわれにとってなにものでもない．なぜなら解体したものは感覚をもたず，感覚をもたないものはわれわれにとってなにものでもないからである．
3　快楽の大きさの限界は，苦痛が完全に除去されることである．およそ快楽の存在するところ，快楽のつづくかぎり，肉体の苦痛も魂の苦悩もなく，そのふたつがいっしょになったものも存在しない[DL:X.139]．

第1の命題はエピクロスの神学を表現している．神々は至高で完全な存在であるがゆえに人間には無関心であり，死後の魂を裁く恐怖の対象でもないかわりに，摂理をはたらかせ救いをもたらすこともない．第2の命題は原子論形而上学の帰結である．死は魂が肉体とともに原子(ἄτομος)へと解体されることであるから経験不可能であり，死を恐怖するのは愚かしい．第3は快楽主義的倫理学の要約である．真の快楽はたんに欲望が満足されることにはなく，いっさいの恐怖が除去され身体の健康が維持されているときにおぼえる心の平静(ἀταραξία)にある．エピクロスの哲学において形而上学と自然学は倫理学と密接不可分であり，宇宙のしくみの解明はそれ自体が目的ではなく，幸福な生活に寄与するかぎりでのみ意義をみとめられるべきものであった．「人間の悩みを癒

してくれないあの哲学者〔自然学者(フィジオロギ)〕のことばはむなしい．なぜなら，医術が身体の病を追い払わねば無益であるのと同じように，哲学もまた魂の苦悩を追い払わなければ無益だからである」[U:221]．

さて，エピクロス主義に寄せるシュトラウスの関心は，『スピノザの宗教批判』第 1 章「宗教批判の伝統」でエピクロスの宗教批判を「17 世紀の宗教批判のひとつの源泉，もっとも重要な源泉」[SCR:38=RKS:67] とみなすことにはじまる．しかしシュトラウスによれば，エピクロスの哲学が後続する宗教批判の起源となりえたのは，逆説的にも，エピクロスの宗教批判における目的と手段の結びつきが必然的ではなかったからである[3]．心の平静が目的ならば，それを達成する手段はかならずしも科学や哲学である必要はなく，たとえば神々の善性を素朴に信じることでもかまわないだろう．原子論形而上学から直接に帰結するはずの無神論と，この哲学全体が目的とする救いとのはざまには，宗教批判の多様なヴァリエーションを生みだす余地が残されていたのである．

> エピクロスの関心は，恐怖にさいなまれない心と生の平安にある．彼は惑いとわずらいをもたらすすべてのものに断固反対する．彼の哲学を背後でつきうごかす原動力が本質的にそのようなものだからこそ，否応なくその感化がおよんだのはある特定の哲学学派の信奉者たち，すなわちある特定の手段を選ぶ人びとにはとどまらなかった．むしろ，宗教にあらがう普遍的な人間的動機はエピクロス主義のなかにその表現を見いだすことになる——このもっとも普遍的な人間的動機は，人間的意識の進化にたとえどのような変節や発展があっても，ほとんど変化しないのである[SCR:42=RKS:71]．

エピクロスやルクレティウスにとって宗教とは，「天空のいたるところに顔をのぞかせ，恐ろしい形相で人類をうえから威(おど)しつける重苦しい宗教(religio)」[DRN:I.61-62]，すなわち神話や迷信のことであり，啓示

---

3 「この関連では，エピクロスの実際の意図が彼自身のあたえる説明のなかで真実かつ完全に表明されているかどうかは，主たる重要事ではない．表明された意図はそれ自体でおのずと理解可能であり，また長じて宗教批判の動機になるのである」[SCR:275=RKS:71, note 10]．

宗教はさしあたり批判の対象ではなかった．それどころかエピクロスの哲学は，死の恐怖からの救いを説く福音的性格ゆえに，たとえ救済のありかたをめぐっては対照的な関係にあっても，キリスト教とは元来きわめて親和的な一面があったとすらいえる．初期のキリスト教神学者たちが，異教の神話や迷信と結びついたローマの国家宗教に抵抗するための論拠をしばしばエピクロス主義のなかに見いだすことができたのもそのためであった[4]．しかし啓示宗教が社会のマジョリティの信仰になった時代には，宗教批判もエピクロス主義とは異なる目的ないし動機から企てられるようになる．「エピクロスは宗教との闘いをおこなうのに理論という手段を用いたが，理論のために宗教と闘ったわけではなかった．しかるに，宗教との戦争を多かれ少なかれ隠れておこなわざるをえないのはいまや純粋理論の代弁者たちも同じであったし，またわけても（彼らの理論が宗教の教えるのとはちがった教義を教えるかぎりでは）純粋理論の代弁者たちだったのである．なぜなら，単純に宗教を軽視したり，宗教など存在しないかのごとくに生きたりするのは，もはや可能でなくなったか，あるいはまだ可能ではなかったからである」[SCR:47=RKS:76-77]．こうして心の平静を阻害する宗教へのエピクロス的批判の伝統にかわって，理論（観照）による幸福を少数の哲学者に確保するために大多数の非哲学者にむけて法の必要を説き，その法への服従を宗教によって強化するアヴェロエス的伝統や，徳の涵養に活用できる宗教のみを正当化しつつ，現世否定傾向をもつキリスト教は批判するマキァヴェッリ的伝統があらわれる．

　だがシュトラウスは，まず近代啓蒙に流入したエピクロス主義がすでにキリスト教化されていたことの解明にむかう．オークショットもいうように，『ホッブズの政治哲学』にはエピクロス主義への明示的な言及がないが，それに先立って書きあげられていた「ホッブズの宗教批判——

---

[4] 迷信との闘いでエピクロス主義者と原初のキリスト教徒が提携するさまは，ルキアノス『偽予言者アレクサンドロス』[25, 38]に記録されている（両者の関係についてはde Witt, 1954にくわしい）．だがニーチェの評言も参照．「エピクロスが企てたような「古い信仰」にたいする闘争は，厳密な意味では，先住したキリスト教にたいする闘争……であった」（『力への意志』[438]）．

啓蒙の理解に寄せて」(1933/34 年)と題する未公刊の草稿では，ホッブズの宗教批判を理解するためのコンテクストとして「エピクロス主義のキリスト教後的変容」[RKH:317]という視点が提示されている．

> 異教徒の神々への信仰が全能でひたすら善良なる神への信仰に置きかえられると，エピクロス的気質がもはや宗教批判を必要としなくなる可能性が開かれるというだけでない．エピクロス的気質は宗教的諸観念と調和するばかりでなく，ほかならぬ宗教的諸観念のなかにおのれにもっともふさわしいもの，すなわち心の平静と恐怖なき生にとってもっとも有益なもの，唯一の慰撫となるものとそれにかんする真の見解を最大限認識する可能性が開かれたのである [RKH:318].

「神は愛の対象になろうと欲するなら，なによりもまず審判と正義を断念せねばならぬことだろう」(ニーチェ『悦ばしき知識』[140])．心の平静を脅かす最たるもの，死後の人間の魂に永遠の責め苦を負わせる神の処罰権への恐怖は，魂の不滅を否定するエピクロスの原子論形而上学によって雲散霧消するのではなく，そのような過酷な処罰なるものはそもそも神の善性にそぐわないがゆえに根拠がないとされる．このような原理的逆転を経て変質したエピクロス主義は，マルキオンのグノーシス主義をめぐる初期キリスト教神学内部の正統と異端の論争にすでにあらわれていた[5]．だがそこからホッブズへといたる過程で重要なのは，『ホッブズの政治哲学』ではわずかに注で指摘されているだけのソッツィーニ派の存在である [PPH:76, note 3=HPW:94, note 46／邦訳:257-58].
16 世紀イタリアの神学者ファウストゥス・ソキヌスを起源とするソッツィーニ派は，厳格な聖書解釈の立場から反三位一体論(ユニタリアニズム)を標榜し，理性の限界内で宗教を理解することによって宗教改革期に一世を風靡し，そ

---

[5] 善と悪とが混在するこの不完全な世界を創造した旧約の「不完全な神」とは異なる「第 2 の神」をみとめ，そのような真の神にかんする秘教的知識をもとめたマルキオンやウァレンティヌスらの教義は，オリゲネスやテルトゥリアヌスによって「エピクロス主義」の烙印をおされた (Jones 1992:106-8).

の影響は遠くピエール・ベールやヴォルテールにまでおよんだ[6]．ホッブズに聖書信仰の名において自然宗教を攻撃することを可能ならしめたのも，合理主義に立った迷信批判と憐れみぶかい神に託された不死性への希望とが融合したソッツィーニ派の近代エピクロス主義であったとシュトラウスは考えるのである．

　ここまでシュトラウスが論じてきたエピクロス主義が，近代啓蒙のなかにあるラディカルな反省知とキリスト教の正統信仰とを調停する媒介項であったとすれば，『哲学と法』の「序文」で考察されるのは，前者の志向を無限に解放して無神論を帰結するエピクロス主義である．啓蒙の宗教批判の「基盤，より正確にはその前景」[PL:35-36=PG:24]であったエピクロス主義は，当の啓蒙において「本質的変化」を経験することになった．「もちろん啓蒙にとっても，またまさしく啓蒙にとってこそ，主として，あるいはもっぱら宗教的諸観念によって脅かされているのは人間の幸福，心の平静の問題である．しかし啓蒙は，この幸福な平和，魂の平静を本来のエピクロス主義とは根本的に異なったやりかたで理解する——その理解のしかたでは，「魂の平静」には自然の，わけても人間の自然の陶冶，征服，改良が欠かせなくなるのである」[PL: 36=PG:24]．このエピクロス主義は，心の平静——恐怖と苦痛にさいなまれない快楽の生活——を確保するには恐怖と苦痛の存在しない世界を創造しなければならないと考える．恐怖と苦痛が人間同士の反目から生じるのなら，この反目を生みだす人間の自然こそがいまや征服されねばならない．そこでは宗教批判の意図もまた根底から変化する．「宗教の恐ろしいまやかしとのエピクロス主義者の闘いは，主としてこのまやかしの恐怖を標的にしていたが，啓蒙は主としてそのまやかしという性格自体を標的にした．……宗教のまやかしから解放され，自分の真実の状況にかんする醒めた自覚にめざめ，吝嗇で敵意に満ちた自然によって脅かされているという悪しき経験に学んだ人間は，「自分の庭園を耕す」よりも，自分を自然の主人にして所有者にすることで，ともかくもみずか

6　シュトラウスは『スピノザの宗教批判』において，ソッツィーニ主義をイサーク・ド・ラ・ペイレールとの関連でくわしく検討している [SCR:65-72=RKS:99-110]．

ら「庭園」をつくることが唯一の救いであり義務であるとみなすのである」[PL:36=PG:24]．宗教が拒絶されねばならない理由は，いまや恐ろしいからではない．宗教は好ましいがゆえに，人間を慰撫するがゆえに，「いかなる文明の進歩によっても根絶できない生の恐怖や希望のなさ」から，またそれをもたらす自然を征服するという真の課題から眼をそむけさせるがゆえに，拒絶されなければならない．

> 生の恐怖から逃れて慰撫をあたえるまやかしに逃げ込むことをいっさいおのれに禁じ，神なき人間の悲惨を雄弁に描くことこそ責務をつくす証しとして引き受ける新しい種類の堅忍不抜(fortitude, Tapferkeit)が，最終的に，啓示の伝統にたいする反抗の究極にしてもっとも純粋な根拠として姿をあらわす．この新しい堅忍不抜が，人間の見捨てられた境涯を真正面からすすんで見据え，恐ろしい真理を歓迎する勇気となり，自分の状況にかんしておのれを偽ろうとする人間の傾向にあらがう強靱さと化したのが，廉直(probity, Redlichkeit)である [PL:37=PG:25]．

「廉直」（より正確には「知的廉直」）によって揶揄されているのは，パスカルを思わせる「神なき人間の悲惨」という表現からは端的にデカルトの合理主義が想像され（『パンセ』ブランシュヴィック版断章77参照），あるいは地上の反目をもたらす人間の自然の観点から宗教を「分析」したホッブズが想像されるが[SCR:86-87=RKS:126-27]，シュトラウスはさらにその先をいく．この新しいエピクロス主義者はかつてのエピクロス主義者と異なり，心の平静をもとめて「エピクロスの園」に隠棲する必要も，哲学的観照の生活を少数者に確保するために多数者にむけていつわりの宗教の効用を説く必要ももはやおぼえない．むしろ彼らは「16世紀と17世紀の迫害のなかで「理想主義者(アイディアリスト)」になり，安穏と「隠れて生きる」ことに甘んじるかわりに名誉と真理のために闘って死ぬことを学んで，ついには良心を理由に神への信仰を拒絶する「無神論者」となる」[PL:37=PG:26]．啓蒙の宗教批判のなかにすら保存されていた信仰との和解への希望を最後の一片までかなぐり捨てた無神論とは，エ

ピクロスの哲学がキリスト教と共有する救済への希望を「ロマン主義」と呼んで唾棄したニーチェの立場にほかならない[7]．この「廉直からくる無神論」は，「啓蒙の論争的な辛辣さもロマン主義のあいまいな畏敬もなしに，正統信仰をラディカルに理解することでそれをラディカルに乗り越えるのである」[PL:38=PG:26]．

　近代啓蒙の基底的モティーフをエピクロス主義にもとめ，ホッブズからニーチェまで，自然宗教論から無神論までをそのヴァリエーションとみなすシュトラウスの解釈は，エピクロス主義研究史においても前代未聞の広大な展望をもっている[8]．しかしこれは，近代エピクロス主義と古代のエピクロスの哲学そのものとのちがいを示唆こそすれ，両者を同一視するものではない．そして事実，シュトラウスはこれまでにもたびたび「本来のエピクロス主義」(original Epicureanism, der ursprünglichen Epikureismus)なる表現を用いていたが，宗教批判の系譜をポスト・エピクロス主義の「変容」「変化」の観点から考察した初期作品のなかでは，その本格的な検討にいたっていない．A・ブルームによれば，「シュトラウス以前のシュトラウス」期に属している30年代の作品は，「シュトラウス自身の問いを著者たちに押しつけ」，「著者たちの問いを彼ら自身が見たままに見ることがまだできなかった[9]」．そうだとすれば，「本来のエピクロス主義」への論及をさまたげていた「シュトラウス自身の問い」とはなにか．

　シュトラウスの初期作品に注目する必要があるのは，そこにみられる後年の作品にはない無防備なまでの率直さが(Kraemer 2009:145, note 33)，エピクロス主義をめぐる『自然的正と歴史』の錯綜した議論を理

---

[7] 『悦ばしき知識』[370]，『力への意志』[428]参照．エピクロス主義にたいするニーチェのアンビヴァレントな態度についてはLampert 1992:101; Lampert 1996:5-6, 174-75; Vincenzo 1994を参照．

[8] 近代エピクロス主義をもっぱら功利主義や唯物論ないし自然科学との関連で考察する現代の研究と比較せよ(Rosen 2003; Wilson 2008)．

[9] さらにこの時期のシュトラウスは，「エピクロス的な宗教批判については知っていても，プラトン的な宗教批判については知らない」(Bloom 1990:246)．それはまた，1930年代当時のシュトラウスがおかれていた政治的状況とも無縁ではないだろう（柴田 2009: 第1章および第2章参照）．

解するためのコンテクストを提供すると考えられるからである．結論からいえば，シュトラウスが近代啓蒙にみたエピクロス主義のふたつの顔——可死性という人類の究極の境涯を慰撫する救済への志向と，事物の本質をきわめようとする一途な知への志向——は，どちらもエピクロス哲学にそなわる不可欠の要素であった．しかしその統一は，信仰と知の両立をはかる穏健な啓蒙とも，また「知的廉直」に殉じるニーチェ的なラディカルなポスト啓蒙とも異なったやりかたでなされている．そのようなエピクロス主義の真相解明は，「真のオルタナティヴ」（ブルーム）としての古代を発見した第2期シュトラウスの作品に属する『自然的正と歴史』において，「古代哲学の一特殊形態」[NRH:11／邦訳:15]としてのコンヴェンショナリズムが論じられるときまで待たなければならない．

2 　快楽主義——隠棲としての政治

　ところで，シュトラウスの思索の深化をよそに，アカデミズムの内部でもエピクロス主義における政治の意味をめぐってひとつの論争が生じていた．快楽主義者にとって自然にかなったもっとも幸福な生活とは，快楽の追求に捧げられた極私的生活，あるいは同好の友人たちとの共同生活である．いずれにしても，「隠れて生きよ」（λάθε βιώσας）[U:551]をモットーとするエピクロス主義者は，政治的生活に背をむけ，社会の辺縁で隠者の生活をおくるはずだと考えられていた．この常識に挑戦して，エピクロス主義のなかにある本質的に啓蒙主義的な性格と民主政志向を強調したのがB・ファリントンの『古代世界における科学と政治』（1939年）である．それによれば，エピクロス主義は「人類を迷信から解放する最初の組織的な運動」であり，エピクロスの宗教批判が直接の標的にしていたのは，神話や迷信を民衆支配に必要な「高貴な嘘」とみなすプラトンやクリティアスら貴族政ないし寡頭政志向の「政治哲学者たち」の国家宗教であった（Farrington 1939:chaps.10-12）．この大胆な解釈にたいして，前44年のカエサル暗殺の首謀者たちがエピクロス主義者であったことに着目するA・モミリアーノは，これをエピクロス主義が政治化した記念碑的事件と位置づけ，当時のローマ政界の状況との関連を重視

第4章　快楽主義と政治

する研究傾向にはずみをつけたのであった (Momigliano 1941:151-57)[10]。

「隠れて生きよ」という命令のいわば適用除外条件を明らかにする試みは，近代におけるエピクロス主義復興の立役者となったガッサンディが先鞭をつけている．「エピクロスはなんの留保もつけずにこういったのではなく，もっぱら「なんらかの事情が介在しないかぎり」という条件つきでいったのである」(Gassendi 1964:762B)．その典拠となっているのは，セネカが『閑暇について』の一節において，エピクロス主義者が「賢者はなんらかの事情が介在しないかぎり公共のことがらに参加しないだろう」(non accedet ad rem publicam sapiens, nisi si quid intervenerit) と主張するのにたいし，ストア派の賢者は「なんらかの妨げがないかぎり公共のことがらに参加するだろう」(accedet ad rem publicam, nisi si quid impedierit) と対比した箇所である[11]．この「なんらかの事情」とは，ガッサンディによれば都市の正義が危機に瀕した場合をさす．エピクロスの教義においては，人間にとっての真の快楽は手当たり次第に欲望を満足させることでもたらされるのではなく，苦痛を生みだす不安が除去された心の平静を獲得することにあり，哲学の知的快楽において幸福はその絶頂に達する．だが哲学という営為は，安定した政治社会の恩恵である文明——言語，余暇，推論，諸技芸の発展——を前提とするがゆえに，都市が騒乱の渦中にあって秩序と正義が失われてしまうときには，私的生活においてこの最高の幸福を追求すること自体が不可能になるだろう．したがってエピクロスの「隠れて生きよ」は無条件ではなく，都市を防衛する市民の義務の発動が要求されないかぎり，快楽を追求し苦痛を避けながら平穏に生きるべし，という仮言命法として理解されなければならない (Gassendi 1964:706A)[12]．

10　ファリントン＝モミリアーノ論争をうけてローマの政治的エピクロス主義を詳細に考察したものに Benferhat 2005 がある．

11　『閑暇について』[III.2-3, cf. U:9]．キケロ『国家について』[I.10-11]，プルタルコス『コロテス論駁』[1125c] も参照．ストア派の賢者についての記述はディオゲネス・ラエルティオスにもとづく [DL:VII.121]．

12　この解釈は現代にいたるまで大方のエピクロス研究者の承認するところとなっており，悪しき僭主を掃討せねばならないときや都市の法が改変を要するときなどが，エピクロス主義者が政治に関与する具体的な「事情」の内容として提起されている (Griffin 1989:30; Fowler 1989:127-28; Besnier 2001:148)．

しかし，エピクロスに好意的ではあったが本質的にストア主義者であるセネカに依拠した解釈は，エピクロス主義における政治の問題を「隠れて生きよ」の例外とみなすことにより，結果としてエピクロスの政治哲学をプラトンやアリストテレスの政治哲学（あるいは通常そのようなものとして理解されてきたもの）の亜種にしてしまう傾向がある．むしろエピクロス主義に固有の政治哲学は，逆説的にも「隠れて生きよ」に象徴されるその反政治性のなかにこそあると考えねばならない．シュトラウスのエピクロス主義解釈が示唆に富むのはまさしくこの点においてであるが，それはまたシュトラウス自身のエピクロス主義理解の変化・深化とも関連している．

　宗教批判の動機づけをエピクロスとは異にし，個人の心の平静よりも社会内部の平和に関心を寄せたアヴェロエスやマキァヴェッリの営為に「エピクロス主義」の名を冠することができる理由として，『スピノザの宗教批判』では，快楽主義が「たんに快楽ではなく快楽の確実性」をもとめる点が指摘されていた[SCR:51=RKS:81]．「推論と議論を用いて幸福な生を確保する活動」（セクストス・エンペイリコス『学者たちへの論駁』[11.169]）と定義されるエピクロスの哲学が快楽主義の古典的な表現となったのも，この「幸福な生」あるいは最大の快楽がいっさいの苦痛をともなわない「純粋な快楽」ゆえに確実なもの，つまり快楽の純粋さと確実さとが不可分とみなされていたからである[SCR:39=RKS:67]．『ホッブズの政治哲学』にも古代の快楽主義にかんする重要な論及があった．ホッブズやのちの功利主義と古代の快楽観のちがいを説明するさいに，最大の快楽を「いかなる苦痛も混入しないもっとも純粋な快楽」と考える点で，プラトン，アリストテレス，エピクロスは一致するとシュトラウスはいうのである[PPH:134=HPW:154／邦訳:166][13]．

　近代エピクロス主義とは区別されるべき「本来のエピクロス主義」

---

[13] 快楽主義のこのような理解をシュトラウスはV・ブロシャールの論文（Brochard 1904）から学んでいる[PPH:134, note 4=HPW:154, note 19／邦訳:276]．ブロシャール論文への言及は『スピノザの宗教批判』[SCR:300=RKS:268, note 279]や1933年12月3日付H・クリューガー宛書簡[GS.Bd.3:436]にすでにみえる．シュトラウスにとっての重要性に鑑み，この論文は『インタープリテーション』誌上で近年英訳された（Brochard 2009）．

第4章　快楽主義と政治

の要諦は，古代哲学一般の特性にあるのだといってよいだろう．「真のオルタナティヴ」としての古代を発見した第2期シュトラウスの代表作『僭主政治について』（1948年）では，古代の快楽主義が賢者の自己充足性(アウタルケイア)の問題として取りあげられている．僭主ヒエロンと快楽をめぐってかわす対話のなかで，賢者シモニデスは，もし人びとに愛され称賛されたいのなら仁慈的な統治者であらねばならないと僭主に説く．だが，愛されたい，名誉を得たいという欲望は他者の存在に依存するがゆえに，僭主は自己充足的ではありえず，つねに快楽ではなく隷従の生活を余儀なくされるだろう．反対に真の賢者は，愛されることをもとめないがゆえに他者を必要としない．かれが欲するのは称賛されることであるが，それに必要なのは友人，すなわち自分と同等の「有能な少数者」であって，他者に仁恵をほどこすことではない．「賢者は人間として可能なかぎり自己充足的であり，かれの獲得する賛美は，本質的に，どんな奉仕にたいする報酬でもなく，かれの完成にたいするひとつの証しである」[OT:90／邦訳:211]．最終的にこの議論は，「それ自体において選択にあたいする」はずの徳が快楽主義的に理解されうることを示唆するポレミカルな問い，「徳の要求は快楽への欲望に——もしそれが最高の快楽への要求であるならば——完全に置きかえられえないのかどうか」[OT:102／邦訳:232]を導いていく．

　この古代快楽主義の理解はエピクロスにこそ適用可能であるように思われる．「いっさいの善の始源にして根源は胃袋の快楽である．知恵やその他の善きことどもは，これに帰せられねばならない」[U:409]．この一節はエピクロスの快楽主義が低次の肉体的快楽と高次の精神的快楽とを区別しない証拠として引用頻度の高いものだが，エピクロスが快楽をつねに食べることとの関連で説明し，あるいは快楽の筆頭に食の快楽をあげるのには[DL:X.126, 130-131; SV:33; U:181]，やはり相応の理由があると考えねばならない．名誉を追求する人間と富や金銭に憑かれた人間は，その欲望が飽くことを知らず快楽に自然的な限界がないがゆえに，また，他者に優越すれば安全を確保できるという信念がそもそもむなしい臆見であるがゆえに[DL:X.141, 144; SV:25, 43, 64, 81]，要するに他者がいなければ満たされない欲望によって支配されているがゆえに不幸で

103

ある．一方，食欲の満足は他者を必要とせず，したがってそれがもたらす快楽も他者の存在に依存しない自己充足的な快楽であるといえる．食の快楽は，その自然的な限界内(すなわち健康の維持)にとどまるかぎりで純粋な快楽である．「自己充足の最大の果実は自由である」[SV:77] とも，「自己充足はあらゆる富のうちで最大のものである」[U:476] ともいわれるのは，そのような意味においてであると考えてよい．

その食欲と真に対照的な関係にあるのは性欲である．名誉欲や金銭欲のように快楽の享受を他者の存在に依存するすべての欲望は，男女を問わず最低1人以上の相手がいなければ満たされない性欲のヴァリエーションであり，ルクレティウスのいう「他者のいいなりになって生きる」[DRN:IV.1122]性愛(ウェヌス)に憑かれた人間の不幸から逃れられない[14]．エピクロスが性愛を他者関係の原像とみなしていることは，性愛の快楽との関連でのみ法について言及していることからもわかる．

> 肉の衝動がつのって性愛の快楽がほしくてたまらない，と君はいう．もし君が，法(νόμος)や善き慣習を破らず，隣人のだれかを悩ませることもなく，自分の肉体をそこねもしないしわずかな生活の糧を浪費したりもしないというのなら，欲望のおもむくまま思う存分耽ってかまわない．だがいずれは，これらの障害のどれかひとつに突き当たらないわけにはいかなくなる．性愛の快楽がひとを益したためしはなく，害にならなければ幸運とするべきなのだから [SV:51; cf. U:62]．

食と性愛の対比は，エピクロス自身の定義によって最高の快楽である知の特質を明らかにする．「むなしい臆見ではなく自然にしたがうひとは，すべてのことにおいて自己充足的である」[U:202]．「真の哲学への愛によって，心をかき乱すやっかいな欲望はことごとく解消される」

---

[14] ルクレティウスはこの点に性愛の欲望と死の恐怖の共通点をみる．すなわち，死の恐怖が死を実際以上に恐ろしく感じさせ，不死なるもの(神々)についての誤った観念を抱かせるのと同じように，性愛の欲望は相手を実際以上に美しくみせ，その幻想の他者と完全に合一することによってひとは可死なるおのれの条件を超出したいと願う．つまりふたつの情念は，対象を過大評価させてしまう点で同類である (Nichols 1976:98-99)．

第 4 章　快楽主義と政治

[U:457]. 知の欲望それ自体は，快楽の享受を他者に依存しないという意味での私的な自己充足性をたしかに食欲と共有するが，両者の類似はそこまでである．知の欲望が節度を欠くときには，むしろ性欲との類似があらわになる．過度の摂食や美食は自分の健康をそこなうだけなのに，性愛と知の快楽を無節操に追求すればどちらも都市の健康を，すなわち社会の秩序と調和をそこなうおそれがあり，またそれゆえに法や慣習の制裁をみずから招いてしまう．神々の権威を破壊する自然学者たちが非難されるのも，彼らがその危険に無自覚であったがゆえである．「自然研究をするひとは，多数者の反感を招く学識を誇示したり，吹聴してまわったり，広言するようなまねはできなくなる．むしろ超然として自己充足的になり，人事一般の善ではなく私的な善を誇るようになる」[SV:45]．
　このようなエピクロス理解を暗示するシュトラウス自身の立場を快楽主義と呼ぶことには一理あるように思われるが(Drury 1988:81, 202)，さらにそのシュトラウスを「エピクロス主義者」と呼ぶことに説得力をあたえるのが，ほかならぬニーチェの見解であった．『ツァラトゥストラ』のあるシーンで，「問いの病」に倦み疲れたツァラトゥストラは，「すべての事物が新しい認識の光に映えて輝き，あらたな秩序に組み込まれる」永遠の世界を夢想して一時癒されたのち，そこへと誘う鷲と蛇に「だが，おまえたちはそれらすべてを傍観していたのだな？」と反論する（『ツァラトゥストラ』第 3 部「快癒しつつある者」[2]）．これをハイデガーは，「力への意志」の覚醒を阻む「エピクロスの園」のイメージと解釈してつぎのようにいう．

　　朗らかな懐かしさと楽しさが，存在者の本来のすがたである怖ろしさのうえに幕をかけることを彼〔ツァラトゥストラ〕は知っている．この怖ろしさは，こうして話されることがらの仮像のかげで隠されることができる．それにしても真実には，世界は庭園ではないし，ツァラトゥストラにとって庭園であることは許されない．まして庭園ということばが，存在者からの逃避のための綺麗ごとを意味するならば，なおさらのことである．ニーチェの世界概念は，思想家に安住の境地をもうけて，そこでかつての哲学者エピクロスのよ

105

うに思想家が《庭園》でなんの煩いもなく悠々自適しうる，というようなものではない(ハイデガー 1997:365).

存在への敬意に由来する道徳的制約から認識への要求を解放して，あらたに「力への意志」に服属せしめるために，「われわれはギリシア人でさえも超克しなければならない」(『悦ばしき知識』[340],『力への意志』[442]).「僭主政治と知恵」(1950年)でA・コジェーヴがシュトラウスの哲学観に「エピクロス主義」を嗅ぎつけたとき，かれの念頭にあったのはこのニーチェの洞察であったろう．永遠にして不変の真理の探究にいそしむシュトラウスの哲学者は，人びとから隔絶した隠遁生活を送り，公共生活への関心を欠いている．そのようなエピクロス主義哲学者がなおも友人を必要とするのは，自分の真理の探求がたんなる「主観的確信」「狂気」でないことを承認のもたらす名誉によって確証したいがためなのだ．「《存在》それ自体は本質的に時間的なもの(《存在》=《生成》)であり，《存在》は歴史の過程のなかで……言説的に開示されるかぎりで創造されたものであるとする急進的なヘーゲル主義的無神論」[OT:152／邦訳:355]を標榜するコジェーヴは，真の哲学者たらんとする者，「エピクロスの園」における私的な観照的生活に別れを告げ，「客観的」な歴史のなかへ臆せず跳躍しなければならないとシュトラウスにつめよる.

「クセノフォンの『ヒエロン』についての再陳述」(1954年)でこれに応じるシュトラウスは，コジェーヴの承認一元論にたいして「孤独な金庫破り」のおぼえる快楽をあげ[OT:190／邦訳:426]，哲学者の真理が「主観的確信」から逃れられないという批判には，パスカルを引き合いに出しながら，哲学は「それ自体としては独断論的でも懐疑論的でもなく，zeteticな(すなわちこの語の本来の意味における懐疑論的な)もの」[OT:196／邦訳:437]だという．ここにはコジェーヴと(そしてニーチェとすら)異なる古代の問いの地平をすでに獲得したシュトラウスの立場が提示されているといえようが[15]，両者の対立がもっとも鮮明になるの

---

15 『哲学と法』においても，ニーチェの「新しい廉直」はその無神論の独断性ゆえに古代の

は，そこから帰結する政治の意味をめぐってであった．哲学者が「エピクロスの園」を後にしなければならないことはシュトラウスも同意する．しかしヘーゲル主義的理想主義者コジェーヴは，「哲学的政治と，最善の体制を樹立しようとして，あるいは現実の秩序を改善しようとして哲学者が企てる政治的行動とを区別しそこねている」．

> 哲学者は無神論者ではないということ，哲学者は都市にとって聖なるものをすべて汚すわけではないこと，都市が崇敬するものを崇敬するということ，破壊分子ではないということ，要するに，哲学者は無責任な冒険主義者ではなくよき市民であるということ，そればかりか最良の市民でさえあるということ，これらを都市に納得させることに哲学的政治の本質がある．これこそが古今東西，体制の如何にかかわらず必要とされた哲学の擁護論である [OT:205-6／邦訳:454-55]．

この「哲学者が哲学のためにする行動」は，「迫害と著述の技法」(1941年)以来の第2期シュトラウスに特有の着眼であり，『自然的正と歴史』(1949年のシカゴ大学講義にもとづく)においても重要な鍵になっていると考えてよかろう[16]．だがわれわれにとっての最大の関心は，それが「隠れて生きよ」の語感から連想される無政治的な哲学というエピクロス主義のイメージに修正を迫り，世俗内超越としての隠棲こそがエピクロスにとっての政治，すなわち「哲学のための政治」であったと考える可能性を開くことにある (Lampert 1992:105)．「メノイケウス宛の手紙」には，思慮(φρόνησις)は「すべての始源にして最大の善」であるがゆえに「哲学よりも尊い」[DL:X.132] と述べられている．食の快楽の完全なる享受が自分自身の健康への配慮にかかっているように，知に最大の

「真理への愛」とは区別されている [PL:137-38=PG:25, note 13]．

16 『自然的正と歴史』を読んだコジェーヴの反応を参照．「もし「人間的自然」のようなものがあるとすれば，その場合には，すべてにかんして君がいっていることはきっと正しい．しかし……哲学の役割は，「人間的自然」にかんする根本問いを解決することである」[OT:262／邦訳:535-36]．

快楽をみる哲学者は都市の健康に, すなわち大多数の哲学者ならぬ人びとの常識や通念に配慮した思慮あるふるまいが要求される. エピクロスがそのような政治的思慮に秀でた哲学者であったことは, フィロデモス『敬虔さについて』(Περὶ εὐσεβείας)に引用されたことばに明らかである.

> ともかく敬虔かつりっぱに犠牲を捧げようではないか. それが法だというのなら, 万事ぬかりなくやってのけようではないか. だがたとえそうしても, もっとも高貴でもっとも尊厳あるものにかんする臆見で心の平静をかき乱されないようにしよう. 臆見にしたがってそうするのは正しいことでさえある. なぜなら, そのようにしてはじめて自然に即して生きる (φυσικῶς ζῆν) ことも可能になるのであるから……[U:387].

「思慮ぶかく (φρονίμως) 美しく (καλῶς) 正しく (δικαίως) 生きることなしには快く (ἡδέως) 生きることもできず, 快く生きることなしには<思慮ぶかく美しく正しく生きることもできない>」[DL:X.132] という一節のプラトン的な語彙は, 意図的に用いられたものと考えられる (Bailey 1926:339). ならばエピクロス主義の古代哲学としての種差はどこにもとめられるのか.『自然的正と歴史』におけるシュトラウスの説明に耳をかたむけることにしよう.

3 コンヴェンショナリズム――「城壁のない都市」の政治哲学

シュトラウスは『自然的正と歴史』の「Ⅲ. 自然的正の観念の起源」と「Ⅳ. 古典的な自然的正」で, 普遍的に同一的な正義の観念を説くプラトン, アリストテレス, ストア派の自然的正の理論と, 正義を人間のつくった約束事とみなすコンヴェンショナリズムとを対置させ, 後者の代表としてエピクロス主義をあげる. エピクロスの正義論がコンヴェンショナリズムにカテゴライズされるのは,『主要教説』で「自然の正義」(φύσεως δικαίον) にあたえられた定義, 「たがいに害をあたえたり受けたりしないこと (τὸ μὴ βλάπτειν ἀλλήλους μηδὲ βλάπτεσθαι) から得られる利

益をあらわす保証(σύμβολον)」[DL:X.150]が根拠になっている．この定義によれば，正義とは相互危害を回避するための人びとの合意であり，したがってこの合意以前には人間のあいだに正と不正の区別は存在しない．正義があくまでも人為の所産であるとすれば，普遍的に適用可能な正しさの基準なるものはおのずとないことになる．「正義はそれ自体で存在するものではない．正義とは，時と場所を問わず，人間相互の交渉にさいして，おたがいのあいだで加害も被害もなくすための一種の契約である」[DL:X.150]．エピクロスは懐疑主義者と異なり，正しいと理解されているものの内容が民族や時代ごとに異なっているという経験的な事実を根拠に正義の不在を導くわけではない．いっさいの契約に先立って独立に存在し，普遍的に適用可能な正しさの基準となる自然的正はたしかにみとめられない．にもかかわらず，正義の意味は人間にとってつねに同じだとされるのである．「一般的にいえば，正義はすべてのひとにとって同一である．なぜなら，正義とは人間相互の交渉にさいしての一種の相互利益のことだからである．しかし，地域それぞれの特殊性やその他さまざまな条件があるために，同じことでも結局は万人にとっての正義でなくなってしまう」[DL:X.151]．

原子論や快楽主義と同様に，正義を「たがいに害をあたえたり受けたりしない」保証にみるのもエピクロスの独創ではなかった．そのような正義が確立する以前の「野獣のごとき」生活から合意や契約によって政治社会が成立する経緯の疑似歴史的説明は，すでにヘラクレイトスやヘロドトスに，またソフィストたちにもみられる(Kahn 1981; Kerferd 1981:chaps.10 and 12)．だが「人為／自然」の区別が発見された紀元前5世紀中葉をさかいに，このコンヴェンショナルな正義観の実践的な意図は実定的な法秩序の正当化から攻撃へと転換していた．

> ひとたび自然が発見されると，自然的集団やさまざまな人間部族の特徴的な，あるいは通常的なふるまいをひとしく慣習や風習として理解することは不可能になる．自然的存在者の「慣習」はそれらの自然としてみとめられ，さまざまな人間部族の「慣習」は彼らの約束事とみとめられる．もっとも古い時代からあった「慣習」や「仕

方」の観念は，一方の「自然」という観念と他方の「約束事」という観念へと分裂する．自然と約束事，ピュシスとノモスの区別は，それゆえ自然の発見と，したがって哲学と時期を同じくするものである [NRH:90／邦訳:131]．

プロタゴラスのプロメテウス神話やクリティアス（あるいはエウリピデス）のサテュロス劇『シジフォス』にみられるのは，シュトラウスのいう「善と先祖的なものの原始的同一視」であり，神々や伝統の権威に訴え，人為の正義と法の権威に道徳的な説得力をあたえる試みであった．一方，哲学による「自然」発見後のソフィストたちのコンヴェンショナリズムは，正義の起源が本質的に約束事でしかないことを暴露するラディカルな啓蒙のレトリックである．カリクレスによれば，不正を被ることに含意される弱さや恥辱こそ自然に反しており，不正をおこなうことが悪とされるのは，弱者たる多数者のさだめた法や習慣による人為の所産にすぎない．優者が劣者より多くを得るのを自然にかなったこととみなす思想は，正義を「強者の利益」と広言してはばからないトラシュマコスによって体現される．そのあとをうけたグラウコンの「正義の自然」論において，コンヴェンショナリズムは正義の本質への問いを正義の起源への問いと同一視する思想としてあらわれる．すなわち正義とは，「不正をはたらきながら罰せられないという最善と，不正な仕打ちをうけても仕返しできないという最悪との中間的な妥協」に利益を見いだす弱者たちの一種の社会契約にほかならない[17]．

『プロタゴラス』に登場するヒッピアスは，変転する法とつねに同一なる「自然」としての人間本性とを対比させる [337c-e2]．ソフィストたちにとって，人間の自然に合致した善なる生活とは快楽の生活であった．しかし，快楽の無限定な追求は都市の平和と調和を脅かしかねないがゆ

17　プラトン『ゴルギアス』[482c4-486d1]，『ポリテイア』[358e3-359b]，参照．人為の法の本質的な恣意性については，アリストファネスの喜劇『雲』における「邪論」とそれに感化されたペイディピアデスの発言を [1421-1429]，また優者常勝を自然のさだめた法とする思想については，トゥキュディデスによって記録されたメロス会談におけるアテナイ使節団の主張を [V.85-116]，それぞれ参照．

第4章　快楽主義と政治

えに，政治社会は快楽の追求に一定の制約を課し，他者への配慮を強制する．性愛，名誉，所有の快楽，とりわけ他者を支配する快楽を追求する人間からみるならば，実定的な法秩序は最高の善の獲得にとっての障害以外のなにものでもありえない．したがってこの快楽主義の行き着く先は，法なきところですべての他者に優越すること，あるいはこの優越が正義のみかけをとること，すなわち僭主の生活とならざるをえなかった．これをシュトラウスは「通俗的コンヴェンショナリズム」と呼ぶ．その特徴は無媒介で直接的な「自然」への訴えであり，都市の法と正義の，それゆえ政治的生活を特徴づける「意見」の徹底した軽視である[cf. NRH:126／邦訳:177]．

　この点でエピクロスのコンヴェンショナリズムはアンビヴァレントであった．一方で，この世の正義と法はどこまでいっても快楽の追求を制約する強制の体系であり，たとえ社会の平和と調和に資するものではあっても，所詮は盗賊集団やその成員間の正義といささかもかわるところのない「集団的利己心」[NRH:105／邦訳:151]の相関物でしかない．しかし他方，他者の支配に最高の快楽をみるがゆえに実定的な法秩序を攻撃したソフィストたちとは対照的に，哲学こそが最高の快楽をもたらし最善の生きかたを可能にすると考えるエピクロスにとって，正義と法は，哲学的生活に必要な平和と安全(εἰρήνη καὶ ἀσφάλεια)を確保するかぎりにおいて擁護されるべきものである(Vander Waerdt 1987:421; Long 2006:189-95)．「法は賢者たちのために存在する．賢者が不正をしないためにではなく，不正を被らないために」[U:530]．たしかに他者からうける危害は，「通常，自然が人びとに許している生きる時間をまっとうする保証」(ホッブズ『リヴァイアサン』第14章)を奪い，暴力死の恐怖に不断にさいなまれる生活を人間にしいる．その意味では，人間相互の安全を保障する正義とそれを強制する法には至高の価値がみとめられてよさそうなものだが，エピクロスの考えではそうはならない．そしてその理由にこそ，エピクロス主義的コンヴェンショナリズムの特異な性格があらわれるとシュトラウスは解釈するのである．

　エピクロスによれば，「天上のことと地下のこと，総じて無限の宇宙で生じるあらゆる事象が気にかかったままでは，いくら人間同士の関係で

111

安全が確保できても無益である」[DL:X.143]．人間の心の平静を脅かす最大の要因は神々および死にかんする臆見から生じる恐怖（φoβoς）であり，誤った信念を追い払うには自然学的な知が欠かせないのであった．しかしその知が開示する真理とはどのようなものであったか．この世界，そのなかのあらゆる存在，そして生きとし生けるものは，虚空のなかを落下する原子同士の偶然的な衝突から生じ，いずれは原子へと解体して，ふたたび虚空のなかに消滅していく．「その他すべてにたいしては，そこなわれることのない安全を獲得することができる．しかし死にかんしては，われわれ人間はすべて城壁のない都市（πόλις ἀτείχιστος）である」[U:339]．われわれはいまや恐ろしい「無限の宇宙」のなかに放り出されており，神々はたとえ存在しても人類には無関心である．これはけっして万人向きの真理ではない．

　エピクロス自然哲学の政治・社会思想的含意は，ルクレティウスが『事物の本性について』第5巻で展開する世界誌（コスモグラフィア）によって明らかにされる．かつて人類がおたがいにいたわりあいながら，簡素で粗野ではあるが平和な生活をおくり，「共同の幸福を考えることすらできず，相互のあいだに習慣や法を実施する術も知らなかった」[DRN:V.958-959]のは，「燃えあがる世界の壁」（flammantis moenia mundi）によって保護された安定して有限な宇宙に生き，その閉じた地平の内部で幸運なる無知を享受していたからであった[18]．やがて人類は火の利用をおぼえ，家族を形成し，言語を獲得することによって穏和になり，「たがいに害をあたえたり暴力を受けたりしない」（nec laedere nec violari）合意を結んで絶滅をまぬがれるすべを得るにいたった[DRN:V.1011-1027]．しかし太古の純真さと引きかえに知恵を獲得した人類は，単純で幸福な生活を約束していた「世界の壁」への無垢なる信頼を失い，はじめておのれの可死性に直面し恐怖をおぼえるようになる．そのような境涯からの解放をもとめて，人

18　ルクレティウスはたびたび「世界の壁」に言及している[cf. I.73, 1102; II.1045, 1144; III.16; V.119, 371, 454, 1213; VI.123]．エピクロスのテクストにこの表現はないが，「ピュトクレス宛の手紙」で「世界とは星々と大地とすべての現象を包み込み，天空のある限界づけられた部分であり，それが解体すると，内部のすべてのものは混沌としてしまう」[DL:X.88]と述べられているものがこれに相当すると考えられる（中金 2012）．

間はみずからの周囲に強制的な社会を「城壁」(urbis arx)として張りめぐらせ，また全能にして善なる神々を信仰することに慰めを見いだした．要するに正義，法，宗教，技芸は，かつて人類を無限の深淵から保護していた「世界の壁」の代用品[NRH:113／邦訳:160]なのである．『事物の本性について』第6巻は，アテナイを襲った疫病の惨禍でおわる．病に斃れた者のみならず，生き残った者を見舞った過酷な運命を記してトゥキュディデス以上に悲惨なその描写は，都市の文明生活が死をまえにしてまったく無力であることを示している[DRN:VI.1138-1286]．

　いくら周囲に堅固な「城壁」を張りめぐらしても，可死性という人間の永遠の条件だけは克服できない．真の哲学者とは，この過酷な真理に耐えられる者，それを直視することに真の救済をみて快楽をおぼえる者をいう．だが少なくともエピクロス主義哲学者ならぬ大多数の人間にとって，エピクロスの哲学が開示する真理はそれ自体があらたな恐怖の源泉となるだろう．かれらはむしろ「城壁」を必要とする——公序良俗を乱すふるまいはかならず法の制裁を招き，たとえひとの眼はごまかせても，死後の魂に神々がくだす恐ろしい処罰はまぬがれないと信じて，ヘラクレイトスのいうように「城壁(τεῖχος)を守って戦うがごとくに，法を守るために戦わねばならない」[Diels-Kranz:Her.B44]．賢者が偽りの約束事からなる社会に背をむけ隠棲するのは，哲学的真理が万人のものではないことを承知しているからなのである．これがシュトラウスのいう「哲学的コンヴェンショナリズム」である．

　　それ〔哲学〕のみがもっとも確固たる快楽をあたえてくれる．しかし哲学は，「われわれの世界」への帰属から自由になることをもとめるがゆえに，人びとの反発を買う．そうかといって，人びとは初期社会の幸福な素朴さへと引き返すことはできない．したがって彼らは，強制的社会と宗教の協力によって特徴づけられるあの全面的に反自然的な生活をつづけなければならない．善き生，自然に合致した生は，市民的社会の辺縁に生きる哲学者の隠遁的生である．市民的社会と他人への奉仕に捧げられた生は，自然に合致した生ではない[NRH:113／邦訳:160]．

「正義の最大の果実は心の平静である」[U:519] のだとすれば，この果実は万人が平等に享受するものとはなりえないだろう．裸形の真理によって心の平静にいたる者は，自然によって少数者であり，それ以外の人びとは「まやかし」がもたらす社会の平和をもって救いとしなければならない．それがエピクロスにとっての真の正義なのである．

4 古典的な自然的正の理論──キケロのエピクロス主義批判

　自然的正の理論とコンヴェンショナリズムの対立点については多言を要しない．コンヴェンショナリズム一般が正義に快楽享受を阻害する人為的要因しかみないのだとすれば，自然的正の理論にとって正義とは，他者のために自由を抑制する社会的な徳であり，都市の政治的生活それ自体が自然にかなったものとみなされる．「人間は社会，あるいはより正確には市民的社会においてでなければ自己の完成態に達することができない」[NRH:130／邦訳:183]．自由の抑制が人間の本性に発した自己完成に資するものであるかぎり，法的強制はすべての人間の利益にかなっているといえる．そして「もし抑制が自由と同様に人間にとって自然的なものであり，抑制が効果的であるためには多くの場合に強制的な抑制でなければならないとするならば，都市が強制的社会であるからといって，それが人為的であるとか自然に反するとかいうことはできない．人間は自分の低級な衝動を抑え込むことなしには，みずからの人間性の完成にはいたりえないようにできている」[NRH:132-33／邦訳:186]．ただし古典的な，すなわち「ソクラテス＝プラトン＝ストア派的タイプ」の自然的正の理論にとって重要なのは，「人間は人間的完成という決定的な点において同等ではない」[NRH:134-35／邦訳:189] こと，またそれゆえに，「各人に各人のものを」(*suum cuique*) としての正義は，「人間の自然的体制のヒエラルヒー秩序」にもとづいた配分的正義として理解されねばならないということである．「なんらかの規制によって知恵の自由な発露を妨げることは，馬鹿げていよう．したがって，賢者の支配は絶対的な支配でなければならない．また愚者の愚かな欲望を斟酌することによって知恵の自由な発露を妨げることも，同様に馬鹿げてい

よう．したがって賢者の支配者たちは，彼らの愚かな臣民たちにたいして責任を負うべきではない．賢者の支配を愚者による選挙あるいは合意に依存させることは，本性的に優位のものを本性的に劣位のものの支配に服させることを意味するであろう．それは自然に反した所業である」[NRH:140／邦訳:196].

　だがシュトラウスのいう古典的な自然的正の理論の「本質的な政治的性格」[NRH:144／邦訳:200]は，最善の体制としての賢者の「絶対的支配」を「ことばにおける」構築物，実現可能性とはおよそ無縁なユートピアにとどめようとする点にあらわれる．「自然」によって正しいものの超絶性が直接に基準として適用されれば，実在するいかなる制度もその正しさを疑問視されるだろう．それゆえ自然的正の理論は，自然に即した最善の体制を追求する理論的な試みであると同時に，みずからの理論的営為がもたらす解体の危険から現実の都市とその法秩序を保護する試みでもなければならない．ただその場合にも，都市道徳への配慮はあくまで哲学のためになされるのであって，それ以上のものではありえない．「永遠の真理の認識をもとめて努力することが人間の究極的目的であるとするなら，正義や道徳的卓越性一般は，それらがこの究極的目的のための必要条件であるという事実，あるいはそれらが哲学的生活の条件であるという事実によってのみ，十分に正当化されうる」[NRH:151／邦訳:208].

　正義の観念をめぐってはたしかに対立する関係にあるコンヴェンショナリズムと自然的正の理論も，哲学としては実に多くのものを共有していたことを想起しよう．知恵こそが自然に即したもっとも幸福な生活をもたらすこと，またこの人間的完成において人間が同等ではなく，したがって真の正義とは人間の自然に即した配分的正義のことがらであるべきことをみとめる点で，ふたつは共通する．さらに，現実の都市の正義がいわば「集合的利己心」の産物以外のなにものでもないという認識や，約束事にしたがった多数者の生活への軽蔑さえも共有されていたといってよい．そして少なくともエピクロスの「哲学的コンヴェンショナリズム」とプラトンに代表される「古典的な自然的正の理論」は，そのような哲学が「下から」と「上から」もたらす危険から政治社会を保護する必要があるとする点でも，いわば暗黙の合意をみることになる．

都市を導こうとするときに，都市のために有益で役立つためには，知恵の要求は制限され薄められねばならぬことをかれ〔哲学者〕はあらかじめ知っている．もし知恵の要求するものが自然的正や自然法と同じものであるなら，自然的正なり自然法は薄められて都市の要求と両立させられなければならない．……市民的生活は，自然的正が人為的正によって希釈されることをもとめる．自然的正は市民的社会にとってダイナマイトの役割をはたすであろう．いいかえれば，端的に善きもの，自然によって善きものであって先祖的なものとは根本的に区別されるものは，端的に善きものと先祖的なものをいわば足して2で割った政治的に善きものへと変形されねばならない[NRH:152-53／邦訳:209-10]．

その説明にシュトラウスがあげるキケロの例は，古代のふたつの哲学陣営のあいだで正義をめぐって結ばれた合意をはからずも明らかにして興味ぶかい．たしかにキケロの主要対話篇には当時の代表的なエピクロス主義者が登場し，原子論形而上学にもとづく神々の解釈（『神々の本性について』のウェレイウス）や快楽主義的な最高善の理解（『善と悪の究極について』のアッティクスとトルクアトゥス）を披露しては，それぞれに対応するストア派の教義と比較され論破される．しかし，この批判は明らかに公正を欠いており，当否が疑問視されているだけでなく，意図にそもそも不可解な点が多い[19]．エピクロス主義をめぐってキケロが示すアンビヴァレンスは，エピクロス主義とストア派——独断を排するアカデメイア派の懐疑主義者を自負するキケロからすれば同断であるはずの——とをことさら図式的に対比するキケロの真意にまでさかのぼっ

---

19 『善と悪の究極について』で説明されるエピクロス主義をエピクロスのテクストの対応箇所と比較したものに，Porter Packer 1938がある．キケロはアマフィニウスらの通俗的エピクロス主義が猖獗をきわめることを嘆いている（『トゥスクルム荘談義』[IV.5-7]および『アカデミカ後書』[I.5]）．しかし，若き日にローマでギリシア人エピクロス主義哲学者の講義を聴き，またナポリとヘルクラネウムでそれぞれエピクロス主義の哲学サークルを主宰していたシロンやフィロデモスと交流があったキケロは（『善と悪の究極について』[I.16, II.119]），アマフィニウス一派によってラテン化される以前のエピクロスの哲学について十分な知識をもっていたと考えられる．

て考察する必要がある．

　エピクロス主義と入れ替わるようにしてローマ政界に浸透したストア派の哲学，とくに自然法の理論が，ストア派本来のラディカルな自然の哲学ならぬその通俗版であったことをはからずもキケロ作品は明らかにしている．『法律について』に登場するエピクロス主義者のアッティクスは，キケロの説くストア派の理論に同意する．しかしそれはあくまでも政治社会と調和する穏和な自然法の理論であって，現存するいかなる国家の要求とも両立しえないキュニク派的＝原ストア派的な「自然」の教義——アンティステネスのあまりにも峻厳な徳の観念，ゼノンのいう賢者の「絶対的支配」，死者の肉を食べることを許すクリュシッポスの「正義」[DL:VI.14, VII.122, 133, 188]——ではなかった．しかもアッティクスがこの理論に同意したのは，「国家を確立し，法を強化し，国民を健全なものにすることをめざす」（『法律について』[I.37]）かぎりでこの理論が政治的に有益であることをみとめたからでしかなく，「その理論を真理とみなして，つまり思想家という資格においてそれに同意したわけではなかった」[NRH:154／邦訳:212][20]．キケロ自身はこれを古いアカデメイア派，つまりプラトンのやりかたにならったものだという．なぜなら，ストア派と異なり，プラトンにとっては自然に即した生活だけが善なのではなく，そのような生活を可能にするものすべてが善とみなされるからである（『法律について』[I.54, III.14]）．

　『国家について』第3巻にもこれと同じパターンがみられる．紀元前155年にカルネアデスがローマでおこなった正義をめぐるスキャンダラスな連続講義を題材にしたこの対話篇は，まずピルスがコンヴェンショナリズムに立った正義否定論を代弁し，つぎにラエリウスが自然法と正義を擁護するストア派的な議論を展開したのち，スキピオがラエリウスに軍配をあげるという筋書きになっている．だが作者キケロがピルス説を否定しているかどうかについては，古来疑問視されてきた[21]．シュ

20　これはシュトラウシアンのキケロ研究に共通する見解となっている（Holton 1987:171-72; Vander Waerdt 1994:293）．

21　ラクタンティウスによれば，ラエリウスの正義肯定論はこれに反駁することなく，むしろ「落とし穴」のごとくに回避している（『神聖教理』[V.16.13]，参照）．

トラウスによれば，スキピオがラエリウス説を称賛したのは，それが「市民的社会の要求と完全に調和するストア派的自然法の教え——その公教的(エクソテリック)なヴァージョン」であったからである．「スキピオは，市民的社会の要求と両立しえないストア派的自然法の教えの本来のきびしい理論を示している．同様に彼は，ローマを強大にするためにはいかに多くの暴力と詐術を必要としたかをも示している．現存する最善の体制たるローマも，単純に正しいとはいえないということである．こうして彼は，市民的社会が行動のよりどころとしている「自然法」は，実際には低位の原理によって希釈された自然法であることを示しているように思われる」[NRH:155／邦訳:213]．

こうしてキケロの図式におけるエピクロス主義とストア派の理論の対比は，対立するふたつの哲学教義の抗争ではなく，「希釈されない」哲学と都市の要求を受け入れ「希釈された」哲学の，それゆえ哲学そのものと都市そのものの抗争をあらわしている．そしてエピクロス主義者の主張がストア派によって論破されるのは，スキピオ・サークルの一員たる政治家にしてアカデメイア派の哲学者でもあったキケロが，カルネアデスよろしく「名裁判官」ぶりを示した結果なのである（『トゥスクルム荘談義』[V.120]）．だからといって，キケロがアッティクスやウェレイウスらエピクロス主義者に内心与しており，快楽こそが最高善で，神々は人間のおこないにいささかも関心を寄せず，正義をコンヴェンショナルなものと考えていたということにはもちろんならない[22]．キケロが黙して

22　プラトンの『法律』を模して『法律について』を著したキケロ自身，市民法そのものがどこまでいってもそれ自体のうちに権威をもたない純然たる強制の体系であることを否定しない．プラトンにならっていえば，法が法であるためには，「僭主的命令」にすぎない純然たる法律の「本文」のまえに，人びとの自発的服従を喚起するためのなんらかの「説得的」な工夫が「序文」として付される必要がある[722b-723d, 907c-d]．『法律について』でストア派の教義として紹介される自然法思想，すなわち万物に浸透した自然の理性，善なる神々の摂理，不敬虔者を死後見舞う神罰は，キケロにとってそのような法律への「序文」(προοίμιον)以上の意味をもってはいないのである[II.15-16]．ならば法の「本文」とはどのようなものか．この問いにキケロがもし腹蔵なく——少なくともストア派の奉じる徳を「城壁」(moenia)にたとえたときのように（『ストア派のパラドクス』[27]）——答えたとしたら，ピルスやアッティクス，そしてエピクロスと同じ回答が返ってくるものと信じてよいだろう．

語らないその真意は，同時代人のウァロが率直に代弁している．国家は宗教の問題にかんして欺かれているのがよい．だがそのためにも，哲学者の「自然的神学」は四囲を塀でかこった学校のなかだけで論じられねばならず，広場で公言して民衆の耳に入るようなことがあってはならない（アウグスティヌス『神の国』[IV.27, 31-32; VI.5], 参照）．シュトラウスにいわせるなら，キケロはローマの法を過激なコンヴェンショナリズムと過激な自然的正の理論との挟撃から救出することによって，「ギリシアの都市において都市のためにプラトンがおこなったことを，ローマのためになした」[OT:206／邦訳:55]のである．

5 エピクロスのエソテリシズム

そのキケロが同時代人のルクレティウスをほぼ完全に黙殺しているのはなぜなのか[23]．シュトラウスの「ルクレティウスについての覚え書き」は，エピクロスとルクレティウスを区別してこの古代哲学史上最大のミステリーに説得力ある解を用意すると同時に，エピクロス主義にたいするシュトラウス自身の最終的な評価をも明らかにしている．

エピクロスとルクレティウスとでは哲学の表現形式にちがいがあり，簡潔な散文で綴られた前者の哲学が，後者においてエンペドクレスの哲学詩をモデルとした六脚律の韻文になる．ルクレティウスはその理由として，世界の無根拠性を説くエピクロスの「真の理論」が，現世の法の処罰と神々の怒りよりもさらに大なる恐怖を呼びおこすことを危惧したためだという．苦く嫌悪をもよおす「ニガヨモギ」の汁を子どもに薬として飲ませようとする医者は，杯の縁に甘い蜜を塗ってごまかす．詩はそれと同じはたらきをするのである．

> この理論は慣れていない一般の人びとにとっては難しすぎるかもしれないし，世人はこれに尻込みする．そこでわたしは，ことば甘き

---

[23] キケロがルクレティウスの名前をあげているのは，弟クィントゥスに宛てた前54年2月の私信[14.3]においてだけである．この不可解な沈黙の背後にあった「掟」については André 1974 を参照．

詩神の歌によってわれらがこの理論を君に説き明かしたいと思った．そして事物の本質がすべていかなる姿をとっているかを君が了解してくれるまで，この説きかたを用い，いわば詩という甘い蜜の味を効かせて君の心をわが詩につなぎとめておくことができればと考えたのである [DRN:I.943-950]．

それが詩を含むあらゆる教養(パイデイア)に不信を抱いていたエピクロスの教えと齟齬をきたすことを指摘する論者は多いが(Bailey 1947:761; Boyancé 1963:57; Schrijvers 1970:38)．このパラドクスは背信の嫌疑にまで発展する可能性がある．そもそもエピクロスは，自分の教えがけっして万人向きにできていないことをつぎのように明言していた．「わたしは多数者の歓心を買おうとは思わなかった．多数者の気に入るものをわたしは知らなかったし，わたしの知っていることは多数者の感覚から遠く隔たっていたからである」[U:187]．

シュトラウスによれば，エピクロスの哲学は人類に究極の二者択一を迫っている．みずから築いた「城壁」に守られたこの世の生を正しいと信じ，そこに偽りの救いをもとめるのか，それとも醜い真なる教えにしたがって真実の救いにいたるのか——．「哲学はもっとも根ぶかい痛みを生むといってよい．心地よいまやかしから生じる心の平安と不快な真理から生じる心の平安のどちらかを選ばなければならない．哲学は世界の壁の崩壊を予期しつつ，世界の壁を突き抜けて世界への愛着を捨てる．この放棄はきわめて痛ましいものである．他方，詩は宗教と同じくこの愛着に根ざしているが，宗教とはちがって離脱に役立てることができる．詩は前哲学的な愛着に根ざし，この愛着を強化・深化させるがゆえに，哲学的詩人は世界への愛着と世界からの離脱への愛着とをつなぐ完璧な媒介者なのである」[LAM:85／邦訳:136-37]．ただし詩というアートは，「ふつうの人間が真なる教説を受け入れるのをさまたげる種々の感情についての深い理解を前提とする」[LAM:92／邦訳:147]．苦い薬をオブラートで包んで「子ども」に飲み込ませるやりかたは，この詩の直接の名宛人であるメンミウスのような非哲学的人物にはたしかに似つかわしい．だがこうして苦みを緩和された哲学による宗教批判こ

そが，現世の社会にもっとも大きな災厄をもたらすのである．都市の守護神キュベレにかんする神話につづけて人間に無関心な神々について聞かされるわれわれは，「もし祖国愛や父祖への敬愛の欠如を罰する神々を信じなくなったら非哲学的な群衆がどんなふるまいにおよぶか，という問題のトゲが刺さったままになる．とりわけ，ルクレティウスが首尾よくメンミウスをエピクロス主義に宗旨替えさせたとして，メンミウスの祖国愛や国家繁栄への関心になにがおこるかわかったものではない」[LAM:100／邦訳:160]．キケロがルクレティウスを黙殺した理由の少なくとも一端は，『事物の本性について』がエピクロスの「もっとも真正なる理論」(ratio verissima)[DRN:VI.80]を人類普遍のメッセージとして送りだす古代の啓蒙の試み——その効果のほどはきわめて疑わしい[24]であったことにもとめられるのかもしれない．

「まやかし」(delusion)と「真理」(truth)の対比が示すように，シュトラウスのエピクロス主義理解を『哲学と法』以来一貫して導いてきたのはニーチェである．しかし『自然的正と歴史』巻頭近くで提示されるニーチェの肖像は，エピクロス主義のなかにもっぱら「知的廉直」への志向をみたラディカルな無神論者ではない．それは「心地よいまやかし」と「不快な真理」のあいだで逡巡していた若きニーチェである．

> ニーチェによれば，いっさいの包括的見解の相対性を認識し，そのことによってそれらの価値を低下させるような人間的生の理論的分析は，人間的生そのものを不可能にするだろう．なぜならそれは，生や文化や活動がそのなかでのみ可能である庇護的雰囲気を破壊すると思われるからである．……生の危険を回避するために，ニーチェはつぎのふたつの方法のうちの一方を選ぶことができた．すなわち，彼は生の理論的分析の厳密にエソテリックな性格を強調するこ

24　のちにカエサルと対立してアテナイに亡命したメンミウスは，メリテ区にあるかつてのエピクロスの地所を手に入れ，廃墟となっていたエピクロスの家を撤去しようとした．当時のエピクロス派学頭パトロンの嘆願に応じてメンミウスを思いとどまらせようとしたのは，エピクロス主義批判の急先鋒と目されていたキケロである（前51年7月6日および9月21日付アッティクス宛書簡[104.6, 112.3]，参照）．

と——つまりプラトンの高貴なまやかしという考えを復活させること——ができたか，あるいはそうでなければ，理論そのものの可能性を否定して，思想を本質的に生ないし運命に従属あるいは依存するものと考えることができたであろう．ニーチェそのひとではないにせよ，ともかくも彼の後継者たちは第2の選択肢を採用したのであった[NRH:26／邦訳:48]．

「知的廉直」の美名のもとに盲目の運命に身をゆだねてラディカルな歴史主義を招来したのは，ハイデガーであってニーチェではない．そしてこのニーチェは，少なくともプラトン主義者を"Διονυσοκόλακας"（字義どおりには「ディオニュシオスの追従者」[DL:X.8]）と呼んで，その徳の理論の「俳優」的な性格を揶揄したエピクロスに喝采を贈る後年のニーチェではないというべきだろう（『善悪の彼岸』[7]および『力への意志』[434-37]を参照）．ニーチェ哲学そのものにエソテリシズムの要素をみとめることによって，シュトラウスのエピクロス主義理解にかけられていたニーチェ的な呪縛も解かれる．『自然的正と歴史』で展開される「古代哲学の一形態」としての哲学的コンヴェンショナリズム論は，そうしてはじめて可能になったのだと考えられる．

エソテリックなエピクロスについては，早くから「ふたつの教え」(duo sermonis)の問題として指摘されてきた(Usener 1887:xlii; Schmid 1950:709f)[25]．シュトラウスの影響下にあるエピクロス主義研究者のD・クレイによれば，主著と目される散逸した『自然について』(Περὶ φύσεως)は「エソテリックな教え／エクソテリックな教え」が巧妙に書き分けられていた可能性がある(Clay 1983:57 and 297, note 5)．だがエピクロスのテクストとして伝えられるものは，書簡，「エピクロスの園」における教科書たる『主要教説』，遺言状など，いずれも「哲学仲間」(σύμφιλοσοφοῦντες)に宛てた内向きの内容をもっている．それがライヴァルであったストア派（とくにクリシュッポス）との論争過程で，ある

---

[25] 近年では，エピクロスの遺言状が「2種の聴衆」を前提にして書かれた可能性をみとめるJ・ウォレンの研究がある(Warren 2004:191)．

いはディオゲネス・ラエルティオスの『主要哲学者の生涯』に再録されて散逸を免れるかわりに，白日のもとにさらされ誹謗される結果ともなり，エピクロス主義を危険視・白眼視して迫害する風潮を招いた．その意味では，エピクロスの「希釈されない」哲学が「希釈された」ストア派の哲学によって論破される過程――ソクラテスに論破されたわけでないにもかかわらず最終的に自分の非をさとって沈黙するトラシュマコスに似ている（プラトン『ポリテイア』[336b-354c]）――を一篇の対話に仕立てたキケロこそ，実はルクレティウスにもましてエピクロスの「真の理論」を後世に伝えた影の功労者といえないこともない．

しかしエピクロス主義のなかには，プラトン主義の軛(くびき)を解いて独自の思想的伝統を形成していった系譜がある．それはたとえば，ホラティウスと並び称されるエレギア詩人プロペルティウスの「この世界の城(arx mundi)がいつの日か崩れることがあるのか」という詠嘆に（『エレギア詩集』[III.5.26]），またわれわれ死すべき人間が生きる世を「寄留者の国」(civitas peregrina)と呼ぶアウグスティヌスに（『神の国』[XIX.17]）あらわれている．さらに，「法律は正しいといってしたがう者は，正しい根拠にもとづいて法律にしたがっているとはいえない」（『エセー』[III.13]）というモンテーニュがひそかに依拠していたのもそれであった[26]．そこに静かに持続するのは，「城壁のない都市」としての人間――みずから四囲にめぐらした堅固な「城壁」を「まやかし」と自覚しつつ，生あるかぎりなおそれにすがって生きることを余儀なくされた種族――のイメージである．ホッブズにおいてまたしかり．国家を暴力死の恐怖にさいなまれる自然状態から人間を救出する唯一の方法として構想したホッブズは，こうしてできた法のもとに市民たちが享受する「平和と安全」を人類の最終的な救済と取り違えることはけっしてなかった[27]．可死性という人間の境涯を克服するユートピアや「政治的快楽主義」の試みが所詮むな

---

26 プロペルティウスの詩句はシュトラウスも引用している[LAM:85／邦訳:136]．エピクロス主義の広範な影響力についてはJones 1992:chaps.4-6を参照．
27 「国家はある目的の成就に寄与するが，それ自体ではこの目的を達成できない．国家が達成するのは有形の善であり，それゆえ善の全体をなす救済と無縁でないとはいえ，救済そのものには劣るなにかである」（オークショット 2007:87）．

しいことは，ホッブズも先刻承知なのである．しかしこれはシュトラウスも否定してはいない．それどころか，「ホッブズの理論は，社会的ないし政治的問題の解決策として，完全に「啓蒙された」，つまり非宗教的あるいは無神論的社会の設立を，必然性をもって指し示した最初の理論である」[NRH:198／邦訳:266] と述べたシュトラウスは，そのように断定した瞬間，「ホッブズ自身の無神論観によってさえ，彼が無神論者であったことをわたしは証明することができない」[NRH:199, note 43／邦訳:446] と告白する．「啓蒙か正統信仰か」と問うてはじまった旅路はようやく道半ばなのである．

第 4 章　快楽主義と政治

[テクストにかんする注記]

　古典的な著作からの引用・引照にあたっては，[　]内に巻・章・節・行あるいは断章番号を付して出所を示す．なお引用頻度の高いエピクロスとルクレティウスの作品は，以下の略号を用いる．いずれも訳出にさいして各種邦訳書の恩恵にあずかったが，引用の前後関係から若干変更した箇所があることをおことわりしておく．

DL. Diogenes Laertius, *Lives of Eminent Philosophers*, trans. R. D. Hicks (Heinemann, 1950). 加来彰俊訳『ギリシア哲学者列伝（全 3 冊）』（岩波文庫，1994 年）．

SV. *Epicurus: The Extant Remains*, trans. and Notes by Cyril Bailey (Clarendon Press, 1926). 出隆・岩崎允胤訳『エピクロス──教説と手紙』（岩波文庫，1959 年）．

U. *Epicurea*, hrsg. Hermann Usener (Leipzig: Teubner, 1887).

DRN. *Titi Lucreti Cari, De rerum natura*, trans. and Notes by Cyril Bailey (Clarendon Press, 1947). 樋口勝彦訳『物の本質について』（岩波文庫，1961 年）．

参考文献

André, Jean Marie (1974),"Cicéron et Lucrèce: Loi du silence et allusions polémiques," *Mélanges de philosophie, de littérature et d'histoire ancienne offerts à Pierre Boyancé*, École Française de Rome.

Bailey, Cyril (1926), trans and Notes, *Epicurus: The Extant Remains*, Clarendon Press.

─────(1928), *The Greek Atomists and Epicurus: A Study*, Russell and Russell.

───── (1947), trans and Notes, *Titi Lucreti Cari, De rerum natura*, Clarendon Press.

Benferhat, Yasmina (2005), *Ciues epicurei: les épicuriens et l'idée de monarchie à Rome et en Italie de Sylla à Octave*, Éditions Latomus 292.

Besnier, Bernard (2001),"Justice et utilité de la politique dans l'épicurisme: Réponse à Elizabeth Asmis," *Cicéron et Philodéme: La polémique en philosophie*, eds. C. Auvray-Assayas et D. Delattre, Études de littérature ancienne 12.

Bloom, Allan (1990), *Giants and Dwarfs: Essays 1960-1990*, Simon and Schuster.

Boyancé, Pierre (1963), *Lucrèce et l'épicurisme*, Presses universitaires de France.

Brochard, Victor (1904),"La théorie du plaisir d'après Épicure," *Journal des Savants*.

───── (2009)"The Theory of Pleasure According to Epicurus,"trans. Eve Grace, *Interpretation*, Vol.37 No.1.

Clay, Diskin (1983), *Lucretius and Epicurus*, Cornell University Press.

───── (1998), *Paradosis and Survival: Three Chapters in the History of Epicurean Philosophy*, University of Michigan Press.

de Witt, Norman Wentworth (1954), *Epicurus and His Philosophy*, University of Minnesota Press.

Drury, Shadia B. (1988), *The Political Ideas of Leo Strauss*, Macmillan.

Farrington, Benjamin (1939), *Science and Politics in the Ancient World*, George Allen & Unwin.

Fowler, D. P. (1989),"Lucretius and Politics," *Philosophia togata: Essays on Philosophy and Roman Society*, eds. M. Griffin and J. Barnes, Clarendon Press.

Gassendi, Pierre (1964), *Opera omnia*, Bd.2, Faksimile-Neudruck der Ausgabe von Lyon 1658 in 6 Bänden, Friedrich Fromman Verlag.

Griffin, Miriam (1989),"Philosophy, Politics and Politicians at Rome," *Philosophia togata: Essays on Philosophy and Roman Society*, eds. M. Griffin and J. Barnes, Clarendon Press.

Guyau, Jean-Marie (1886), *La morale d'Épicure et ses rapports avec les doctrines contemporaines*, F. Alcan.
Holton, James E. (1987),"Marcus Tullius Cicero,"*History of Political Philosophy*, 3rd edition, eds. Leo Strauss and Joseph Cropsey, The University of Chicago Press.
Jones, Howard (1992), *The Epicurean Tradition*, Routledge.
Kahn, Charles H. (1981),"The Origins of Social Contract Theory,"*The Sophists and Their Legacy*, ed. G. B. Kerferd, Franz Steiner.
Kerferd, G. B. (1981), *The Sophistic Movement*, Cambridge University Press.
Kraemer, Joel (2009),"The Medieval Arabic Enlightenment,"*The Cambridge Companion to Leo Strauss*, ed. Steven B. Smith, Cambridge University Press.
Lampert, Laurence (1992),"Who is Nietzsche's Epicurus?"*International Studies in Philosophy*, Vol.24 No.2.
——— (1996), *Leo Strauss and Nietzsche*, The University of Chicago Press.
Long, A. A. (2006), *From Epicurus to Epictetus: Studies in Hellenistic and Roman Philosophy*, Clarendon Press.
Momigliano, Arnaldo (1941),"Review of *Science and Politics in the Ancient World*, by B. Farrington," *Journal of Roman Studies*, Vol.31.
Neumann, Harry (1977),"Torah or Philosophy?: Jewish Alternatives to Modern Epicureanism," *Journal of Value Inquiry*, Vol.11.
Nichols, James H., Jr. (1976), *Epicurean Political Philosophy: The De rerum natura of Lucretius*, Cornell University Press.
Porter Packer, Mary N. (1938), *Cicero's Presentation of Epicurean Ethics: A Study Based Primarily on De finibus I and II*, The Columbia University Press.
Rosen, Frederick (2003), *Classical Utilitarianism from Hume to Mill*, Routledge.
Schmid, Wolfgang (1950),"Epikur,"*Reallexikon für Antike und Christentum*, Bd.5, Hiersemann.
Schrijvers, P. H. (1970), *Horror ac divina voluptas: Études sur la poétique et la poésie de Lucrèce*, R. A. Hakkert.
Usener, Hermann (1887), hrsg., *Epicurea*, Teubner.
Vincenzo, Joseph P. (1994),"Nietzsche and Epicurus,"*Man and World*, 27.
Vander Waerdt, Paul A. (1987),"The Justice of the Epicurean Wise Man,"*Classical Quarterly*, Vol.37 No.2.
——— (1994),"Zeno's *Republic* and Origins of Natural Law,"*The Socratic Movement*, ed. P. A. Vander Waerdt, Cornell University Press.
Warren, James (2004), *Facing Death: Epicurus and His Critics*, Clarendon Press.
Wilson, Catherine (2008), *Epicureanism at the Origins of Modernity*, Clarendon Press.
Wurgaft, Benjamin Aldes (2012),"From Heresy to Nature: Leo Strauss's History of Modern Epicureanism,"*Dynamic Reading: Studies in the Reception of Epicureanism*, eds. Brooke Holmes and W. H. Shearin, Oxford University Press.
オークショット,マイケル(2007),『リヴァイアサン序説』中金聡訳,法政大学出版局.
柴田寿子(2009),『リベラル・デモクラシーと神権政治——スピノザからレオ・シュトラウスまで』,東京大学出版会.
中金聡(2012),「城壁の哲学——ローマのエピクロス主義について」,国士舘大学政経学部付属政治研究所編『政治研究』第3号.
ハイデガー,マルティン(1997),『ニーチェI——美と永劫回帰』細谷貞雄監訳,平凡社ライブラリー.

第5章
ソクラテスの葬送演説
―― プラトン『メネクセノス』における弁論術と教育

近藤和貴

1　序論――葬送演説と対話篇『メネクセノス』

　プラトンの多くの対話篇において弁論術の批判者として登場するソクラテスが，なぜ『メネクセノス』では戦没者のための葬送演説を行うのだろうか．本稿の目的は，トゥキュディデス『歴史』との比較を通じて，第1に，『メネクセノス』におけるソクラテス演説が『歴史』に記録されたペリクレス演説の批判である点，第2に，それが聴き手である若者の教育を意図していた点を立証することである．

　そもそも，ソクラテスが行った葬送演説(ἐπιτάφιος λόγος)とはどのような弁論なのであろうか．トゥキュディデスによれば，ペロポネソス戦争の期間中(前431-404年)アテナイ人たちは「父祖伝来の慣習」(πάτριος νόμος)に従って戦没者のための葬儀を時折行っていた(2. 34)．公費を用いて大規模に営まれるこの厳粛な儀式のクライマックスは，「見識」(γνώμη)と「名誉」(ἀξίωσις)において最も傑出した人物による葬送演説であった．この演説の役割は，まずもって公衆を前にして死者たちの勇敢な死を称え，彼らの偉大な業績を記憶に残すことであった．しかしそれ以上に重要なのは，この演説は死者だけでなく生き残った市民たちにも向けられていたことである．戦時下において市民を鼓舞することこそが葬送演説の重要な政治的機能でもあった．演説者は都市の高貴な起源，優れた国制，そして数々の偉業を説き起こし，そのような都市のために死を賭して戦った先祖たちを称えることによって，アテナイの偉大さを市民たちに向けて再構築していく．演説によって作られた「現実よりもより真実な」イメージを抱き，市民たち，とりわけ若者たちは戦争参加へと強く動機づけられたのである(Loraux 1986: 177)．このような葬送演

説の中に，私たちは，戦時下アテナイが理想とした政治体制，さらには政治的指導者が市民を戦争へと導いたレトリックをも見ることができる．

プラトンの『メネクセノス』において，ソクラテスは1つの完結した葬送演説を披露しているが，この事実は同対話篇の解釈を著しく困難にしている．というのも，「真の弁論術」という例外が指摘されることはあるものの（『ゴルギアス』517a5;『パイドロス』269c6-274b5），プラトンの全著作を通じて，通常ソクラテスは弁論術とその教師であるソフィストの批判者として描かれているからである．例えば，『ゴルギアス』の中でソクラテスは，弁論術を，真理に関心がなく聴衆の嗜好におもねるだけの迎合に過ぎないと批判している（463a6-c7）．プラトン研究において，真理と徳を追求するソクラテスにとって最大の論敵がソフィストであり，彼の哲学の対極に位置するのが弁論術であるとする理解は半ば常識ですらある．ソクラテス哲学に関するこうした共通理解に基づくならば，『メネクセノス』においてそのソクラテスが葬送演説を，しかも極めてよくできた演説を行っていることは衝撃でさえある．さらに都合の悪いことには，演説の中で彼はアテナイの国制と対外政策を称賛しているが，そこには事実の歪曲が散見される．彼は政治的，歴史的事実を意図的に修正している．ソクラテスは，他の対話篇において彼自身が強く非難した弁論術の悪弊，すなわち，聴衆を喜ばせるための迎合や非真理の言明に自ら与っているようにさえ見える．哲学者ソクラテスが一方で弁論術を批判し他方でそれを行使するという明白な矛盾に直面した研究者たちが，『メネクセノス』を解決困難な「パズル」になぞらえ，全ての対話篇の中で「最も謎めいたもの」と評したのも無理からぬことであろう（Kahn 1963: 221; Stern 1974: 503; Taylor 1926: 41; Vlastos 1973: 188; Collins and Stauffer 1999: 1-2）．この結果，本対話篇は『国家』や『法律』といったプラトンの代表的な対話篇と同じく政治性の高い著作であるにもかかわらず，標準的なプラトン・ソクラテス像から外れているために，これまで真面目な研究対象となることは極めて少なかったのである[1]．

1　Salkever 1993: 134.『メネクセノス』が一般的に偽作扱いされることが多いのも，内容的に「プラトン・ソクラテス的」でないからである．Salkever 1993: 141.

第5章　ソクラテスの葬送演説

　こうした解釈困難な対話篇を読み解くため，本稿では，『メネクセノス』自体が提供する2つの手掛かりに注目する．第1に，『メネクセノス』における葬送演説は，ペロポネソス戦争1年目に行われ，トゥキュディデス『歴史』に記録されたペリクレスの葬送演説への批判である[2]．ソクラテスの演説がペリクレスへの批判であることは，ソクラテス自身が明示している．彼によれば，ペリクレスが弁論家として大成したのは妻アスパシアの教育の成果であり，かの有名な葬送演説も彼女が提供したものに他ならない．ソクラテスが『メネクセノス』で披露する演説は，アスパシアが起草した葬送演説のうち，ペリクレスが演説する際に採用されなかった残りの部分である (235e3-236b6)．したがってソクラテス演説は，繁栄の絶頂にあったアテナイ帝国を賛美した，当時随一の政治家ペリクレスの演説のいわばネガであり，実際，後に議論するように，両者の演説は鋭い対照をなしている．ソクラテスは自身の演説とペリクレスのそれとの比較を促すことによって，ペリクレス的な帝国とは異なる，優れた都市を想像する別様な方法を提案している．本稿では，両者の比較を通じて，哲学者としてのソクラテスが政治家ペリクレスの政治観をどのように反転させたのかを検討する．

　第2の着眼点は，ソクラテス演説の名宛人と彼への教育である．先行研究において，ソクラテス演説がどのような教説を含んでいるのかは解釈上の難問であった．というのも，ソクラテスが何らかのペリクレス批判を行っていることが了解されても，彼の弁論術への態度は喜劇的もしくは嘲笑的ですらあるからである．実際，ソクラテスはペリクレスがアスパシアに操作されていたという喜劇好みのスキャンダルを暴露するばかりか，自らが演説することを「子供じみている」(παίζειν) と言い，演説を裸踊りにたとえてさえいる (236c9, 236d1)．このような問題を受けて，ドッズは，『メネクセノス』は葬送演説の諷刺に過ぎず，そのレトリックを誇張して模倣しつつ，それが導いたアテナイの対外政策をアイロニカルに批判したものであると論じている．彼の解釈では，弁論術の

---

[2] 『歴史』と『メネクセノス』のつながりに関しては以下の文献を参照．Bruell 1999: 204; Kahn 1963: 220; Monson 1998: 491-492; Rosenstock 1994: 223. Cf. Henderson 1975: 211.

悪しき特徴を極端に描いたソクラテス演説にはそもそも真剣な教説は含まれない (Dodds 1959: 23-24. Cf. Coventry 1989: 1-4; Henderson 1975: 45-46; Rosenstock 1994: 344; Taylor 1926: 43; Vlastos 1973: 191-192). 他方，カーンにとって，ソクラテス演説は諷刺ではなく徳の涵養を説く真剣なものである．彼の主張では，プラトンはこの演説を通じて，アテナイ市民たちが「より高度な歴史」をもつにふさわしいことを示し，彼らをより善き政治へと導いている (Kahn 1963: 224-232).

ところが，これらの先行研究はソクラテスの演説に注目するあまり『メネクセノス』が対話篇であるという事実を看過しているばかりか，彼の演説がメネクセノスという1人の若者に対してなされているという事実をほとんど考慮していない[3]．これに対して本稿では，ソクラテスの演説はメネクセノスを教え導くためになされており，彼の喜劇的な態度も彼の教育的意図に沿って説明できると主張する．この著作においてメネクセノスは，政治的な野心をもつだけでなく，哲学に耳を傾けることのできる若者として描かれている．ソクラテスによる弁論術の例外的な使用は，政治的立身出世のために弁論術へ傾倒する若者の関心に歩み寄り，その内容に手を加えながら演説を聴かせることによって，聴き手により節度ある政治観を教示し，さらに彼を哲学的に有徳な生へと引き寄せるために採用された巧みな手段である．この観点からすると，ソクラテスの喜劇的な態度は，演説者自身を弁論術への直接的なコミットメントから引き離し，弁論術本来の大衆の説得という目的とは異なる教育的目的で使用することを可能にしていると解釈できる．弁論術から喜劇的な距離を保つことでソクラテスは，弁論術を使用しながら，同時にペリクレス的な政治観や生き方よりも，あるいは政治的なものそのものよりも高次の視点があることを示唆することができる (Bruell 1999: 202; Loraux 1986: 304-327). 本稿では，ソクラテス演説の名宛人を考慮に入れることによって，ソクラテスの教育の内容および方法を検証する．また，このような演説の使用がソフィスト的な弁論術の欠点を免れた「真の弁論術」でありうるかどうかは結論において考察される．

3　例外として以下の文献を参照．Bruell 1999; Saxonhouse 1992.

このように本稿では，ソクラテスの演説がペリクレスへの批判であるとの立場から，ソクラテスがメネクセノスを教育する意図をもって彼に演説を聞かせていたことを論証し，その教育内容を明らかにする．以下では，まず，ソクラテスが自らの演説を何と対照させようとしていたのかを理解するために，トゥキュディデス『歴史』にあるペリクレス演説を概観し，その後，それと比較するかたちで『メネクセノス』の分析を行う．

2　ペリクレスの葬送演説——アテナイ帝国賛美と非道徳性

本節ではペリクレスの葬送演説を概観する．その要点を先取りするならば，彼の演説は道徳性なきアテナイ帝国を賛美したものであり，市民たちに都市のための戦死こそが個人に最大の幸福（死後の名声）をもたらすと訴えることによって，彼らに戦死者たちを模倣するよう勧めるものである[4]．

ペリクレスはまず，演説の主題を死者の称賛ではなく，都市そのものの賛美に設定する（Ziolkowski 1981: 71）．葬送演説という慣習そのものに疑義を呈しながら彼が語り始めるのは，自らが演説者として直面している困難である．一方において，死者を知っている者たちは，彼らに好意を抱いているため，死者へのどんな賛美も不十分だと感じてしまう．他方，死者を知らない者たちは，死者の偉業を聞いても，嫉妬心から反発しそれを誇張と受け取ってしまう（2. 35. 2）．こうした困難の中，彼が到達した解決策は，死者と生者が共通して依って立つ都市そのものを称賛することである．都市は死者の行為を偉大にする源であると同時に，生者たちの生の基盤である．演説の困難さを梃にして[5]，ペリクレスは聴衆の同情を得ると同時に（Ziolkowski 1981: 60-61），演説の主題を個々の死者の偉業ではなく，それを超える都市そのものへと巧みに設定していく．

---

[4]　ロミリーによれば，ギリシア語に「帝国」にあたる語はないが，そのアイデアは「支配」を意味するἀρχήに含意されている．Romilly 1963: 13. Cf. Loraux 1986: 83-88. 本稿では，「帝国」を，軍事的拡大主義を標榜し他の諸都市を支配する都市の意で用いる．

[5]　演説の末尾で，ペリクレスはこことは逆に，死者に嫉妬は向けられないと語っている（2. 45）．冒頭の表現は主題を設定するための誇張であろう．Cf. Rustin 1989: 141.

ペリクレスが都市を賛美する際の基準は，彼の現役世代重視の姿勢から読み取れる．ペリクレスは，葬送演説においては，最初に祖先と父の世代を褒め称えることがふさわしいと認める．しかしながら，彼は先祖の偉業をわずか数行で片づけ，今の世代こそが最高の名誉を与えられるにふさわしいと断言する．その理由は，彼の世代こそがアテナイ帝国のほとんどの部分を獲得したからである (2. 36. 1-3)．ペリクレスの賛美の対象は現在の都市の帝国的偉業に限定され，帝国の偉大さはその拡張，もしくは他の諸都市を支配する力の総量によってはかられる (cf. 2. 16)．彼が主に賛辞を捧げるアテナイの国制 (πολιτεία) や生活様式 (τρόπος) も，それらが帝国拡大を可能にしたがゆえに称賛に値するのである．

　一見したところペリクレスは，アテナイの国制・生活様式の賛美において，私生活の豊かさを最も評価しているように見える．もちろん彼は，他都市の模範となるような政治制度としてのデモクラシーも賛美している (2. 37)．しかし，これと同等に，あるいはそれ以上に彼が強調するのは帝国とその拡大がもたらした私的享楽である．アテナイが多くの都市を支配し裕福になったことで，市民たちは様々な教義や儀式を楽しみ，豪華な邸宅に住み，さらには他都市から運ばれる産物をあたかも自国のものであるかのように手に入れることができるようになった (2. 38)．デモクラシーの帝国に住む利点の1つは，公的な場における平等な政治参加のみならず，私的生における快楽の充足である．軍事的な偉大さの観点からしても，アテナイにおいてそれは容易な訓練と慣習によって培われた勇気のみで達成されるがゆえに，厳しい軍事訓練を強いて私的生の余地を残さないスパルタよりも，両者を併せもつアテナイの方が優れているのである (2. 39)(Kagan 1991: 145-148; Orwin 1994: 16-17; Romilly 1963: 146; Rustin 1989: 149)．

　しかしながら，ペリクレスがどれほどアテナイにおける私的享楽と生の容易さを強調しようとも，彼のアテナイ賛美は決して個人主義的な生を推奨するものではない (Saxonhouse 1992: 469-470)．私的快楽は享受されてしかるべきものであるけれども，真に称賛に値するのは，私的快楽を知りつつもそれを都市のために放棄できる人物である (2. 40. 3, 42.

4).最高度に私的なもの,すなわち生命を都市のために放棄することこそ最大の賛辞に値し,これこそが人間にとっての最大の幸福(εὐδαίμων)である.それは名誉(δόξα)というかたちをとり,市民たちの中で永遠に残る記憶となる(2. 43).ペリクレスの演説の中に都市の政治・軍事的達成と個人の幸福との完全なる調和を見て取ることは可能であろう(Conner 1987: 69; Orwin 1994: 18-19).ただし,その調和は個人が都市へ完全に吸収されることによってのみ成立するのである(Saxonhouse 1992: 469).

ここで私たちは,ペリクレスが称える帝国の道徳的性格に注意しておく必要がある.ペリクレスは事実上,帝国の非道徳性を認めてさえいるからである.まず,帝国に貢献する個人について,彼は道徳的に劣った者でさえも,戦場において死にさえすれば最大限の名誉を受けることができると断言している.なぜなら,ペリクレスにとって,私的な悪行は公的な死によって帳消しになるのであり,都市のためになされた勇敢な行為は私的な悪行よりも優先的に扱われなければならないからである(2. 42. 2-3).都市の行いに関しても,ペリクレスがアテナイを称賛するのは,それが正しい戦争を遂行したがためではない.むしろ,彼がその軍事的成果を褒めるのは,都市が「悪と善双方における永久の記念碑」を陸海に打ち立てたからである(2. 41. 4).ペリクレスにとって勝利と拡大は,たとえ悪行であったとしても,それ自体として価値をもつのである.

帝国の非道徳性というペリクレスの見解は,当時のアテナイの対外政策の実像をそのまま映し出すものでもある(Collins 1999: 18; Gomme 1966: 126; Romilly 1963: 108-111, 130-140).たとえば,強者が支配するのは世の常である,と力による正義を正当化したアテナイ大使の演説や(1. 73-78)(cf. CM: 170-174, 210-211),このような価値観に基づいて自国の独善性に居直り住民を虐殺したメロス島での出来事はその好例であろう(5. 84-114, 116)(Hornblower 1991: 294; CM: 192).道徳なき支配の必然性と力の政治の正当化こそアテナイ帝国の原理であり,ペリクレスはこの政治観を受け入れている.彼の演説は,アテナイ帝国主義あるいは僭主制の縮図であり,その雄弁な賛美でもある(2. 63; cf. 1. 118).

このように帝国の偉大さを明確にし,それがために死した戦士たち

を称賛した後，ペリクレスは最後に生き残った者たちに勧告を行う (2. 44-45)．彼は，子を失った親に対しては死者の名誉に慰められつつ新しい子を作り都市の防衛に貢献することを，死者の兄弟と子に対しては死者を手本として善き戦士となることを勧告する．こうしてペリクレスは，市民の戦死を悼み称えることを通じて，生者にこれまでよりいっそう都市に身を捧げるよう要求するのである．最後にペリクレスは未亡人に言葉をかける．しかし，軍事的かつ男性的な都市を信奉する彼にとって女性は政治的にそれほど重要な存在ではない．彼の言う女性の徳とは「目立たないこと」であり，それに応じて，女性についての言及は彼の演説の中で最も目立たないものになっている．

以上，われわれはペリクレスの葬送演説の概要を見てきた．彼の演説は，アテナイにおける当時最も優れた政治家が，ギリシア最大の都市が最大の戦争に臨もうとする際，その偉大さを賛美したものである (1. 1, 1. 23)．ここで賛美されるアテナイは，道徳規範なき帝国であり，帝国の維持・拡大のための戦死こそを最高の誉れとする軍事都市であった．

3 『メネクセノス』の構造

プラトンはペリクレスの帝国主義的政治観にどのように対峙したのであろうか．ソクラテスの演説を分析する前に，本節では，『メネクセノス』の冒頭部分 (234a1-236d3) から対話篇の場面設定を読み解くことにしよう．

従来の『メネクセノス』研究においては，作品の大半を占めるソクラテスの葬送演説に注目が集まっており，場面設定に関しては，彼の演説がアスパシア作のものであるという点を除いて詳しく分析されることは稀であった．その結果，ソクラテスの演説のみが対話篇から抽出されて，ペリクレス演説と直接的に比較されたり，あるいはプラトンの政治的見解を示す独立したパンフレットとして解釈されたりする傾向があった (Kahn 1963: 220-232; Stern 1974: 508)．確かに，哲学者ソクラテスが葬送演説を行うという本対話篇の謎めいた性格を考えると，演説のみに解釈が集中するのは当然のことと言えるかもしれない．

第5章　ソクラテスの葬送演説

　しかしながら，他の多くの対話篇と同じように，『メネクセノス』という作品内部においてソクラテスは1人の登場人物である点に注意せねばならない．彼は周囲の環境や登場人物たちとの関係の中に置かれ，それに応じて自身の行動を選択している．つまり，対話篇というドラマの中では，彼の葬送演説は1個の独立した演説として，もしくはプラトンの政治論を客観的に述べたものとして提示されているのではなく，対話篇が作り出す個別具体的な環境の中で対話相手との会話の一部として語られているのである．誰に対して，どのような演説を，どのような目的で語るかは，まさに対話篇の場面設定によって決定されているため，それを辿ることによってのみ演説の意図を解明することができる．プラトンは，単なる演説ではなく『メネクセノス』という対話篇を書くという行為を通じて，場面状況に照らして演説を理解するよう読者に促しているのである．

　『メネクセノス』の場面設定は，作品の冒頭部から読み解くことができる．以下では，ソクラテスとメネクセノスが出会う場面から彼が演説を始める直前までの部分を丁寧に読解することによって，彼が演説をするに至った経緯を確認するとともに，それが内容と目的においてペリクレスの演説とは真逆の方向性を与えられていることを明らかにする．

　ソクラテスの置かれた状況を考える際，最も重要な要素は彼がメネクセノスという1人の若者と相対しているという点である．メネクセノスはどのような人物であり，ソクラテスとどのような関係にあるのだろうか．

　メネクセノスはまずもって政治に関心をもつ若者である．冒頭，メネクセノスはアゴラにある審議院（βουλευτήριον）からやってきてソクラテスと出くわす．ソクラテスが冗談交じりに解釈するところでは，彼が審議院へ行ったのは，自らがすでに教育（παίδευσις）と哲学（φιλοσοφία）を修了したと信じており，彼の家族が政治の世話人（ἐπιμελητής）を輩出し続けているのを絶やさぬように，いよいよ年長者たちを支配しよう（ἄρχειν）と計画しているからである．メネクセノスはこの解釈を否定するが，彼が政治に関心をもっていることは審議院に行った理由から明白である．審議院では近々行われる戦没者の国葬に向けて葬送演説の演説者の選考が行われることになっており，メネクセノスはその様子を見物

135

に行ったのである(234a1-b7).

　政治的決定が民会での議論を経てなされるアテナイ・デモクラシーにおいて，弁論術は人々を説得し政治を動かす上で最も有効な手段であった．そのため野心のある若者，とくに家柄のよい者たちは，政治の世界で一角の人物になるために熱心に弁論術を学んだのである(『プロタゴラス』310a8-314c2, 316b8-c4).　政治的野心のあるメネクセノスは，立身出世を狙う他の若者たちと同様に弁論術に関心があり，さらに優れた弁論家に憧れをもっているがために，傑出した弁論家を選ぶ選挙に心を奪われ，わざわざ審議院に出向いて見物してきたのである．彼がどれだけこの選挙に夢中であったかは，わざわざソクラテスに向って誰が選ばれるか名前まで挙げている点にあらわれている(234b9-10).　彼は優れた政治家・弁論家に詳しいだけでなく，選挙結果を自ら予測し，それを他者に披露したいのである．彼は，ソクラテスに政治的野心を揶揄されるだけの関心と興奮を政治に抱いていた．このように，メネクセノスが審議院からやって来たことそれ自体が彼の人物像を表現する豊かな舞台装置となっている．

　こうしたメネクセノスの政治的な性格はソクラテスとは対照的である．ソクラテスは葬送演説者の選考があることを知っていながら見物には行かなかったし(236b2-3)，メネクセノスの政治的野心をからかうばかりか(234a4-b2)，さらには後に見るように，彼の最大の関心事である弁論術の価値に疑問を投げかけさえする(234c1-235d8).　メネクセノスは，政治的領域においてソクラテスと関心を共有し行動を共にする人物ではない．にもかかわらず，メネクセノスはソクラテスと私的な交流をもち，非常に親密な関係にある．なぜ，どのような意味でメネクセノスはソクラテスに近しいのであろうか．

　ソクラテスに自身の政治的野心をからかわれた際，メネクセノスは次のように述べている．

> もしあなたが，ソクラテス，支配する(ἄρχειν)ことを許し，助言するならば，私は熱心にそうするでしょう．しかし，そうでないならば，私はそういたしません(234b3-4).

第5章　ソクラテスの葬送演説

　メネクセノスはここでソクラテスの自分への影響力に言及している．これは，例えば，哲学者ソクラテスに魅力を感じながらも，逃げるようにして政治の世界へと突き進み悲劇的な最期を遂げたアルキビアデスとは対照的な態度である．『饗宴』での発言によれば，政治的野心にあふれるアルキビアデスは，ソクラテスに自分の未熟さを非難されることを恐れ，セイレーンから逃げるように，耳をふさいで彼から逃げ出した(215e1-c3)．他方，メネクセノスはアルキビアデスと違い，ソクラテスの傍らに留まり耳を傾け続ける．メネクセノスがどれだけソクラテスの哲学に惹かれ，彼を理解しているのかはこの文脈からは判断できない．しかし少なくとも，彼が哲学者ソクラテスの教育能力を認め，それに従う意向を垣間見せていることは確かであろう．彼が「支配」するかしないかは，ある程度はソクラテスにかかっているのである．
　このようなメネクセノスのソクラテスへの態度は，長年の交流を経て培われたものである．対話篇『リュシス』においては少年メネクセノスとソクラテスが友愛について哲学的対話を繰り広げる場面が描かれているが，その時すでに2人は，ソクラテスがメネクセノスの「論争好き」な性格を知っているほど親しい関係にあった(211b7-c8)．青年になったメネクセノスが描かれる『メネクセノス』においても，両者の親密さは会話の様々な個所に示唆されている．例えば，ソクラテスの弁論術批判を，メネクセノスは「いつも」($ἀεί$)のことと受け取り(234c6)，ソクラテスがアスパシアの作として披露する葬送演説についても——おそらく彼の能力を知っているからであろう——彼自身の作ではないかと疑っている(236c5-7, 249d12-e2)．メネクセノスは政治と弁論術に熱中しているものの，同時に哲学者ソクラテスの能力と影響力を軽視せず，彼との交流を長年にわたって続けている．メネクセノスは，まさに政治と哲学の間にいる若者である．
　他方，ソクラテスの側もメネクセノスに明らかに好意を抱いている．彼が冒頭メネクセノスに自ら声をかけて会話を始めているのも彼の親しさの現れではあるが，その親しさは長い付き合いからメネクセノスの家系や性格を知っているという程度にとどまらない．ソクラテスはメネクセノスが傾倒する政治や弁論術に関して軽口を言えるほど彼と親密であ

る．さらに重要なことに，ソクラテスは彼を喜ばせること(χαρίζεσθαι)に熱心であり，裸踊りをすることさえ厭わない(236c5-d2)．2人の親しい関係が成り立っているのは，どちらかの一方的な好意によるものではない．ブリュエルが評したように，『メネクセノス』は「老人と若者の生涯にわたる友情についての魅力的なエピソード」を収めているのである(Bruell 1999: 201)．

　冒頭部で示される，このようなメネクセノスの政治的関心と哲学への開かれた態度，そして2人の親しい関係が会話を方向付けていく．では，2人の会話はどのような経緯でソクラテスの葬送演説へと至るのであろうか．葬送演説者の選考に夢中になっているメネクセノスに対して，ソクラテスは弁論術とその効果について率直に自分の考えを述べる．それによるならば，葬送演説は素晴らしい効果をもつものであり，戦死者について当人の手柄であることもないことも褒め称え魔術のように聞く人々を魅了する(γοητεύειν)．その上，都市そのもの，祖先たち，そして市民たち自身をも称えるので，ソクラテスはすっかり魅了され，自分が素晴らしい都市に住んでいると思い感激してしまう．彼はあたかも幸福者たちの島にいるような錯覚にとらわれ，4, 5日経ってやっと我に返るのである(234c1-235c5)．

　ただし，演説によって魔術をかけられていると言っても，ソクラテスはペリクレスが期待したような，ただ演説に魅了され，行動を促される市民ではない．ソクラテスは演説の魔術的効果を冷静に分析することができているからである．重大な国家的行事に「たいていいつも」(235b3)外国人と一緒に行くソクラテスは，魔術を魔術として認識できるため，弁論術やその魔術の対象たる都市や市民から距離を置ける立場にあり，その効果を客観的に評価することができる．ソクラテスにとって，弁論術は尊敬の対象でないばかりか，その実践も優れた能力を必要とするものではない．たとえ今回演説が即興で行われなければならないとしても，葬送演説は容易でさえある．演説者は事前にいくつか演説のストックをもっているだけでなく，アテナイ人の前でアテナイ人を褒め称え喝采を得ることはそもそも難しいことではないからである(235c7-d8)．ソクラテスにとって葬送演説は魔術的な効果をもつものの，決して高尚かつ高度な

第5章　ソクラテスの葬送演説

技術に裏づけられたものではない．彼は弁論術からその外見的な偉大さをはぎ取っていく．

弁論術を「からかう」(προσπαίζειν)ソクラテスに対して，弁論術に憧れるメネクセノスはソクラテスに挑戦する．メネクセノスにとって，演説者は優れた技術を身につけた立派な人物でなければならず，葬送演説は即興で人を魅了することができるような安直なものであってはならない．そこでメネクセノスは，ソクラテスの発言の言葉尻を捉え，ならばソクラテス自身が選ばれたならば即興で演説ができるのかと詰め寄る．ソクラテスは可能であると応じ，ここから彼の葬送演説が始まる．ここまで会話が進行するためには，メネクセノスの弁論術への関心，ソクラテスの弁論術批判，そして年下のメネクセノスがソクラテスに挑戦できるだけの両者の親しさが必要であった．これらが巧妙に交錯することによって，ソクラテスはついに葬送演説を披露するに至る．彼の演説はまさに2人の関係と対話の産物なのである．

ここで注意しなければならないのは，ソクラテスが行う演説が彼自身の手によるものでなく，彼の弁論術の師アスパシアから聞いたものであるという点である．アスパシアはミレトス出身の娼婦であり，ペリクレスの内縁の妻でもある．彼女が政治的能力，とりわけ弁論の能力において傑出していたことは有名であった（プルタルコス「ペリクレス」4，『英雄伝』）．弁論の教師アスパシアは，メネクセノスと同じように演説者の選挙があることを知っていたため，この対話篇の前日，自らの生徒たちを前にして葬送演説の手本を見せていた．ソクラテスはそこに居合わせていたのである．彼によれば，ペリクレスの有名な葬送演説はアスパシアの作であり，昨日彼が聞くに及んだのは，ペリクレスの演説で採用されなかった残りの部分である (235e3–236b6)．

ソクラテスがアスパシア作の演説を持ち出すことには以下の2つの効果がある[6]．第1に，アスパシアの存在は『メネクセノス』を『歴史』に

6　シュトラウスは，『メネクセノス』の目的が政治科学の「移植可能」な性格を解説することであり，アスパシアという外国人がアテナイ賛美の演説を創作していることがそれを表していると論じている [WIP: 82/邦訳 79]．この箇所から判断するに，シュトラウスは以下で述べるような『メネクセノス』の喜劇的な要素とアスパシアが女性であることの意味を

おけるペリクレス演説と批判的に結びつけている (Henderson 1975: 26; Kahn 1963: 221). ペリクレス演説に対するソクラテスの態度はまずもって喜劇的である. ソクラテスは, 当時尊敬を集めていた偉大な指導者ペリクレスが, その政治的技能を女性であるアスパシアから教わっていたこと, さらに彼の高名なアテナイ賛美の演説を起草したのも外国人である彼女であったことを暴露してしまう (Loraux 1986: 323). そこには, ペリクレス演説が行われた際の政治的高揚感や危機の認識, そして国葬という場にある荘厳さは皆無である. 葬送演説一般と同じように, ソクラテスはペリクレス演説をも「からかって」いるのである. さらに, ここでのアスパシア演説がペリクレス演説に採用されなかったものであるという事実は, そこにペリクレスの政治観, 道徳観とは反対の要素, 少なくとも異なる要素が含まれていることを示唆している. 実際, 次節で検討するように, ソクラテスはペリクレスの見解を反転, 修正していく. アスパシア演説の再現は, ソクラテスによるペリクレスへの批判的態度を明示し, さらに, その価値観の反転を準備するものであると言えよう.

　アスパシアを持ち出すことの第2の効果は, ソクラテスを彼自身が語る演説から引き離すことである. ソクラテスの演説は, どれほどペリクレスに批判的であり, その観点が彼の哲学の一般的傾向に沿っていようとも, ソクラテス自身が作ったものではない[7]. 非政治的であり, 弁論術に批判的であったソクラテスは, 弁論家と同じような仕方で弁論術にコミットすることはない. 彼が弁論術を学んでいたことは確かであるが, アスパシアやメネクセノスと同じ動機で, つまり弁論術を用いて政治を動かすつもりで学んでいたわけではない. アスパシアは政治的な関心から葬送演説のやり方を教えたのに対し, ソクラテスはそのような関心をもっていないばかりか, アスパシアの意に反してその教えをメネクセノスに暴露してしまっている (236c3-4). 自らが演説することを「子供の遊び」や「裸踊り」にたとえるソクラテスは, 決して弁論術のよき生徒ではなかった. 彼は, 少なくとも表向きは, たまたま聞いた演説を親し

　　　考慮していないように思われる.
7　　ただし, 演説が対話篇の場面状況に合わせて編集されている可能性は否定できない.

第5章　ソクラテスの葬送演説

い友人に披露したに過ぎないのである.

　では, 弁論術に深くコミットしないソクラテスが葬送演説を語る理由は何なのか. ソクラテスはメネクセノスの挑戦から逃げることもできたし, アスパシアの演説を語り聞かせるにしても, その一部のみにとどめることもできたはずである. ソクラテスがわざわざ長い演説をすべて語って聞かせるのは, メネクセノスのためなら裸踊りさえ厭わない彼が, 弁論好きであり, 演説を聞かせるようせがむ彼を喜ばせることを第一に考えているからである (236c5-d2, 2493-5). しかし, ソクラテスの演説がメネクセノスを喜ばせるだけのものでないことは, これまで見てきた対話篇の構造から明らかであろう. なぜなら, ソクラテスの演説は, 野心的な若者に, アテナイの現状を追認したペリクレスの帝国主義とは異なる政治観を聞かせ, 同時に, その演説が優れていればいるほど, 葬送演説が容易であるとする自身の主張を証明することになるからである. メネクセノスがソクラテスの演説に魅せられたならば, そのこと自体が, 彼の政治観の変化, そして彼にとっての弁論術の価値の低下を意味するのである. この点, アスパシアを用いることは, 演説の質を担保するだけでなく, ペリクレスというメネクセノスにとっての英雄の信用を貶めることにもつながっている. この極めて巧妙な仕掛けを用いた演説は, 「支配」するかどうかの瀬戸際にいる若者に対する, 一種の教育と見做してもよいであろう (cf. Bruell 1999: 207; Saxonhouse 1992: 116). アスパシアというアテナイの政治的常識からすると問題のある人物を起草者とする演説は, ソクラテスの編集と権威とを媒介にして, 若者メネクセノスに対して政治的価値観を揺さぶるほどのインパクトを与えるのである.

　以上みてきたように, 『メネクセノス』の冒頭部からは, ソクラテス演説がペリクレスのそれとは対照的なものであることが理解された. ペリクレスの演説がアテナイ帝国主義の賛美を目指す荘厳かつ公的なものであるのに対し, ソクラテスの演説は喜劇的な精神でなされた前者への批判であり, 何よりも, たった1人の若者に向けられる私的かつ教育的なものであった. プラトンは対話篇の場面設定を利用して, ソクラテスの演説が始まる前に, 演説に対してすでにこのような意味づけを行っているのである.

4 ソクラテスの葬送演説——母性と徳の系譜

本節では，ソクラテスの演説内容を分析し，彼がどのようにペリクレス演説を転倒させ，それを通じてメネクセノスにどのようなメッセージを与えようとしたのかを検討する．ここでは主に，(1)アテナイ国土と国制論(237b2-239a4)，(2)アテナイ史(239a5-246a4)，(3)生者への勧告(246a5-248d6)を分析対象とする．

4・1　アテナイ国土と国制論

ソクラテス演説の導入部からは，彼の演説とペリクレスのそれとの重大な相違点を見出すことができる．ここでは，演説の内容に密接に関係する2つの相違点に注目する．まず，ソクラテスの演説はより伝統的であり，ペリクレスのような慣習への批判的な態度が見られない．上述したように，ペリクレスは導入部において，葬送演説という慣習そのものへの懐疑を表明していた．彼は，死者を称えるには行為すなわち葬儀のみで十分であると言い，「演説を慣習に加えた者」だけでなく，これまでそれを称えてきた「多くの者たち」にも疑問を呈していた(2. 35. 1)．大胆にも彼は，国葬のクライマックスたる葬送演説の始まりにおいて，その葬送演説の意義自体を疑うのである．こうした彼の態度は，常に新しいものを求めるアテナイ精神を反映した極めてアテナイ的なものであるとも考えられる(1. 70; cf. 2. 16)(CM: 152)．もちろん，ペリクレスは慣習を完全否定するのではなく，最終的にはそれに従っているのではあるが，彼の伝統への態度はソクラテスとは明確な対照をなしている．ソクラテスの演説には慣習への否定的な見解や進取の精神は全く見られない．むしろ，彼の演説はその内容とスタイルにおいてペリクレスのそれよりもずっと保守的である(Ziolkowski 1981: 10-12, 180-188)．したがって，ソクラテス演説の最初の特徴は伝統の尊重とそれへの従属である．

次に，ペリクレスとの違いとして，ソクラテスの演説に真実との緊張関係がないことが挙げられる．ペリクレスは，葬送演説に懐疑的になる根拠として，その困難さを挙げていた．死者への称賛は，不満や嫉妬を

第 5 章　ソクラテスの葬送演説

招き，その真実性が信用されることを保証されていない(2. 35. 2). これに対して，ソクラテスはそのような憂慮なしに演説を始めている. 彼によれば，「行為がみごとに成し遂げられた時，美しく語られた言葉によって，聞く者たちに，行為を為した人々に対する追憶と敬意が生まれる」(236e1-3). ソクラテスにとって演説に困難はなく，死者たちの行為と演説は真実性を介して調和している.

　この 2 つの相違点は単なる導入部における語り口や態度のみならず，彼らの演説本論におけるトピック選択にも密接に関係している. ペリクレス演説において，父祖伝来の慣習の軽視は，彼が「現在の」帝国としてのアテナイを称賛することにつながっていた. 彼は，葬送演説の伝統的主題であるアテナイの来歴を数行で片づけ，すぐに現在の世代への称賛へと移ってしまう. 彼にとっては葬送演説という伝統自体も，都市の古き姿や祖先の偉業も重要ではない. ペリクレスにとって，価値は常に新しいものや「われわれ」に置かれている. それに加えて，彼にとって，演説が抱える困難を乗り越える手段は死者の偉大さそのものではなく，死者と生者の共通基盤である都市自体を称えることにある. すなわち，「過去の軽視」も「演説の困難さの克服」も，どちらも「現在のわれわれが成し遂げた帝国という偉業」へと収斂していくのである. 対照的に，アスパシアの演説がペリクレスの演説の残り物であることに示唆されていたように，ソクラテスはこのようなペリクレスの論点を採用していない. ソクラテスは死者の偉大さを褒め称えるが，その偉大さは彼らの生まれの善さ(εὐγένεια)，つまりは，彼らが受けた養育(τροφή)と教育(παιδεία)，それらを可能にした都市そのものの在り方，さらには都市が誕生した由来に依存している(237a6-b2). ソクラテスの演説は死者たちの善性の根拠を，現在の都市ではなく，都市の生成と系譜に見出していく. そこでは現在の帝国アテナイの偉大さは直接的な賞賛の対象にならず，ペリクレスが避けたところの，古き善き伝統こそがその対象になる.

　ソクラテスによれば，死者たちの生まれの善さは祖先のそれに負い，祖先のそれは母なる大地(μήτηρ ἡ χώρα)の善さに負っている. こうした過去遡及的演説については，ペリクレスとの比較の観点から，重要な点を 2 つ挙げることができる. 第 1 は，神への言及である. ペリクレスが

143

神的なものに言及したのは，アテナイ帝国が市民たちにもたらす享楽を語る際のみであった(Orwin 1994: 20; Gomme 1966: 116; CM : 161). そこでは，信仰ではなく祭典のみが問題となり，神は他の競技や邸宅の美しさ，食料品の輸入などと同列に語られていた(2.38; cf. 2.13). ペリクレスは政治家としては敬虔であったわけではなく，彼の神への言及は常に物質的なものと結びついている．これに対してソクラテスの演説では，アテナイ国土がもつ偉大さの第1の理由として，神に愛でられていることが挙げられている．

第2は，女性性，特に母性の強調である．ペリクレス演説では，戦争で勇気を発揮した男たちに比べて，女性には低い地位しか与えられていなかった．末尾にほんのわずか，女性の徳とは目立たぬことである，と触れることに彼の女性の扱い方が端的に現れていた(2.45.2). 他国を軍事的に征服し支配することを至上命題とする帝国主義の賛美において，このような男性賛美と女性蔑視は当然のこととも言えるかもしれない．勇敢さ(ギリシア語では「男らしさ」を含意するἀνδρεία)を必要とする戦争こそがすべての善きものの源であるからである．これに対してソクラテスは女性性を強調している．ペリクレスとは逆に，彼はすべての人間たちの善の源は母なる大地の偉大さにあるとする．そもそもすべての男性は女性にその存在を負っているが，人間の女性が子を産むのは人間を生み出した大地を模倣するからである(238a4-5). 戦争での偉業も，勇敢な死も，都市の偉大さも，すべて女性あるいは母なる大地がなければはじめから存在しないのである．こうした男性中心的な価値の反転は，ソクラテスがアスパシアをペリクレスへの対抗表象として用いているという事実の中にすでに予示されていたとも言えるであろう．

神，女性性，そして生成を強調するソクラテスの演説には，戦争や物質的なものへの執着は見られない．神々が防衛のための「武器の獲得と使用を教えた」(238b5-6)との記述もあるが，それはペリクレス演説における女性の扱いと同じように，極めて目立たない個所で短く触れられるのみである．むしろ，このような生成を経て生まれてくる人間たちは，正義と神々を認める(νομίζειν)者たちであるとされている(237d7-e1). アテナイの偉大さは，戦争を通じて他国を征服した男性たちによ

ってもたらされたのではない．アテナイはその起源において女性的で有徳であった．これこそがその偉大さの源である．

　大地の偉大さに続いてソクラテスは国制 (πολιτεία) の偉大さを称える．国制の善し悪しによっても人間が善きものになるかどうか左右されるからである．ここでのソクラテスの国制論は，上記の母なる大地の記述に基づいている．アテナイが他国のように人々の間に主人と奴隷の区別がある不平等な制度，すなわち僭主制や寡頭制にはならないのは，同じ母なる大地から生まれ出た人々の間に法の平等が存在しているからである (238e1-239a4)．法の下の平等が守られるこうした統治形態は，たしかにデモクラシーと呼ばれてはいる．しかしソクラテスによれば，それは真実のところ民衆によって選ばれた「王たち」(βασιλῆς) によって統治される優秀者支配である．王たちは，「賢者」(σοφός) であるかもしくは「善き者」(ἀγαθός) であると見做されたがゆえに選ばれ職務に当たる．優れた人々が統治を行い，制度を整え，そのような都市に住むことによって，人々は善き人間へと養育されるのである (238c7-d8)．ソクラテスの国制論はアテナイを徳の方へと引き寄せて解釈している．

　ソクラテスの強調点とペリクレスのそれとの違いは明らかであろう．ペリクレスが語った都市はデモクラシーとしてのアテナイであった．彼も平等には言及していたけれども，それは優秀者支配というよりも貧しき者による多数者支配であり，力点は，軍事教練に関してでさえ，私的生における自由と享楽に置かれていた (2. 37-39)．他方，ソクラテスによって描かれる国制は，「当時から」(τότε) あった高貴なものであり，決して帝国がもたらす物質的享楽を肯定したり促進したりはしない．そこでは徳という優秀性による支配が伝統的に今も行われている．

　もちろん，ソクラテスのアテナイ描写がどれだけ正確なのかと問うことも可能であろう．神話的であり，かつデモクラシーをアリストクラシーに改変してしまうソクラテスは，魔術的効果を生むための虚偽の言明に関与しているとも言えるからである．しかしそれがどのように改変されているのかを見ること，さらにはそれがメネクセノスに向けられているという事実に注意することも重要であろう．ソクラテスが褒め称えるのは，男らしさが希釈された女性性に導かれたアテナイである．そこで

は戦争における死よりも生や誕生が重視され，私的享楽よりも敬虔さ，帝国拡大にまつわる勇敢さよりも正義と善性が強調されている．ソクラテスはペリクレス演説の転倒によって，何が政治的に，あるいは人間として称えられるべきかの基準を変えてしまっている．政治的野心をもつメネクセノスは，偉大な雄弁家ペリクレスとは異なる価値観，すなわち帝国主義や物質的豊かさを超える価値観こそが政治的に優れている，とする卓越した演説に直面させられるのである．ソクラテスはたとえ事実としての正確さを欠いていようとも，魂への道徳的影響において優れたものを示そうとしている．

4・2 アテナイ史——自由のための戦争

母なる大地とそこから生まれ出る国制について語った後，ソクラテスは予告通り（237a6-b2）アテナイ人たちの過去の偉業についての記述を始める．ソクラテスの語る歴史は，おおよそペルシア戦争からコリントス戦争まで，約100年にわたるアテナイの戦争史を扱っている．現在の帝国の偉大さに重きを置き過去の出来事にほとんど言及しなかったペリクレスに比べて，ソクラテスは，このアテナイ史に演説の大半を割いている．では，ソクラテスはどのようにアテナイの歴史的偉業を描写したのであろうか．

ソクラテスのアテナイ史がもつ最も顕著な特徴は，歴史の修正である．葬送演説の中で歴史を語るソクラテスには，事実としての正確さや客観性を重視しようとする姿勢は全くみられない．むしろ，アテナイを称賛するために，彼はその偉大さを曇らせるような要素にはそもそも言及しないか，もしくは半ば強引に解釈を施している．例えば，ペルシア戦争におけるマラトンの戦いの記述では，プラタイア人の援軍に触れられていないためあたかもアテナイ人が単独でペルシア軍を撃退したかのように語られているし（240c2-d1），テルモピュライにおけるスパルタ軍の奮闘は完全に無視されている（Salkever 1993: 138）．しかしながら，ソクラテスの歴史修正は，こうした小規模なレベルでの事実の欠落にとどまらず，事実の改変・歪曲と言いうるようなレベルにまで達している．

アテナイを敗北へと導いたシケリアへの遠征は，獲得欲に導かれた無謀な試みではなく，レオンティノイ人たちの自由を守るためであったとされているし (242e4-243a7)(Collins 1999: 8; Henderson 1975: 41;『歴史』6.1-32)．ペロポンネソス戦争後のアテナイの内乱は，実際には市民たちに大きな災厄をもたらしたのにものかかわらず，極めて穏健な，「もし人間にとって内乱が運命ならば，いかなる都市も異なる方でこの病にかかることを祈るものでないような」(243e2-4) 出来事であったと評価している (Henderson 1975: 42; Stern 1974: 500)．さらには，コリントス戦争の記述において，実際はペルシア王と手を結び彼の恩恵を受けながら行動したアテナイが，あたかもペルシアと敵対していたかのように表現されていることも，ソクラテスによる歴史歪曲の一例に加えることができるであろう (244d1-246a4)(Griffith 2010: 21-22; Henderson 1975: 43; Kahn 1963: 225, 227-228; Monson 1998: 494; Salkever 1993: 138-139)[8]．

　このように歪曲の多いソクラテスのアテナイ史を史実そのもの，あるいは史実を再構成するための信頼に足る証言とみなすわけにはいかない．では，ソクラテスはなぜ，修正を施したアテナイ史を提出しているのであろうか．ソクラテス哲学の核心が真理の探究であるならば，事実の改変は，たとえそれが歴史記述であってさえ，哲学の営みそのものではありえないはずであろう．そこで多くの論者たちは，ソクラテスの歴史記述は，弁論術の好ましからざる特徴を極端に表現し，それを戯画化したものであると解釈している．つまり，都市の偉大さを称賛しなければならない葬送演説においては，大小関わらず歴史の修正は必ず含まれていなければならず，ソクラテスは明白な修正・歪曲を演説に入れることで，弁論術が真理に無頓着なことを暴露的に批判しているのである．この点において，『メネクセノス』の演説の意図は，『ゴルギアス』等の対話篇における弁論術批判と軌を一にしているとされる (Covert :11; Dodds 1959: 23-24; Griffith 2010: 21; Monson 1998: 494; Vlastos 1973: 190)．

　しかしながら，このような解釈には重大な瑕疵がある．というのも，弁

8 　他の修正点については，Henderson 1975: 41; Salkever 1993: 139 を見よ．

論術の欠点を暴露するだけであるならば,ペリクレスと同じ政治的観点,すなわち,アテナイ帝国主義の称揚のために演説を組み立ててもよかったはずである. むしろ帝国主義的な点を強調した方が弁論術の非道徳性を暴露するという点でより効果的であったかもしれないのに,次に見るようにソクラテスは明らかにそうしてはいない. 確かにソクラテスが歴史を修正していることは事実ではあるが,彼がどのような方針に従ってそれを修正しているのか検証することも重要であろう. なぜなら,ソクラテスはアテナイ史を語りながらその偉業を称えるのであるが,どのような出来事が偉業であり,何がそれを偉業にするのかという点に注目することによって彼の演説における政治的価値観を知ることができるからである. ペリクレスとの違いもここに見出すことができる[9].

アテナイ史に通底するソクラテスの政治的価値基準がどこにあるのかを知る際に重要なのは,それが,これまで語られてきた母なる大地論,および国制論の延長にあるという点である. アテナイ人たちの偉業は,彼らが過去から独立して得たものではなく,大地と国制が可能にしたところの,彼らの善き生まれ,養育,教育にこそ由来している. ソクラテスが言うように,まさに「この人々の父たちも,我々の父たちも,そしてこの人々自身も,全き自由のうちに育てられ,また,立派な生をうけたがために……多くの立派な業績を,すべての人間たちの前にみせつけた」のである(239a5-b1). ソクラテスは,彼らにふさわしい偉業をあたかも歴史的事実であるかのように記述していく. では,その特徴は何なのか. ペリクレスとの違いを中心に相互に関連する3点を見ていくことにしよう.

第1は,戦争の目的である. ペリクレスにとっては,戦争そのもの,もしくは都市の勢力の拡大こそが善であり,それに命を懸けて貢献すれば,たとえ不道徳な人間であっても偉大かつ幸福な人間になれるとされていた. これに対してソクラテスは,アテナイ史の冒頭で次のように述

---

9 通説のもう1つの欠点は,メネクセノスの反応を考慮していないことである. 彼はソクラテスの演説を聞いた後,弁論術の欠点に気づくどころか,それを称賛しさえしている (249d10-e2). ソクラテスの演説は,少なくとも目の前の友人を弁論術の魔術から解放するには不十分であった.

べている.「彼らはこの自由のためには, ギリシア人のためにギリシア人と戦い, 全ギリシア人のために異民族と戦わねばならないと考えた」(239b1-3). ソクラテスによれば, 自由のうちに生まれ育てられたアテナイ人たちは自由の徒であり, 彼らにとって戦争は常に自由を擁護するための戦争である. ここには, ペリクレス演説にはない, 都市の対外政策における道徳的基準が存在する. つまり, ソクラテスのアテナイ史においては, 都市の拡大そのものが目的なのではなく, 都市を超え, 都市そのものを判定する自由という基準が提示されている (Collins 1999: 9-10; Salkever 1993: 39). アテナイが偉大なのはアテナイ人たちがこの基準にそって戦争を行ったからである. 実際ソクラテスの歴史改変は, この基準に沿う形でなされている. ペルシア戦争を戦った者たちは「自由の父」(πατὴρ τῆς ἐλευθερίας) とされ (240d7-e3), ペロポンネソス戦争もギリシア人の自由のために他のギリシア人と戦われたとされている (242b5-c2). シケリア遠征が奇妙にもレオンティノイ人の自由を守るための戦争と解釈されていたことも, 戦争の善悪をはかるこのような基準の存在によって理解できる (Henderson 1975: 41)[10].

　第2は, 帝国的要素の抹消である. ソクラテスの歴史の中では, アテナイ人たちは自由のための戦士である. したがって, その中では自由と解放の精神に反する, 力による不当な支配である帝国には言及されない (Collins 1999: 7-8; Griffith 2010: 21; Henderson 1975: 40; Kahn 1963: 225; Monson 1998: 494; Rosenstock 1994: 335). トゥキュディデスの歴史記述において, ペルシア戦争後のアテナイ史, いわゆる「五十年史」は, 他の都市への支配の強化, すなわち帝国拡大の歴史そのものであり (1. 89-93, 97-100; cf. 1. 68-71), ペロポンネソス戦争の原因もアテナイ帝国拡大に対するスパルタの恐怖と他の諸都市の不満にあった (1. 23; cf. 1. 88). ペリクレスの葬送演説においても, 帝国拡大は前の世代の優れた偉業であり,「われわれ」の世代が最も優れているのも帝国支配を最も強化したからであった. ソクラテスの歴史からは, こうした不当かつ偉大なる帝国についての半ば常識的な事実が抜け落ちている. そこには

10　その他, 自由のための戦争については, 242a6-b2, 244c5-d1, 244e3-245a7 を参照.

ペルシア戦争後のアテナイの勢力拡大の様子は描かれず，ペロポンネソス戦争の原因はアテナイ帝国の拡大にあるのではなく，他国の嫉妬によるものとされている(242a2-4). さらには，ペリクレスのように帝国の豊かさを喧伝する姿勢もソクラテスには見られない. このようなソクラテスのアテナイ史を，単に「歴史的事実を改変している」と評価しただけでは不十分であろう. より正確には，ソクラテスは，自由のために戦うアテナイ人を帝国主義への言及なしに褒め称えているのである.

　第3は，アテナイとギリシア諸都市との友好関係である. コリントス戦争における反ペルシア的・親ギリシア的な記述は，上記のような自由の尊重と非帝国主義的な傾向から理解できる. 史実では，コリントス戦争においては，アテナイがペルシアと同盟を結びスパルタと戦ったとされている. しかしソクラテスの記述では，そもそも生粋のギリシア人であるアテナイ人は反ペルシア主義を採っており，戦争においてペルシアを助けたのも都市としての意志ではなく，弱者となったペルシアが助けを求めた際に個人が救済に赴くことを妨げなかったためであると言われている(245a4-7). サルケヴァーはコリントス戦争の記述において，アテナイの同盟国(ペルシア)と敵国(スパルタ)がほとんど入れ替わっているとさえ解釈している(Salkever 1993: 138-139). 少なくとも，ここでは，アテナイとペルシアとの協調関係，アテナイと他のギリシア諸都市との敵対関係が希釈されていることは間違いないであろう. こうした修正については，ソクラテスのアテナイ史において自由を守られるべき対象が自国と他のギリシア人であるという点にその原因をみることができる. 自由に生まれたアテナイ人たちが守るのは，たとえ意に反してギリシア人と戦うときであっても，常にギリシア人であって異民族ではないからである(239b1-3, 242a4-6). 確かに自由の享受はギリシア人に限られ，それは決して普遍的なものではない. しかしこの親ギリシア主義を，非帝国主義であるとも解釈することができるだろう. ソクラテスの非帝国主義的な記述は，異民族と手を結び，同族を攻撃する，あるいは支配しようとする事実への言及を回避しようとする傾向があるからである. ソクラテスのアテナイは，ギリシア諸都市を支配する帝国でもなければ，それを確立しようとする意図さえもっていない.

以上見てきたように，ソクラテスの歴史記述では，一定の方針のもとに事実の改変がなされている．ソクラテスは，アテナイの神話的，自然的起源からアテナイ人たちが守るべき道徳的規準，すなわち自由の擁護を導き出し，歴史記述の真理性に無頓着な弁論術の特性を生かしながら，帝国主義なき，いわば道徳的なアテナイ史を作り上げている．帝国という事実を無条件に肯定した上でその成果と恩恵を大いに称え，その事実に合致した形で道徳的規準を半ば放棄したペリクレスに比べるならば，ソクラテスの歴史記述はまさに彼の逆を行くものと言える．なぜならそれは，道徳的規準を確立しながら，それに合わせて歴史を修正していくものであるからである (Bruell 1999: 208)．

　ソクラテスがメネクセノスに語り聞かせ，魅了するのはこのような歴史である．確かにソクラテスは，通常の葬送演説のようにアテナイ人の偉業を褒め称える．しかし，同時にそこに込められているのは，何を基準にして政治がなされるべきか，という政治の善し悪しを判定する視座である．ペリクレスのように，都市の行為はそれが何であっても正しく，それに貢献することが個人の偉大さであるという考えはソクラテスにはない．「そうであるように思われる」ものを効果的に生み出す弁論術の魔術的効果を用いて，ソクラテスがアテナイ史を通じて行うのは，まさに政治の道徳化である．

4・3　生者への勧告──徳と幸福の一致

　死者の営みを称えた後，ソクラテスは，ペリクレスと同じように，生き残った者たちへの勧告へと移っていく．ここでは，戦争で父や子を失った市民たちに対して，偉大なる戦士に連なる者として，さらにはそのような戦士を育んだ偉大なる都市に生まれた者として，立派な生を生きるようにと激励がなされる．

　従来の『メネクセノス』研究においては，ソクラテスによる歴史記述の意味を探求することに精力が注がれ，演説の末尾に位置する生者への勧告にはほとんど注目が集まらなかった．こうした傾向は，彼の顕著な歴史改変を考慮するならば当然であるとも言えるかもしれない．しかし

ながら，メネクセノスへの影響を考察の対象に加えるならば，「いかに生きるべきか」を勧告として力強く語ったこの末尾の部分は，その教育的な効果において重大な意味をもつ．序論で述べたように，葬送演説は，ペリクレス演説がそうであったように，死者の過去の行為を賛美するためになされるのみならず，今を生きる者たちに向かって将来の行為の指針を示すためのものでもあるからである．

ソクラテスによる勧告の特徴を明確にするために，まずはペリクレス演説を簡単に振り返っておこう．ペリクレスの勧告は，子を失った親には新たな子をもうけて差し出すように，若者には戦争に行くことによって名誉ある死を遂げるよう促すものであった．総じて，ペリクレスの勧告は軍事的な生こそが徳の頂点であり，公的な偉大さに与ることこそが人間にとっての最高度に幸福な営みであるとしていた (2. 43-45)．

葬送演説という形式に従うソクラテスは，戦死した者たちを称え，生者たちにはその行いを真似るようにとの勧告を行わざるを得ない．しかしながら，ソクラテスの勧告においてはペリクレスが最大限に強調していた軍事的な徳は後衛へと退いて行く．ソクラテスによれば，死者の子孫たちは「ちょうど戦争におけるように」祖先の戦列を放棄してはならず，悪徳に屈してはならない (246b4-5)．ここでは，戦争における徳（勇気）はもはや比喩でしかない．その上，ソクラテスは，この軍事的な勧告を「すべての者」(πᾶς ἀνήρ) が為すべきことと呼び，短く切り上げてしまう (246b2)．ソクラテスが事実上行う勧告は，この「すべての者」がなすべきこととは区別されるところの「この状況で私が語るに正しいこと」(ἐν δὲ τῷ παρόντι δίκαιός εἰμι εἰπεῖν ἅ...) である (246c2)．この「私」が伝えるべきこととは，死者たちが生前，命の危険にさらされようとしている時に，後に残された者たちに伝えるようにと託したメッセージである．「すべての者」が為すべき勧告が軍事色を帯びたものであるならば，この「私」が伝えるべきメッセージは，ペリクレスと同じように死者の子と親へのメッセージからなるものの，軍事的なものから距離を置いた徳の勧告となっている．

最初にソクラテスは戦争で父を失った息子たちに勧告を行うが，それはもはや父の勇敢さを真似，死をもって都市に仕えよ，とする激励では

ない．むしろ，彼の勧告は，戦争以外の生全般における徳の勧めとなっている．ソクラテスの説くところでは，「もし，何か他のことを為すのであっても，徳を欠いたならばどんな所有物も事業(ἐπιτηδεύματα)も恥ずべき悪しきものになってしまうことを知り，徳をもって為さなければならない」(246e1-2)．富は徳がなければ所有者に高貴さを与えず，肉体的な美や強さも悪徳と共にあるならばむしろそれが不釣合いであることを明示してしまう．知識でさえも，他の徳を欠いているならば，知恵ではなく狡知となってしまう．こうした徳の勧めにおいて，死者との競争は，勇敢さを巡って「善き死」を目指す軍事的なものではなく，より日常的な徳を巡って「善き生」を目指す平和的なものとなっている．この競争における勝利が幸福と呼ばれるが，それはもちろん帝国のための戦死ではなく，有徳な生を送ることを意味している (247a2-b4)．勇ましい口調で語りながらも，ソクラテスの勧告は，決して都市の英雄を生み出すものではない．

　ソクラテスが語る徳の起源は，これまでの演説でそうであったように，過去の人々の有徳さにある．祖先はそもそも伝統的にソクラテスの言う意味で有徳であったのみならず，模範となるべき死者たちが偉大な死を遂げたのは，都市の勢力の拡大や帝国的な支配の強化に貢献したからではなく，「我々の父と祖先全体を辱めること」がないように振る舞ったためである(246d4-5)．というのも，「我々は，一族(τοὺς αὑτοῦ)を辱める者にとって生は生きるに値しないと信じる」(246d5-6)からである．ソクラテスが語るアテナイにおいては，母なる大地に由来する善き養育と教育は代々受け継がれ，それが最高の価値となっている．都市を最重視し，私的なもの，とりわけ家族を軽視したペリクレスと比べるならば，家族や血族に重きを置いたソクラテスの演説の中では，家族の都市化・帝国化とは逆の，都市の家族化が起こっていると言っても過言ではない．都市も市民もその起源は母なる大地であり，とりわけ市民は1つの家族であるからである (Salkever 1993: 140; Saxonhouse 1992: 117-118)．ここでは，優れた人間，有徳な人間とは，家族から受け継いだ優秀性を正しく継承する人間に他ならない．

　こうした都市の家族性を強調する勧告の仕方は，家族や先祖に配慮を

見せるメネクセノスに対しては極めて効果的なものであろう．ブリュエルが指摘しているように，『リュシス』でソクラテスと対話をした際，まだ年少であったメネクセノスは完全に家族の保護のもとに生活していた (223a1-b8; cf. 207d1-210a8)．さらに，『メネクセノス』の冒頭部でソクラテスが揶揄しているように，メネクセノスの家は多くの政治家を輩出しており，彼が政治の世界に関心をもつのも，そうした父たちの系譜があるからである (234a1-b2)(Bruell 1999: 208-209)．メネクセノスにとって家族は，かつては庇護者であったし，少なくとも現在でも生の選択をする際の指針である．こうした家族観をもつメネクセノスへ，ソクラテスは家族的価値を中心とした徳の勧めを語っている．こうした勧告は，戦争や帝国的価値を反転させるものではあるけれども，財産や名誉といった，いわゆる伝統的な名家がもつ諸価値を否定するものではない．家族と家の伝統を重視するメネクセノスに向けられたソクラテスの勧告は，家族を媒介にして，徳を戦争から平和な日常へと引き戻すものと言えるであろう．ソクラテスの演説の聴き手を考えた際，彼の徳の勧めはまさに相手に即してなされているのである．

　しかしながら，ソクラテスの勧告は単に家族的で穏健なものにとどまらず，目立たない形ではあるが，よりラディカルな生の在り方をも提示している．子を亡くした親たちに伝えるべき言葉を述べる中で，ソクラテスは息子たちを失った悲しみに耐えるよう訴える．ここで彼が引用するのは，「度を超すなかれ」(μηδὲν ἄγαν)という格言である (247e5)．彼が解釈するところでは，それは「幸福をもたらすあらゆるものを自分自身に依存させており……他者に依拠しない者……そうした者にとってこそ生の最善の準備が整っている」(247e6-248a8)のであって，彼らこそ，節度，勇気，慎慮を備えた人物であるということを意味している．幸福を自分の身に依拠させるならば，悲しみも度を越すことがない．こうした解釈は，コリンズが言うように，ペリクレス的な都市への従属のみならず，ソクラテスが先に述べた都市の家族的，伝統的，そして神的な起源からも離れていく．ここで語られるのは，祖先を導き手とした徳の涵養ではなく，可能な限り独立した人間となることである．確かに，ソクラテスの勧告は都市や家族から完全に独立した隠遁生活を推奨するもの

ではなく，ただそれらに依存せず，幸福の根拠を自らに置く生に過ぎない．しかし，これは十分にラディカルなものと言えるだろう．クセノフォンの『弁明』においてソクラテスが，ペロポンネソス戦争に敗北しアテナイがスパルタに攻囲された際にも，自分はそれまでと変わらず幸福であったと喝破したことを思い起こすならば(18)，この勧告は都市の一般的な規範から距離を置くという意味で確かに「ソクラテス的」でさえあり，「哲学的」な響きさえもっている(Collins 1999: 15-16)．ソクラテスは，演説の末尾，目立たない形で，伝統的な徳を超える，ソクラス的，哲学的な徳の勧めを忍び込ませている．

　こうしたラディカルな徳の勧めは，父親たちに勧められているのであって，聴衆に直接的に訴えているのではない，とする反論があるかもしれない．しかし重要なのは，このメッセージが「私たち」が父に伝えるべきこととされている点であろう[11]．ラディカルな徳のメッセージは一度聴衆によって受け止め吸収され，その後家族に伝えられるべきものである．メネクセノスに向けた演説の中，家族的な徳の勧めを中心としながらも，ソクラテスはそれを超える徳の方向性を，家族的なものとつなげながら示唆している．

　以上，ソクラテスの生者への勧告を検討してきた．その特徴をペリクレスとの違いを中心に要約するならば，まず，ソクラテスの演説は帝国主義に貢献する戦死ではなく，日常的かつ平和的な徳を幸福と呼んでいた．そこでは家族的な価値が強調され，メネクセノスの教育を考える際には極めて効果的な語り口が採用されていた．他方ここでは，ペリクレス的でもなければ，これまで語られてきた伝統的・家族的でもない，それらに依存しない生の在り方も，目立たない形ではあるが示唆されていた．ソクラテスは，まず，メネクセノスの好みの例を用いて彼を帝国主義から世俗的な意味での有徳な生へと引き寄せ，同時に，より哲学的な生へと導くための端緒を開いているように思われる．

11　子への勧告は2人称で語られる(246d1, d3, d8-e3)が，親へのそれは3人称になっている(247c5-d4)．親は「私たち」の親であり，勧告は「私たち」が親へと伝えねばならない．

5 結　論

　これまでの議論で，ソクラテスの葬送演説が，内容と目的双方においてペリクレス演説の転倒であることが明らかになった．第1に，ソクラテスの演説はペリクレスへの喜劇的な批判であった．ソクラテスは，ペリクレスの帝国主義的な政治観とそれに貢献することをよしとする幸福論を反転させ，自由を目的とする政治とより平和的に有徳な生を幸福とみなす．第2に，ソクラテスはこうした演説をメネクセノスという1人の若者に聞かせていた．弁論術に憧れ，政治的出世を望むメネクセノスに対して，ソクラテスの演説は，彼の政治観を節度あるものにし，より哲学に近い幸福感をもつように促すであろう．

　このようなソクラテスの教育の成果は，対話篇末尾において示唆されている．ソクラテスの演説が終わった後，メネクセノスは演説の出来栄えを褒め称え，ソクラテスに促される形でアスパシアに感謝を，そして自ら進んでソクラテスに感謝をささげている(249d2-e2)．ソクラテスの教育の要が弁論術の魔術的効果を利用しその中身を変更することにあったならば，メネクセノスがソクラテスの演説に魅了されたこと自体が教育の成果を示すものと言えるだろう．メネクセノスは，自覚的かどうかに関わらず，帝国主義的ではない新しい価値観に引き寄せられ，さらに「演説が容易である」ことを証明するために行ったソクラテス演説を賛美することによって弁論術そのものからも解放され始めている．さらに，対話篇の末尾はこれ以上のこと，具体的には彼らの将来の営みを予告してもいる．対話篇は，ソクラテスがメネクセノスに対して今後もこのような対話，すなわち，アスパシアの政治演説を私的に聞かせることを約束し，メネクセノスもそのような秘密の教えへの期待を表明して終わっているからである(249e3-7)．この最後の言葉の重要性は，対話篇冒頭部と比較することによって明らかになる．対話篇冒頭，政治的野心にあふれ弁論術に憧れるメネクセノスはアゴラで行われた葬送演説者の選挙を見物し，その帰りにソクラテスに偶然出会っていた(234a1-b10)．ソクラテスとの対話，そして何よりソクラテスが語るアスパシアの演説に魅了されることによって，メネクセノスは今後，政治演説の領

域においてもソクラテスの影響下に留まることになるかもしれない．もちろん，ソクラテスがメネクセノスに聞かせる演説は，その内容において哲学的な色彩を帯びたものになるであろう．このようなソクラテス的教育が彼の将来にどれほどの影響を与えているかを推測することは難しい．しかし，メネクセノスが『パイドン』の登場人物に数え上げられているという事実(59b)，すなわち，都市に有害な人物として死刑を宣告されたソクラテスの臨終の場面に彼が居合わせていたという事実は，ソクラテス的教育の1つの帰結を表現するものである．『メネクセノス』は政治的に野心的な若者が，ソクラテスの哲学サークルの一員になるプロセスを描いたものではないだろうか[cf. WIP: 93-4/ 邦訳 90-91.]．もし，『パイドロス』や『ゴルギアス』で言及されている「真の弁論術」が，聴き手の魂の分析を前提とし，その者の魂に即した形でそれを善くするための教育に関わるものであるのならば，『メネクセノス』におけるソクラテスの演説は，少なくともその使用法において，「真の弁論術」の実例と言うことができるかもしれない．

　こうした議論は，マイナーな対話篇に新しい解釈を施す以上の意義をもっている．なぜなら，通常のプラトン理解とは異なり，『メネクセノス』では，理想的哲人政治か堕落した現実の政治か，あるいは哲学か弁論術か，といった厳密な2分法は影をひそめ，特定の都市の政策を批判することを通じたより善い現実政治のあり方，さらには哲学と政治の間で惑う若者への弁論術を通じた政治・哲学教育が提示されているからである．『メネクセノス』にはプラトン政治哲学の一般的理解に修正を迫るほどの，現実的な政治と野心的な若者に直面したソクラテスによる極めて柔軟な政治論と教育法を見出すことができるのである．

参考文献

Bruell, Christopher (1999), *On the Socratic Education: An Introduction to the Shorter Platonic Dialogues*, Rowman and Littlefield Publishing.
Collins, Susan and Stauffer, David (1999), *Plato's Menexenus and Pericles' Funeral Oration : Empire and the Ends of Politics*, Focus Publishing.
Conner, Walter (1987), *Thucydides*, Princeton University Press.
Coventry, Lucinda (1989), "Philosophy and Rhetoric in the *Menexenus*" *The Journal of Hellenic Studies*, Vol. 109.
Dodds, Eric (1959), *Gorgias: A Revised Text*, Clarendon Press.
Gomme, Arnord (1945), *A Historical Commentary on Thucydides*, Clarendon Press.
Griffith, Tom (2010), *Plato: Gorgias, Menexenus, Protagoras*, Cambridge University Press.
Henderson, M (1975), "Plato's *Menexenus* and the Distortion of History" *Acta Classica*, No. 18.
Hornblower, Simon (1991), *A Commentary on Thucydides*, Clarendon Press.
Kagan, Donald (1991), *Pericles of Athens and the Birth of Democracy*, Free Press.
Kahn, Charles (1963), "Plato's Funeral Oration: The Motive of the *Menexenus*" *Classical Philosophy*, vol. 58, No. 4.
Loraux, Nicole (2006), *The Invention of Athens: The Funeral Oration in the Classical City*, Zone Books.
Monson, Sara (1998), "Remembering Pericles: The Political and Theoretical Import of Plato's *Menexenus*" *Political Theory*, Vol. 26, No. 4.
Orwin, Clifford (1997), *The Humanity of Thucydides*, Princeton University Press. Romilly, Jaqueline (1963), *Thucydides and Athenian Imperialism*, Basil Blackwell.
Rosenstock, Bruce (1994), "Socrates as Revenant: A Reading of the *Menexenus*" *Phoenix*, Vol. 48, No. 4.
Rustin, J (1989), *Thucydides: The Peloponnesian War Book 2*, Cambridge University Press.
Salkever, Stephan (1993), "Socrates' Aspasian Oration: The Play of Philosophy and Politics in Plato's *Menexenus*" *The American Political Science Review*, Vol. 87,
No. 1.
Saxonhouse, Alrene (1992), *Fear of Diversity: The Birth of Political Science in Ancient Greek Thought*, The University of Chicago Press.
Stern, Harold (1974), "Plato's Funeral Oration" *New Scholasticum*, No. 48
Strauss, Leo (1952), *Persecution and the Art of Writing*, The Free Press.
────── (1959), *What Is Political Philosophy? And Other Studies*, The Free Press（飯島昇藏・中金聡・近藤和貴ほか訳『政治哲学とは何であるか？とその他の諸研究』，早稲田大学出版部，2014年）.
────── (1964), *The City and Man*, The University of Chicago Press.
Taylor, Alfred (1926), *Plato: The Man and his Work*, Methuen.
Vlastos, Georgy (1973), *Platonic Studies*, Princeton University Press.
Ziolkowski, John (1981), *Thucydides and the Tradition of Funeral Speeches at Athens*, The Ayer Company.

第6章
シュトラウスとガーダマーの対話
―― ポストモダン時代における哲学の使命に寄せて

加 藤 哲 理

1 はじめに――2人の哲学者は私たちに何を問いかけるのか？

　シュトラウスとハンス＝ゲオルグ・ガーダマー（Hans-Georg Gadamer 1900-2002），この20世紀を代表する2人の哲学者の間にささやかな交流が存在していたことについては，すでに両者の往復書簡の存在によって明らかにされている（Gadamer 1978: 5-12）．シュトラウスの死後におけるガーダマーの回想によれば，2人はすでに1920年代のマールブルクにおいてすでに知己の間柄にあり，その後も共にハイデガーの薫陶を受けただけでなく，1933年にはアレクサンドル・コジェーヴを挟んでパリで邂逅するなど双方は交際を続け，シュトラウスがアメリカへと移住した後になっても，お互いの作品への関心は途絶えることがなかったのである．またガーダマーはハイデルベルク大学を退官後，何度となく大西洋を渡ることになるが，新大陸へと彼を招聘したのは，しばしばシュトラウスの弟子たちなのであった（Gadamer 1984: 1-13）．
　3世紀の長きにまたがるその生はガーダマーがいかなる世代に属するかについて錯覚を引き起こさせるものではあるが――彼はその著名な論敵であったハーバーマスやデリダよりも前の世代の人間である――1899年生まれのシュトラウスと1900年生まれのガーダマーは，紛れもなく同世代の人間であるといえるだろう．実際に，この両者の個人史へと目を向ければ，ともに両大戦間期のドイツを取り巻いた精神史的気分のうちで思想形成したこと，ハイデガー哲学の影響を色濃く受けたことなど，数多くの一致を発見することができる．
　なかでも私たちが注目したいのが，この2人が哲学や真理の危機の時代に生きたということである．シュペングラー『西洋の没落』の名を挙

159

げるまでもなく，彼らがその思想を育んだ時代というのは，第1次世界大戦の惨禍によって，西欧近代の根幹をなしてきた学問体系の破滅が白日の下にさらされた時期であった．実際に青年期の彼らを覆いつくしていた雰囲気についてガーダマーは以下のように述べている．

> 私たちは大きな政治的変革の時代を生きていました．誰しもが新しい議会制デモクラシーの衝撃に気づいてはいたのですが，まだこの国はそのための準備ができていなかったのです．ある種の方向喪失が一般的な感情になっていました．ある日――私は当時1人の若者に過ぎなかったのですが――私たちの多くは集まって問いかけあったのです．「私たちは何をすべきなのだろうか」，「どのように世界は再建されうるのだろうか」と．このような関心は若きレオ・シュトラウスによっても共有されていたでしょうし，彼もまた何らかの方向性を模索していました (Gadamer 1984: 1).

このような認識を反映するかのように，ガーダマーとシュトラウスの間には，その思想の内実へと目を向けても，問題意識において数多くの共通する傾向が存在しており，それはまた，真理の探求としての哲学の危機に対する応答の仕方において最も顕著に現れている．すなわち，双方はともに，西洋文明が破綻に陥った原因を近代科学における狭隘な「真理」概念やその学問的方法のうちに見出しながら，それに対して，哲学や人文学に固有の真理や理念を擁護することを試みるのである．それは社会科学という領域においては，実証主義的な政治科学に対する批判として鮮明に表れており，さらには，それに対抗するための手段として，古代の実践哲学や政治哲学の現代的意義を強調する点についても2人は手を結ぶことができている (WIP; 加藤 2012: 第1章)．実際にガーダマーは以下のような言葉を残している．

> 私とシュトラウスの主な一致点は，古代人＝近代人論争に関するものでした．どの程度までこの有名な17世紀の論争を20世紀において再び行なうことができるのでしょうか，近代人に抗して古代人

に味方することがなおも可能なのでしょうか(Gadamer 1984: 3)．

ここからは「古代人＝近代人論争(La querelle des Anciens et des Modernes)」の現代における可能性という共通の地平に立ちながら，両者がお互いを友軍として認識していたことを窺い知ることができるであろう．

　このような前提を踏まえたうえで，本論稿は改めてガーダマーとシュトラウスを仮想的にテクスト上において対話させることによって，その相違を解明することを主たる目的とするものであるが，そのような比較を通して一体何が浮き彫りになってくるだろうか．議論を始める前にあらかじめ触れておかねばならないだろう．簡潔に述べるならば，私たちの意図は，先に触れた彼らの相対した問いをいま一度現代において「反復＝取り戻し(Wiederholung)」することにある．すなわち，モダニティの破綻を真に克服しうる哲学のあり方とはいかなるべきなのか．これこそが現代を生きる私たちと2人の思想家をなおも結びつける共通の「問いの地平(Fragehorizont)」なのである．そして，その問いに対する両者の応答の違いを対照することによって，ポストモダン時代における哲学の使命を探求する私たち自身が何らかの示唆を得ることができるということに本論稿の意義は求められるべきであろう．

　この真理の探求としての哲学の使命という視点における双方の相違を判明なものとするべく，本論稿は3つの側面からガーダマーとシュトラウスを対照することを試みている．まず私たちは第1に真理と「歴史」の関係についての両者の態度の相違を研究の出発点において，そこからさらに，第2に「自然」概念における彼らの懸隔へと話を進めていく．そしてさらに，それらを踏まえた上で第3にテクスト解釈の方法論に関する2人の距離を測定する作業を行なう．最後に以上の3つの点を総合した上で，ポストモダン時代の哲学のあり方について，各々の「哲学」観が私たちに教唆するところを示すことによって本論稿は締めくくられることになるだろう[1]．

---

[1] シュトラウスの思想において「哲学」に加えて啓示や宗教が大きな地位を占めていることは周知の事実であるが，対照的にガーダマーがユダヤ＝キリスト教的伝統に言及することが少ないという事実に鑑みて，神学と政治学，エルサレムとアテネという対立軸については本論稿の比較の対象からは除外する．

2　真理と歴史——哲学的解釈学は相対主義につながるのか？

　それでは早速ガーダマーとシュトラウスの2人が最も先鋭に対立しあう地点から出発することにしよう．その第一歩に位置しているのは「歴史(Geschichte/history)」の概念である．シュトラウスが『自然権と歴史』(2013年)を初めとして，数多くの機会において現代における相対主義の蔓延の原因として，「歴史主義(historicism)」に対して強烈な批判を展開していることは周知のことであろう．彼の理解によれば，歴史主義は時間を超越した真理が存在することを否定し，一切の真理が歴史的な制約を免れ得ないことを強調することによってニヒリズムの温床となっているのである(NRH)．

　そして，シュトラウス曰く，この歴史主義の最も洗練された形態を提唱したのがガーダマーの師マルティン・ハイデガーなのである[2]．彼をしてシュトラウスは「最も根源的な歴史主義者」と呼ぶのであるが，ガーダマーとの書簡のやり取りの中で見せた『真理と方法』に対する彼の評価も，その批判を踏襲したものとなっている．すなわち，哲学的解釈学が「あらゆる真理が有限で歴史的である」という命題を普遍的に妥当するものとして掲げるとき，その意味内容が解釈学自身に適用することを避けることはできず，そこから生じる必然的帰結として，解釈学もまた，自らが一時代の歴史的産物として滅びていくことを認めざるを得なくなるのである．ここには歴史主義を破滅に追い込んだのと全く同じ自己矛盾が見受けられるのである．ガーダマーの主著について「ハイデガー主義者によって書かれた最も重要な作品」という留保はしながらも，シュトラウスは以下のような懸念を率直に表明している．

　　貴方が論じている最も包括的な問いは，「相対主義(relativism)」という術語によってはっきりと示されます．貴方は，あらゆる世界観や

---

[2]　もっともシュトラウスはハイデガー哲学の功績を必ずしも否定的にのみ受け止めていたわけではない．彼のハイデガーとの「実存」的な出会いやその哲学に対する評価は，『古典的政治的合理主義の再生』(1996年)の所収の「ハイデガー実存主義への序説」に最も詳しく表れている．(RCPR)

「あらゆる人間的価値の相対性」を当たり前のものとしています．このような「相対主義」の主張がそれ自身「絶対的かつ無条件的に真理である」ことを意図していることはお分かりでしょう．〔…〕．すると，解釈学的存在論は，あるいはそれがどのように呼ばれようと，特殊な「歴史的世界(historical world)」や解釈学的存在論の究極性に与するような特殊な慣習 – 倫理に根ざしているという意味で，それ自身が歴史的ということになります．もしかすると，もっとはっきりとこう言うことができるかもしれません．すなわち，特有の慣習 – 倫理がその自明性や拘束力を失ったときには，その主題となっている存在論は滅んでいく世界に属しているのであり，ゆえに解釈学的存在論は，人々にそのようなことが生じることへの準備をさせ，それが起こりうる可能性を受け入れさせなくてはならないのである，と (Gadamer 1978: 7)．

こうしてシュトラウスによれば，真理の「歴史性(Geschichtlichkeit)」を立脚地とする哲学的解釈学は，相対主義を加速することはありえても，真理の危機を突破する真の哲学ではありえないのである．

それに対するガーダマーの応答は，やや慎重な吟味を要するものとなっている．著作集の第2巻に所収の「解釈学と歴史主義(Hermeneutik und Historismus)」と名づけられた論文において，ガーダマーは以下のようにシュトラウスに対して疑問を投げかけ返している．曰く，

> またここで問うべきは，「あらゆる認識が歴史的に条件づけられている」という命題と，「この認識が無条件的に妥当する」という命題の双方が，お互いに矛盾しうるような同一の次元にあるのかどうかである (Gadamer, GW2: 416)[3]．

「人間が追求する＜真理＞はすべて有限で歴史的である」という命題と

---

[3] 以下において，ガーダマーの「著作集(Gesammelte Werke)」については文中においてすべてGWと略記する．

「有限性や歴史性こそが存在の変わらぬ＜真理＞である」という命題，この2つの矛盾をもってシュトラウスは歴史主義や哲学的解釈学を論駁しようとしたのであったが，ここでいう「真理」という概念の次元に相違があることをガーダマーは指摘する．すなわち，ガーダマーによれば，後者の真理の永遠性を肯定することは，前者の真理観と何ら矛盾しないのである．私たちが時間の中で経験するその都度の真理が有限であるということと，そうであるがゆえに無限に新たな真理の可能性が歴史のうちに伏在し続けるという「高次の」存在の「真理」は，矛盾しあうどころか2つに1つ，相即しているのである．むしろガーダマーが強調するのは，それによって初めて，彼が叙述する終わることのない解釈学的循環が生じ，そのうちで常に異なった理解や解釈が生じうるということである．哲学的解釈学が普遍性を有するということの意味について彼は以下のように語っている．

> あなたは解釈学的哲学を哲学の全てだとお考えなのですね．／ええ，それは普遍的です．／そのような普遍性には何らかの無限性が含意されるはずですが，しかしあなたは人間の有限性について多くを語られます．／それらは共存するのです．有限性はヘーゲルのいう悪無限と対応関係にあります．〔…〕．有限性を強調することは，そこに常に先の一歩があることを語ることでもあります．ヘーゲル的な意味での悪無限には有限性が帰属しているのです．そして私が書いたように，このような悪無限は思われているほど悪いものではないのです (Gadamer 1984: 11-2)．

このような点を考慮するならば，シュトラウスとガーダマーの間にあるのは，真理の信奉者と懐疑に毒された相対主義者の素朴な対立と考えるべきではないだろう．そうではなく，そこに存在しているのは真理観をめぐる拮抗なのである．だからこそ，ガーダマーは自らが相対主義者であるとは決して考えていない．むしろ，自らの真理観に立脚するとき相対主義という問題系そのものが消失するはずであると彼は確信をもって断言している．

いまや歴史性とは，真理を把握しようとする理性の要求への限界規定のみではなく，むしろ真理の認識にとっても肯定的な意味を持っている．それによって，歴史的相対主義についてのいかなる論証も，あらゆる実際上の基礎を失うのである．絶対的真理に対する基準を要求することが，抽象的かつ形而上学的な偶像として暴き出され，その方法論上の意味を喪失する．歴史性によって，歴史的相対主義という亡霊が呼び起こされることはなくなるのである (Gadamer, GW2: 103)

逆にガーダマーからすれば，なおも従来の形而上学に依拠しながらシュトラウスは先の後者の命題を受け入れず解釈学的循環を回避できる可能性を念頭してしまうからこそ，過剰なまでの相対主義に対する恐怖に怯えることになってしまうのである．

3　真理と自然——古代哲学の「本性」はどこにあるのか？

それでは考究をさらに一歩進めて，ガーダマーとシュトラウスにおける真理観の相違を，彼らの自然観や実在観の相違のうちへと跡付けていくことにしよう．ここで手がかりとなるのが，古代ギリシャ哲学についての彼らの見解の異同である．

ただし，ここで一言触れておかねばならないのは，序で述べたように双方が古代哲学の卓越した独創的な読解による取戻しうちに現代の危機を克服する道を見いだそうとしているのは勿論のこと，ソクラテスからプラトンとアリストテレスへといたる古代哲学を統一的な営みとして理解する点においても彼らが一致していることである．たとえばガーダマーはシュトラウスの業績を以下のように評している．

シュトラウスにおける古代哲学の擁護において私が最も驚嘆したのは，それを彼が1つの統一体として理解しようとし，ゆえに善への問いの仕方と意味についてプラトンとアリストテレスの間に存在している極端な対立について全く気にしていないように思えることである (Gadamer, GW2: 422).

この点を踏まえた上で，2人の解釈の相違を解明していくことにしよう．

　まずシュトラウスにおける古代哲学——とりわけプラトン哲学——の意義であるが，彼にとって古代哲学が重要な意味をもつのは，それらが人間的事象について「～とは何か」という問いを一貫して立てて，歴史的制約を受けた多なる「意見(opinion)」を超えた「自然的正(natural right)」や最善の秩序や人間の本質についての「知識(knowledge)」を追求したからである(NRH)．ガーダマーはシュトラウスの仕事をして以下の如く要約している．

> シュトラウスの感銘深い学問的なライフワークは，この古代人＝近代人論争をより根源的な意味でかきたてること，つまりは近代の歴史的自己意識に対して古代哲学の説得力ある正しさを対置することへと捧げられている．プラトンが最善の国家について問いかけ，政治についてのアリストテレスの広範な経験的知識ですらもこの問いの優越性を確証しているとすれば，そのような立場は，少なくともマキャヴェッリ以来の近代的思考を支配している政治の概念とはほとんど一致しないだろう．〔…〕．ここでシュトラウスは近代の破綻についての自らの洞察によって動かされているのだ．「正」と「不正」の区別のような根本的な人間の関心からは，それが人間に歴史的な被条件性を超えさせるものでなければならないという要求が生じてくる．正義への問いによって，このような区別の無条件性を前面においていた古代哲学が明らかに正しいのに対し，あらゆる無条件的な妥当性を歴史的に相対化する根源的な歴史主義は間違っているのである(Gadamer, GW2: 415)

　他方でガーダマーは古代哲学の意義をどこに観取しているのだろうか．まず断っておかねばならないのは，一般に彼はアリストテレス的な実践哲学の擁護者の系列に並べられることが多いが，むしろ真実には，彼自身も語っているように，プラトンを高く評価しているのであり，ソクラテス＝プラトン＝アリストテレスを統一的に読解するところに，彼の古代哲学についての解釈の独創性は認められるということである(加

藤 2012: 第4章).

　ではガーダマーにとってプラトン哲学の本性はどこにあるのであろうか．簡潔に答えるならば，それは一と多の間の「問答法(Dialektik)」のロゴスに求められる．彼の解釈するところによれば，形あるものから形なきものへ，有限なものから無限なものへの絶え間ない変転を司っている問答法の「論理(Logik)」とは，森羅万象，自然の一切を貫く宇宙の運動原理でもある．この運動原理の支配する秩序の中にあって，言葉をもつことをその本性とする人間もまた，1つの有限な「答え(Antwort)」を形態化し，「問い(Frage)」によって無限な可能性へと開いていく解釈学的対話を生業として存在しているのである．ガーダマーによれば，プラトンの著作群は前期から後期まで一貫してこのロゴスの解明へと向けられている．そして，これまでの研究で前景へと押し出されることが少なかったが，実際には彼の描写する解釈学的循環の背後からは，古典文献学者としての特異なプラトン解釈に裏づけられた自然観や宇宙像が睥睨しているのである．

　ここまでの議論を踏まえれば，ガーダマーには永遠の自然本性への問いが欠如している——ゆえに彼の解釈学は相対主義に陥らざるを得ない——というのは正しくないことが明々白々だろう．むしろ，彼とシュトラウスの間にあるのは，自然の本性についての理解の相違なのである．シュトラウスが永遠の相の下に眺められた実在観や目的論的で静態的な自然観を有していたことに古代哲学の本質と優位性を見出そうとするのに対して，ガーダマーが古代哲学のうちに見いだす自然観や実在観は，より動態的で時間的で生成的なものなのである．ガーダマー自身はソクラテス以前の哲学者をさほど重要視しないが，「自然は隠れることを好む」というヘラクレイトスの言葉に代表されるような自然観——シュトラウスはコンヴェンショナリズムとしてそれを棄却しているが——が彼の解釈学の底流には存在しているのであり(ハイデガーがソクラテス以前の哲学者の言葉から発掘しようとした存在論をプラトンのうちにも読み込もうとしているといってもよい)，彼にシュトラウスとの距離を感じさせているものの根底はそこに求められるべきなのである．

4　真理と解釈——テクストはどう読まれるべきか?

　これまで論じられてきたガーダマーとシュトラウスにおける真理観や自然観の相違は，当然のように，テクスト解釈へと向かう彼らの態度にも大きく反映されることになっている．古典的なテクストが，かつて哲学者たちが真理を探究した痕跡に他ならず，それゆえに，テクストを理解し解釈することは，それ自身が哲学として，そこに覆蔵された真理へと肉薄していく営みでなくてならないという点については，おそらく彼らは軌を一にしているだろう．それでは両者の違いはどこに求められるべきなのだろうか．

　ここでもやはり，哲学的解釈学に対してシュトラウスが抱く懸念は相対主義に関わっている．彼からすれば，理解や解釈を歴史上の「出来事(Geschehen)」として定義し，過去と現在の絶えざる「地平の融合」の発生のみによって唯一的にテクスト解釈の真偽を測ろうとすれば，テクスト読解の是非を判断する客観的な真理基準が失われてしまう恐れがあるのである．そこから招来されるのは解釈上の主観主義や相対主義であろう．書簡の中でシュトラウスはガーダマーに以下のような疑問を投げかけている．

> 何か大切なことを学ぶことによって私の地平は確かに広がるでしょう．しかしながら，彼の教説についての改訂が彼自身のものよりも優れているとして，プラトンの地平が広がったというのは難しいのです．〔…〕．私の理解や解釈が不十分だとしても，誰もそれを完成することができないとか，人間の人間としての有限性によって適切ないし完全ないし「真の理解」が不可能であることが必然になるということにはためらいがあります．あなたの否定は，解釈学的状況が様々であるという事実によっては正当化されません．出発点や進捗に差異があることによって，解釈者が解釈者として到着することを欲する帰着点が1つの同じものとはならないという帰結は導かれないのです(Gadamer 1978: 6)．

第6章　シュトラウスとガーダマーの対話

　ここから窺い知ることができるのは，あくまでもシュトラウスが，テクスト解釈という行為の対象／客体となる真理の永遠性や不変性のうちに，テクスト解釈の妥当性を基礎づけようとしていることである．著者である哲学者——ここでいえばプラトン——が意図しようとしていた時間を超えた真理や自然本性こそ，正しい解釈を測る尺度でなければならないのである．

　ここからまた，かのシュトラウス特有の方法論が帰結してくることも明らかである．彼が「公教的(exoteric)」教説と「秘教的(esoteric)」教説を厳密に区別し行間を読んでいく「注意深い読解」を独自のテクスト解釈法として推奨していることはよく知られているが(PAW)，そうすることによってシュトラウスが解釈の主体である後世の研究者ないし哲学史家に要求しているのは，先の真理や自然本性という客観的尺度にどこまでも接近していくことであり，そこから解釈の妥当性も測定されるべきなのである．シュトラウスが究極的に解釈者に課している規範的要求は，古代と近代という異なった歴史的地平の融合ではなく，時代の制約を超えた自然本性の探求を行なった哲学者たちの共同体への参与なのである．

　それではこれらの点についてのガーダマーはどのような考えをもっているのだろうか．第1にテクスト解釈の対象についていうならば，著者の意図したもののうちに歴史的制約を離れた真理基準を設定することについては，彼は極めて懐疑的である．というのも，私たちがどこまでも自らの歴史的地平から跳出することができない以上，そのようなものを一義的に把握する視点はどうあっても私たちは手に入れることはできないからである．

> よりよく理解するためにはまず著者が彼自身をどう理解していたかに則ってその著者を理解しなければならないとシュトラウスが議論するとき，私が信ずるに，彼はあらゆる理解にともなう困難を過小評価している．というのも彼は表現における問答法と呼ばれるものを無視しているからである．彼が別の箇所において同じことを語っている．すなわち，「著者が混乱していない」ということを前提とし

て，著者が自らの教説を唯一の仕方で理解していたとするのであれば，それによってテクストの「客観的解釈」の理想が擁護されるというのである (Gadamer, GW2: 417).

加えて，ここで問答法という言葉が用いられていることからわかるように，著者の意図していた真理を唯一の尺度にすることは，テクストとの間に存在し続けるべき本来的な対話の形式から逸脱してしまう危険性も秘めている．曰く，

> もし哲学の著者は一義的な意見を持っているか，あるいは混乱しているかであるというシュトラウスが設定した二者択一が正しいとすると，私が危惧するのは，沢山の論争的な解釈学上の問いについて，そこには混乱の場合の可能性があるという 1 つの解釈学的な帰結しかなくなってしまうということである (Gadamer, GW2: 422)

次に第 2 に，そのようにしてテクストのうちに歴史を超越した客観的真理を読み込むことが不可能である以上，何らかの特殊な技法に精通することで公教的なものと秘教的なものの 2 つの教説の区分することができるという態度を解釈者が取ることは，どれほどそこに方法論上の努力が傾注されたとしても，独断と恣意を回避することができないことになる．シュトラウスの解釈学への寄与に一定の敬意を払いつつ，ガーダマーは以下のように述べている．少し長くなるが，テクスト解釈者としての彼らの相違を明確にする重要な点なので引用しておこう．

> シュトラウスは解釈学理論に対するより一層重要な貢献を間接的に行っている．というのも彼は特殊な問題，つまりは支配者や教会の迫害の脅威という暴力のもとにおける本当の意見の意識的な偽装を，テクストを解釈する場合にどのくらい考慮すべきかという問いを探求しているのである．マイモニデスやハラービーやスピノザについての研究は，とりわけこうした考察方法に手がかりを与えている．私はシュトラウスの与えた解釈を疑いたいわけではない——

むしろそれは私にとって説得的である——しかし，私はあえて逆の案を提示してみたいのだが，それは確かに他の事例でも例えばプラトンのような場合でも正しいものである．自らの意見を意識的に歪曲したり偽装したり隠蔽したりというのは，実際には，しばしば生じている日常的な通常の状況に対してはまれで極端な事例ではないのだろうか．〔…〕．一方から他方への連続的な移行が意識されるとき，シュトラウスの取り組んでいる問題の解釈学上の困難が気づかれることになる．いかにしてひとは歪曲であるという一義的な確証に至りうるのだろうか．また，私の考えでは，ある著述家の矛盾する発言を見つけたときに——シュトラウスの考えているように——偶然的に隠されたものが彼の本当の意見の表明であると見なすことは，決して一義的なことではないのである(Gadamer, GW2: 420f.)．

テクストの任意の箇所が歪みや混乱であることを看破することのできるような零地点は，解釈学的対話には存在しない．結局のところ，ガーダマーによれば，何らかの独自な方法によって歪曲を排除することで解釈を一義的に確定し過去のテクストの客観的な真理に到達できると考えている点で，シュトラウスもまた啓蒙主義者と同じ独断に陥っているということになる．テクストの歪みを独り見抜いているという視点をとることは，テクストのうちに読みとられるべき真理を，解釈者が超越的な視座から先取しているときにのみ成立するのである．

　しかしなおも問われるべきなのは，シュトラウスが自明であると想定しているほど，「明確」と「混乱」の間がそれほどまでに一義的であるかどうかである．それによって，彼は実際には完全な歴史学的啓蒙の立場に従って，本来的な解釈学的問題を飛び越えてしまっていないだろうか(Gadamer, GW2: 417)．

　それに対して，やはりガーダマーにとって，テクスト解釈の本来の姿は解釈学的循環でなくてはならない．どこまでも理解や解釈の過程によって生じるべきは，過去の地平と現在の地平の絶えざる解釈学的対話に

……平の融合なのである．

> 歴史学的思考の尊厳や真の価値は，「現在」などというものは存在せず，過去と未来の変化し続ける地平がいつでも存在しているということを正直に認めることにある．伝承された思想を浮かび上がらせるようなパースペクティヴこそ正しいそれであるということは全く確認されない（されることも決してない）．「歴史学的な」理解は，今日のものであれ未来のものであれ，そこに何の特権もおかない．その理解は，それ自身が変化していく地平によって包括され，またそれとともに運動していくのである (Gadamer, GW2: 417).

ただし，ここまで何度も指摘されてきたように，これをもってガーダマーを「何でもあり (anything goes)」を称揚する相対主義者やニヒリストであると単純に理解することは避けるべきであろう．というのも，解釈学的循環というテクスト解釈の方法論にも，究極的には先に触れたガーダマーの実在観が如実に投影されているからである．

確かに，テクストが開示する真理は時代において変遷していくものではある．しかしながら他方で，ガーダマーにおいてもまた，テクストを読むという営みは永遠不変の真理へと参与していくプロセスなのである．ただシュトラウスと異なるのは，そこで語られる真理が，私たちのテクスト解釈は常に有限であり，ゆえにその解釈の課程は無限に続いていく円環となるという真実在を意味している点である．テクスト理解において繰り返し生じてくる「真理」を経験し，解釈学的対話の実践の積み重ねることによって，解釈者はこの真実在に接近していくのであって，それこそが観照や哲学することの目指していく究極的な目的なのである．

このようなテクスト解釈の理想像をガーダマーはプラトンの叙述する対話篇におけるアポリアの体験のうちに見いだしている．テクストとの対話には，そのたびごとに有限な答えに授かること以上に，その経験を通して自らの無知の知を悟り真実在を徹見するという最終的な——しかしそれによって人間はより深く対話的であるという意味では終わりのな

い道への開けとしての——「答え」が存しているのである.

> プラトンの描写においてソクラテスが導いていく対話には，アポリアというもう1つの目標があり，それは，その都度新たに善に向けて問うていく衝動を呼び覚ますものである．無知こそが，プラトンによると，ソクラテスの問いにある唯一の本来的な答えである（Gadamer, GW7: 106）.

「私たちの存在そのものとしての対話（das Gespräch, das wir sind）」，このヘルダーリンの言葉をガーダマーは愛好しているが，このような，問いと答えのあいだを螺旋的に巡りめぐりながら私たちの本来の姿を探求していく長いながい観照の道が，解釈学的対話の実践に内在していることは以下の発言からも知ることができる．

> プラトンの対話篇は哲学的，詩人的芸術の偉大なる名手によって書き落とされた対話なのであるが，私たちがかの有名な『第七書簡』によってプラトン自身から知らされるのは，彼が自身の真実の教えを文字で表現したものをあとに残さなかったし，そうすることも欲していなかったということなのである．プラトンは，模倣によって二重化されたもの，つまりは文字にされた対話を手段にして，思索が自らで言葉を発見していくような——それは決して答えの与えられることのない任務であるが——言葉で話される対話へと突きぬけていかねばならない必然性の前に，判然と私たちを立たせるのだ（Gadamer, GW10: 351f.）

このようにして，またしても私たちの前に姿を現すのは，ガーダマーとシュトラウスの間に存在している真理や自然や実在についての立場の違いなのである．

5 おわりに——ポストモダン時代の哲学の使命に寄せて

かくしてガーダマーとシュトラウスを対話させるという本論稿の試みによって見えてきたのは，彼らの間に存在している真理観や自然観，テクスト解釈に対する態度の相違であった．このことは当然のように，テクスト解釈者である哲学者や思想史家の使命についての双方の見解の相違にもつながっている．最後にこの点に一考を加え，その懸隔の有する現代的意義について論じることで本稿を締めくくっていくことにしよう．

まず指摘しておかねばならないのは，シュトラウスもガーダマーもニーチェ＝ハイデガーの系譜上に連なるポストモダン的な思想潮流について批判的である点で一致していることである．2人にとっていわゆるポストモダニズムは，結局のところ近代の延長線上に立っているに過ぎない．ポストモダニズムの隆盛をシュトラウスが存命中に目にすることがあったとしても，結局はラディカルな歴史主義としてしかそれを評価しなかっただろうし，かたやガーダマーは「ニーチェこそ近代の完成者である」というハイデガーのニーチェ解釈を踏襲する立場を取っている（加藤 2012 年：第 7 章）．

では，真の意味でモダニティの危機を「超える」ためには何が必要とされるのだろうか．ここでもまた 2 人の答えは共通しているように思われる．すなわち，真理の探求や哲学をいま一度現代に取り戻すこと，それこそが喫緊の課題であると彼らは語ることであろう．基礎教養としての哲学のもつ普遍的な存在意義を彼らはともに疑うことはない．ただし，本論稿が明るみに出したのは，そこで語られる真理や哲学に関する理解について——おそらくはハイデガーによる真理概念の根源的転回についての評価に起因するものであるが——両者の間には決して看過すべきではない大きなずれがあるということである．そして，そこから哲学者の任務についての見解の違いも生じてくる．

まずシュトラウスにとって重要なのは，哲学者が永遠の相の下で真理を探究する「観照／理論」の営みを行うことが可能な場所を共同体の中で政治的に擁護することである．それこそが政治哲学の使命であり，それによって初めて善や正義をめぐる現代のニヒリズム的状況を乗り越え

る道が開かれるのである．彼において観照的生活を生きる哲学者のサークルと実践的生活の場所である市民の共同体の間の相克が，思想的に重要な地位を占めていることからも，このことは窺うことができる．

　それに対して，ガーダマーが何よりも重んじているのは，解釈学的対話によって——2つの意味における——真理が探求される場所としての「実践」を擁護することである．それゆえに彼においては観照と実践の線引きを厳守することよりは，科学「技術」の専横から「実践」の領域を守ることが肝要となっている．そして，そこで哲学者が担うべき政治的使命は，真理の有限性や歴史性という「真理」を観照する——解釈学的対話こそ人間の自然本性の姿であることをその身でもって体現する——ことで，この解釈学的対話によって陶冶されるべき徳を体得した存在＝活けるソクラテスとして，どこまでも実践のうちに内在して生きることにある——ここでは哲学的解釈学という理論的営為は純化された問答法的論理を自覚する道として，それ自体が実践の根源的な姿である．自らとシュトラウスの関心の相違について，実際にガーダマーは以下のような言葉を残している．

> 私たちが古代の人々から率直に学ばなければならないということを私も確信しているし，シュトラウスがこの要求を掲げただけではなく，その業績を通して繰り返し実行しようとしたことについては高く評価することを心得ている．しかしながら，私たちが彼らから学ぶべきこととして付け加えておきたいのは，政治的技術知 (politikē technē) と政治的実践知 (politikē phronēsis) の間に存在している解消しがたい対立なのであり，思うにシュトラウスはこのことを十分に考えてはいないのである (Gadamer, GW2: 423).

　こうしてガーダマーが重要視するのは，あくまで実践哲学——ただしそれは観照と対立するものとしてではない——であって，むしろ現代においてシュトラウスのように敢えて観照と実践を峻別するような態度を取ることは，結局のところ新たな独断論につながるものではないかと彼は警告を放っている．

> 1956年に公刊された『歴史的意識とその再生』の中で，＜歴史主義とその敵対者たち＞という表題の下で，テオドール・リットは，クリューガーやレーヴィット（残念ながらシュトラウスではないが）と感情たっぷりの論争をしているが，私にはこの点に関わるように思われる．歴史に対する哲学上の敵意のうちに新たな独断論を見てとったという点で，リットは正しかったと私は思うのである．「行為するべく促されたものに対して方向性を示してくれる」ような確固たる永続的な尺度への要求というのは，倫理的‐政治的判断の混乱によって悲惨な結果が導かれたときには，いつでも強い影響力をもつものである．正義への問い，真の国家への問いというのは，人間の現存在にとって根源的な欲求なのである．にもかかわらず重要なのは，その解明のために，そのような問いがどのように意図され設定されるべきか，ということなのである (Gadamer, GW2: 243)

あるいは，ハイデガーの言葉を借りるのであれば，そのようにして理論家や哲学者が普遍的な価値や理念を措定できるという思い込みは，西洋思想を貫いている表象的思惟や価値定立的思考になおもシュトラウスが呪縛されていたからなのであって，「形而上学」というその思考形態の完成がハイデガーのいうようにニーチェにあるとするならば，シュトラウスの哲学は，ニヒリズムを克服しようとしながら，根本においてニーチェを招来した思考の圏内に留まっているということになろう．

それに対して，ガーダマーにおける理論や観照，哲学的解釈学という営みとは，そのような「上空飛翔的」なものではなく，どこまでも実践的，歴史的なコンテクストのうちにありながら存在論的探求を遂行することによって，生活世界の底の底において働いている一即多的な問答法の論理を自覚していくプロセスであり，ソクラテスが身をもって示した哲学の智慧も，このような対話の道という土壌において本領を発揮するのである．

最後に，アラン・ブルームは「20世紀にハイデガーが占めていたような位置を21世紀においてはシュトラウスが占めるようになる」という言葉を残したとされている．これを受けて，私たちも問わねばならな

いだろう，ガーダマーの哲学とシュトラウスの哲学のいずれがポストモダンを切り開く道となるであろうか，と．時間性をどこまでも時間性へと根源化していく「ニヒリズムによるニヒリズムの超克」の道と，不動なるものとして天空に在りてある「善のイデア」への飛翔の道とは，パルメニデスとヘラクレイトスがギリシャ的な自然観のコインの裏表であったように，本源において帰一するものなのかもしれない．この問いに明確な解答を与えることは筆者の手に余る事柄であるが，いずれにしても，ただ1ついえることは，そのように問いに対する応答そのものが，ともに古典を通して真理への門へと誘う優れた教師でもあった2人の残したテクストと，私たち自身が全身全霊を込めた真摯な哲学的対話を継続することによってしか，己の実存に自覚されていくことはないだろうということである．

参考文献

Gadamer, Hans-Georg, Correspondence Concerning *Wahrheit und Methode*, in: *Independent Journal of Philosophy*, 2, 1978, pp. 5-12.

─────── Gadamer on Strauss: An Interview, in: *Interpretation*, 12/1, 1984, pp. 1-13.

─────── *Gesammelte Werke 1: Hermeneutik I: Wahrheit und Methode: Grundzüge einer philosophischen Hermeneutik*, Tübingen: J.C.B.Mohr (Paul Siebeck),1999.(轡田收・巻田悦郎訳『真理と方法Ⅰ・Ⅱ・Ⅲ』），法政大学出版局，1986，2008，2012年）．

─────── *Gesammelte Werke 2: Hermeneutik II: Waerhei und Methode: Ergänzungen*, Tübingen: J.C.B.Mohr (Paul Siebeck), 1999.

─────── *Gesammelte Werke 5: Griechische Philosophie I*, Tübingen: J.C.B.Mohr (Paul Siebeck), 1999.

─────── *Gesammelte Werke 6: Griechische Philosophie II*, Tübingen: J.C.B.Mohr (Paul Siebeck), 1999.

─────── *Gesammelte Werke 7: Griechische Philosophie III*, Tübingen: J.C.B.Mohr (Paul Siebeck), 1999.

─────── *Gesammelte Werke 10: Hermeneutik im Rückblick*, Tübingen: J.C.B.Mohr (Paul Siebeck), 1999.

Melzer, Arthur M, Esoterism and the Critique of Historicism, in: *American Political Science Review*, 100/2, 5/2006, pp.279-295.

Smith, Steven B., *The Cambridge Companion to Leo Strauss*, Cambridge/New York: Cambridge University Press, 2009.

Strauss, Leo, *Persecution and the Art of Writing*, Glencoe: The Free Press, 1952.

─────── *What Is Political Philosophy? And Other Studies*, Grencoe: The Free Press, 1959.(『政治哲学とは何であるか？とその他の諸研究』，飯島昇蔵・中金聡・近藤和貴訳，早稲田大学出版部，1992年）．

─────── *Liberalism Ancient and Modern*, New York and London: Basic Books, 1968.(『リベラリズム：古代と近代』，石崎嘉彦・飯島昇訳者代表，ナカニシヤ出版，2006年）．

─────── *Natural Right and History*, Chicago and London: The University of Chicago Press, 1971.(『自然権と歴史』，塚崎智・石崎嘉彦訳，筑摩書房，2013年）．

─────── *The Rebirth of Classical Political Rationalism: An Introduction to the Thought of Leo Strauss*, selected and introduce by Thomas L. Pangle, Chicago and London: The University of Chicago Press, 1989.(『古典的政治的合理主義の再生』，石崎嘉彦監訳，ナカニシヤ出版，1996年）．

飯島昇蔵「レオ・シュトラウス—テクスト解釈の課題と方法」，『政治思想史の方法』所収，早稲田大学出版部，1990年．

─────「レオ・シュトラウスと政治哲学の歴史」，田中浩編『思想学の現在と未来：現代世界—その思想と歴史①』所収，未來社，2009年，177-97頁．

石崎嘉彦『倫理学としての政治哲学：ひとつのレオ・シュトラウス政治哲学論』，ナカニシヤ出版，2009年．

───『ポストモダンの人間論：歴史終焉時代の知的パラダイムのために』，ナカニシヤ出版，2010年．

加藤哲理『ハンス＝ゲオルグ・ガーダマーの政治哲学：解釈学的政治理論の地平』，創文社，2012年．

ハインリッヒ・マイアー『レオ・シュトラウスと神学‐政治学問題』，石崎嘉彦他訳，晃洋書房，2010年．

第7章
『政治哲学の歴史』におけるH・V・ジャファと
C・ロードのアリストテレス論の比較
──「哲学」の位置付けを中心として

佐々木 潤

1 執筆者の交代について

　L・シュトラウスとJ・クロプシィ(Joseph Cropsey 1919-2012)によって編纂された『政治哲学の歴史』(History of Political Philosophy)は3版を重ねるなかで，若干の取り扱われる思想家の追加や執筆者の交代があった[1]．執筆者が交代した章の1つに「アリストテレス」がある．

　初版(1963年)と第2版(1972年)に掲載されていたのはハーリー・V・ジャファ(Harry V. Jaffa 1918-2015)によるものであった．ジャファは「もし適切に「シュトラウス学派的Straussian」と呼ばれたかもしれない企画がいくつかでもあったとすれば，それはシュトラウスとクロプシィによって編纂された『政治哲学の歴史』であった．そのうえシュトラウスは私を「アリストテレス」についての章の執筆者に選んでいたのだが，それは彼の「プラトン」についての章に直に続くものであった」(Jaffa 2012: 57-58)と述べていた[2]．

　しかしジャファにとって不幸なことに，彼が敬愛してやまないシュトラウスのプラトン論の直後に置かれていた彼のアリストテレス論は，第3版(1987年)において，当時すでにシカゴ大学出版局からアリストテレス『政治学』の英語訳を出版していたカーンズ・ロード(Carnes Lord 1944-)によるものに取って代わられてしまった[3]（さらに第3版からは

---

[1] 詳細はタルコフ，パングル 2013の訳者解題を見よ．さらに『政治哲学の歴史』第3版への共感溢れる書評として，飯島 1988がある．
[2] Jaffa 2012についての示唆に富んだ書評としては，井上弘貴 2013がある．
[3] ロードによる『政治学』英語訳(2013年に第2版が出版された)が，一貫して英語圏の読

179

「プラトン」と「アリストテレス」の間にC・ブリュエル（Christopher Bruell）による「クセノフォン」の章が挿入された）.

この交代劇にどのような事情があったかについては，さまざまな噂が飛び交ってきたようである[4]．たとえその事情を知ることが，われわれのシュトラウス学派についての理解に一定の貢献を果たすことがあるとしても，われわれにはその真実を知るすべもない．したがって本稿では無用な憶測は慎むことにして，自他ともにシュトラウス学派の一員であることを認める2人の優れたアリストテレス解釈者による論文を，それらの内容だけに即して，それらの相違点，なかでも最も明瞭な相違をなすアリストテレス政治学における「哲学」の位置付け方の違いを明らかにしてゆく[5]．この検討をとおして目指すことは，シュトラウスの解釈に基づくアリストテレス研究の発展を確認することである．

2　読解の方法――「レトリック」への着目

最初に断っておくべきことは『政治哲学の歴史』という書物の性格が，政治哲学の歴史への入門書であり，また2人のアリストテレス解釈がともにシュトラウスの解釈から強い影響を受けたものであるため，両論文の内容が鋭く対立しているわけでもなければ，顕著に異なっているわけでもないということである．むしろ両者の内容はかなりの部分で一致しており，またいずれの論文も高い水準にあるため，両者を併読することによってわ

　者に可能な限りのa literal translationを提供して高い評価を受けてきたことについては書評，Mara 2014を見よ．ただしロード訳を用いる者にとって，評者G・マーラ（Gerald Mara）によるつぎの指摘は重要である．「唯一の難点は，政治的動物（第1巻第2章）である *anthrōpos* が，依然としてhuman beingではなくmanとして提示されていることである．これは，卓越したcitizen（*politēs*）から，第3巻第4章における卓越したman（*anēr*）を経て，第7巻第2章における卓越したhuman being（*anthrōpos*）へと移動するような，アリストテレスによる徳の提示の複雑な道筋をかすませてしまう」（Mara 2014: 398）．

4　Stevens 2010: 55 n.3. R・G・スティーヴンス（Richard G. Stevens）は，この執筆者交代劇についての憶測や噂が存在することを認めながらも，自らは両論文をともに高く評価するとして，学生たちに両者をともに読むことを勧めている．

5　ロードはある研究者との対話において「私はシュトラウス学派の一員であると見なされてなんら構わない」と述べている（Scott-Smith 2008: 251-64）．

第7章 『政治哲学の歴史』におけるH・V・ジャファとC・ロードのアリストテレス論の比較

れわれのアリストテレスにたいする理解が促進されることも確かである．
　しかし，それにもかかわらず両者の間には重大な相違が存在している．それは導入部分で挙げられる，それぞれが重視するアリストテレス作品の違いにおいて予示されている．すなわち2人とも導入部分において，アリストテレス政治学の理解のために読まれるべき作品を挙げるのだが，そこでジャファは『ニコマコス倫理学』と『エウデモス倫理学』を比較考察することを促し，さらに『大道徳学』の考察も勧める．これにたいしてロードは『エウデモス倫理学』や『大道徳学』は興味を引くものではないとして，むしろ『弁論術』を評価する．
　この違いは一見したところ重要なものには見えないかもしれない．だがこうしたロードの主張は，ジャファが評価する『エウデモス倫理学』や『大道徳学』といった倫理学作品を低く評価する一方で，それらよりも『弁論術』を高く評価するという点において，前執筆者の主張を強く否定するものだけに注目に値する．実際に2人の読解方法の最大の違いは，アリストテレスが用いる「レトリック」にたいして払われる両者の注意深さの差に存する．すなわち『弁論術』を重視するロードはジャファよりも，アリストテレスの用いるレトリックに多くの注意を払いながら読解を進めてゆくのである．この読解方法における違いこそが2人の解釈の最も顕著な相違をなす，アリストテレス政治学における「哲学」の位置付け方の差異の要因となってゆくことになる[6]．

---

[6] もちろん両論文にはこの点の他にも多くの相違点が存在するが，本稿では両論文の差異を決定的なものとするこの点に焦点を絞って論じてゆく．以下では両論文の構成の異同に言及しておく．まず両者とも冒頭にアリストテレスの生涯についての素描を置く．それに続いてジャファは章立てを設けることなく，『政治学』を第1巻から最終巻まで順に辿ってゆく．そのさい『ニコマコス倫理学』は補足的に触れられるにとどまる．これにたいしてロードは全部で9つの節を設け，まず前半の3つの節では主として『ニコマコス倫理学』に焦点を当て，続く4番目の節を『ニコマコス倫理学』から『政治学』への移行点としながら，残りの諸節では『政治学』を論じている．以下にロードの設けた節の構成を順に示しておく（各節のタイトルの後ろに付したNEとPol.は，それぞれ前者が主に『ニコマコス倫理学』を，後者が主に『政治学』を扱った節であることを示す）．「理論と実践」NE，「幸福，徳，ジェントルマンシップ」NE，「正義と友愛」NE，「思慮，ステイツマンシップ，政治学」NEからPol.への移行点，「都市と人間」Pol.，「シティズンシップと国制」Pol.，「諸国制の多様性」Pol.，「最善の国制」Pol.，「教育，文化，そして最善の生活様式」Pol..

まず，以下ではレトリックに着目するロードのアプローチがよく理解できる『ニコマコス倫理学』第1巻第4章についての彼の扱いを見ておこう．周知のように，この部分においてアリストテレスは快楽的生活，政治的生活，そして哲学的生活という3つの選択肢のうちのいずれが幸福な生活と呼ぶに値するのかという問題に取り組む．しかし，ここでのアリストテレスの議論は不完全あるいは理解困難なものとして長らく議論の的となってきた．というのも，ここで彼は幸福な生活の候補として快楽的生活を一蹴するのみならず哲学的生活すらも無視しているように見えるのだが，このことは『ニコマコス倫理学』第10巻における哲学的生活への称賛とあまりに大きな齟齬をきたしているからである[7]．この部分についてロードは以下のように述べる．

> 予想に反して，アリストテレスはこの論争を裁定することを企図しない．彼は快楽的生活の主張を退けるだけである；そして，つづいて彼は幸福の定義を詳述するが，この定義によって彼は，意図的に政治的生活と理論的〔観想的〕生活の違いをあいまいにしようとしているように思われる．これは完全にアリストテレスのアプローチに特有なものである．　　　　（Lord 1987: 123. 強調は引用者）

　かくしてロードは，アリストテレスの議論のあいまいさを意図的なものと捉え，さらにその意図的なあいまいさを，『ニコマコス倫理学』における当該部分の議論に限定されるものではなく，アリストテレスのアプローチの仕方全体に共通するものであると特徴付けるのである．
　ロードは，このようなアプローチの仕方をアリストテレスが採用する理由を，彼の講義の聴講者に関連付けて明らかにしようとする．すなわ

---

[7] この不完全性をめぐる議論の整理としては，たとえばTessitore 1996: Introduction and chapter 1. またこの難点にたいする代表的な処理の仕方は，いわゆる「発展学説 chronological theory」に依拠しつつ，まず第10巻における哲学的生活の称賛をプラトンの強い影響下にあった若きアリストテレスの思想であるとし，他方で第1巻をプラトンの影響を脱した成熟期のアリストテレスの思想であるとするものである．なおA・テシター（Aristide Tessitore）の著作は「聴講者」に焦点を当てながら『ニコマコス倫理学』の読解を試みた優れた作品である．

ちアリストテレスの聴講者とは「政治的あるいは実践的な人間たち」であり，アリストテレスはこうした「しつけと教育の結果として「洗練」された，この種類の人間たちの視点を採用している」とするのである (Lord 1987: 123). アリストテレスの政治学は道徳的に善きひとであり，かつ（潜在的な）政治家でもあるような「紳士 gentleman, *kalos k'agathos*」の視点に立ちながら，彼らを名宛人とするのである[8]. アリストテレスが『ニコマコス倫理学』第1巻において快楽的生活だけでなく哲学的生活も退けて，政治的生活を主題的に論じたのは，聴講者である政治的人間の嗜好に合致させるためであったのである．

しかし，このときにロードが注意を喚起するのは，アリストテレスは快楽的生活と哲学的生活という選択肢を意図的にあいまいに扱っただけであり，「決して無視してはいない」(Lord 1987: 123) ということである．事実，われわれは快楽と哲学というトピックが『ニコマコス倫理学』の後の諸巻において重要な主題として現れることを知っている．このように『ニコマコス倫理学』を理解するロードは，

> 実に『ニコマコス倫理学』の構造全体が，普通の政治的あるいは実践的な人間たちのパースペクティヴから，第10巻において実践的生活の従事よりも決定的に優るものとして提示される哲学によって影響を受けたパースペクティヴへの上昇としての特徴をもっていると言われうるかもしれない． (Lord 1987: 123)

と述べるのである．すなわちロードは，アリストテレスの政治学作品をたんなる論攷と捉えて読解するのではなく，聴講者を意識しながらアリ

---

[8] ロードは，アリストテレスの政治学の名宛人について以下のように述べている．つまり，「〔それは〕哲学者たちや哲学徒たちに向けられたものではなく，あるいは主として彼らに向けられたものではなく，政治的人間たちに向けられたものである．より正確に言えば，それは政治権力の現実のもしくは潜在的な行使者である教育を受けた政治的人間たちに向けられているか，最善の場合には，すべての政治的行為がそのなかで生ずることになる国制の枠組みを創出する「立法者」に向けられている」のである (Lord 1987: 120. 補足は引用者)．またアリストテレスの政治学が哲学者ではなく市民たちを名宛人としたものであるということについては，Strauss, CM: 25-26.

ストテレスが用いるレトリックに注意を払い,その議論に上昇過程を見ながら解釈しようとするのである.

これにたいして,ジャファはどうであろうか.彼が読解の視点としての「聴講者」およびアリストテレスの議論の「上昇」について言及することはない.かつてレオ・シュトラウスは,アリストテレスの政治学を理解するためには,「聴講者」の問題に格別の注意を払わなくてはならないこと,そしてその議論をたんなる論攷と捉えるのではなく,そこにある上昇過程につき従ってゆかなくてはならないと述べていた(Strauss, WIP: 92-95／邦訳: 90-92).近年では,このように聴講者を強く意識した研究は少なくともシュトラウス学派内部では定着してきている[9].こうしたシュトラウス学派内部での研究の発展に鑑みるに,今となってはジャファの議論にはいくばくかの古めかしさを感じざるをえない.

3　『政治学』における「哲学」の性格

3・1　「哲学」という語の捉え方

前述のとおり,ジャファとロードの読解方法の違いは『政治学』における「哲学」の位置付け方の違いに帰結するのであった.この点を明らかにしてゆくために,まず本節では,アリストテレスが用いる「哲学」という語のもつ意味についての両者の理解の違いが最も明瞭になる部分を見ておく.その部分とは『政治学』第2巻のプラトン批判についての両者の考察である.

まずジャファの考察を検討しよう.ジャファは,プラトンの『ポリテイア』でソクラテスが提示する理想国家が実現不可能なものであるということについては,アリストテレスとプラトンが一致しているというシュトラウスの有名な(悪名高い?)主張を踏襲する.この主張を提示した後で,ジャファは『政治学』の議論を辿ってゆきながら,アリストテレスのプラトン批判について以下のように述べる.

---

[9]　そうした研究の諸例については,Pangle 2013: 269, n.2.

第 7 章　『政治哲学の歴史』における H・V・ジャファと C・ロードのアリストテレス論の比較

悪の真の原因とは，共産主義の不在ではなく，邪悪さ wickedness である．共有されなくてはならないものは，妻たちや子どもたちや財産ではなく，教育のシステムである．……アリストテレスが言うには，『ポリテイア』におけるソクラテスのように，教育によって卓越性を獲得しようとするつもりの者が，習慣や哲学そして法律に頼る代わりに，そうした諸制度に頼るということは奇妙なことである．

(Jaffa 1972: 85. 強調は引用者)

この箇所でジャファが引用しているアリストテレスの発言は大いに注目すべきものである．というのもここでアリストテレスは，『ポリテイア』のソクラテスが理想国家における教育にさいして「哲学」を無視したと述べているからである[10]．ジャファがこのことについていかなる言及もせず，いかなる注釈も付していないことから推測するに，彼はこの発言の問題性に気付いていないようである．しかし『ポリテイア』を一読でもしたことがある者にとって，ソクラテスが「哲学」を無視したとするアリストテレスの発言は驚くべきものであろう．この点についてロードは以下のように述べる．

アリストテレスが『ポリテイア』の著者を「哲学」を無視したとして非難することは，彼によるプラトンの扱いの究極のアイロニーである．しかしこの発言は冗談であると同時に，アリストテレスの意図をおおいに明らかにするものでもある：まもなく明らかになるように，争点になっていることは，その用語の厳密な意味における哲学とは完全に別のなにものかである．(Lord 1987 : 135)

すなわち「哲学」という語をめぐって，ジャファがなんら疑念を抱くことなく，そして躊躇することもなく，語の厳密な意味でそれを解釈する

---

[10] 「教育を導入しようとし，またそれによって都市が卓越したものになるだろうと考える者が，その種のことによって都市を正しいものにできると思い，慣習や哲学や法律によってそうできるとは思わないというのは，おかしなことである．」『政治学』1264 b37-40.

一方で，ロードはそこにアリストテレスのレトリックを読み込んでゆくのである．

3・2 ジャファによる解釈

さて，このような両者の「哲学」という語の捉え方の違いは，アリストテレス政治学における「哲学」の位置付けという問題にどのような相違を生むのだろうか．

まずジャファによる，『政治学』第2巻におけるアリストテレスのスパルタ批判についての考察を見てゆこう．ジャファは，スパルタ人たちは行為にたいする思惟の究極的な優位性を理解しておらず，その結果として戦争が人生の目的となってしまっていると述べ，これに続けて「この所見の十全な意味が与えられるのは，『政治学』第7巻における，1人の人間にとってのであれ，都市にとってのであれ，究極的な目的としての活動的生活と観想的生活の優劣にかんする有名な議論においてである」(Jaffa 1972: 89-90)と言う．

この発言を受けて『政治学』の最後の2つの巻(第7巻と第8巻)についての彼の解釈を検討してゆこう．ジャファは「『政治学』の最終問題は，『政治学』をとおしてほとんど不可視のままであった，真の徳それ自体のなかでの区別，すなわち行為の徳——道徳的徳プラス実践的知恵——と，思惟の徳——理論的知恵——との区別を明確に確立するという問題である」(Jaffa 1972: 127)と述べつつ，この問題に結論を出そうと試みる．ジャファによればアリストテレスにとって，実践的な諸徳が有徳なものとされるのは，完全に自己完結的で神の活動とされる思惟の活動，真理の観想に奉仕するという点にのみ基づく．このような徳についての理解から，戦争に奉仕する徳を最高のものと見なすスパルタは過ちを犯していると言われるのである．だがこの点にとどまることなく，さらにジャファは続けて以下のように述べる．

> かくして，卓越性の目的因 final cause は，宇宙 the universe におけるのと同様に，政治においても人間生活においても，究極的には1つ

であり同じものである．しかし，同じ人間が，端的に有徳（賢者であることを意味する）であり，かつ政治的に有徳であるということは不可能である．それは，神的な活動が同時に実践的でありかつ理論的であることができないのと同じ理由による．しかし政治支配者たちは，知恵そのものとは区別される，知恵への愛を意味する哲学の精神と哲学の実践をもたなくてはならない．アリストテレスにおける政治的問題の解決は，プラトンと同様に，哲学と政治権力の一定の一致を要求するのである．しかしプラトンと異なり，アリストテレスにとっては，知恵それ自体の活動はいかなる命令も発しない．とはいえ，知恵の活動はいつでも諸命令が発せられるべき理由をまさに示唆するのだが．かくして，プラトンが想定したような哲学と政治生活の必然的な反目は存在しない．実践的生活は，その目的因としての知恵の活動の認識に極まるのである．　　(Jaffa 1972: 128)

つまりジャファのアリストテレスにおいては，支配者たちは『ニコマコス倫理学』第 10 巻 (1177a17-b26, 1178b7-28) や『形而上学』第 12 巻 (1072b13-29) と同じ意味内容をもつ，語の厳密な意味における「哲学」に与かるべきであるとされるのである．そして，ソクラテスが哲学的精神と政治権力の一体化という哲人王の理想を説いた『ポリテイア』の有名な 1 節すら彷彿とさせるこの引用箇所からは，（命令を発するか否かという 1 点をのぞけば）アリストテレスの支配者とプラトンの哲人王との間に違いを見出すことができない．さらに言えば，そもそもプラトンが哲人王の理想は理論的には可能であっても実践的には不可能であると考えていたのであれば[11]，ジャファのアリストテレスは，目的論的な形而上学に基づきながら，哲学的精神と政治権力の一体化をプラトン以上に

11　シュトラウスは「かくして正しい都市は不可能である，それが不可能なのは自然に反するからである」としながら，『ポリテイア』という書物の性格について「『ポリテイア』はこれまでになされた政治的理想主義の最も広範で最も奥深い分析を伝えるものである」と述べている (Strauss, CM: 127)．つまりシュトラウスによれば，『ポリテイア』という書物は政治的理想主義の「分析」の書であって，けっして理想国家の実現を呼びかける書ではないのである．理想国家が実現不可能であるということについては，たとえば Bloom 1968; Hyland 1995.

進めていったとすら言いうるだろう[12].

　しかし，こうしたジャファの解釈にたいして依然として残る疑問は，アリストテレスが政治権力を握る者たちに哲学的な能力があると考えていたのかということである．そもそもアリストテレスが道徳的あるいは倫理的卓越性を発見したのは，「せいぜいのところ紳士たちに真の哲学者のみが与かりうるような知的卓越性との妥協の産物」を用意することによって，哲学的な資質に欠ける彼らを哲学的な狂気のなかへと巻き込むことを防ぐためではなかったのか (Strauss, CM: 27; Strauss, NRH: 156／邦訳: 170-71)．哲学は「真なる善や美とは何か」という問いを提起することで，「善美なるひとびと *kaloi k'agathoi*」のアイデンティティを破壊してしまう可能性すらある危険なものではなかったのか．ここで再度確認すべきことは，ジャファが一貫して『政治学』における「哲学」という語を，語の厳密な意味で捉えてきたということである．つぎに，このような捉え方を採用しないロードの解釈を検討しよう．

3・3　ロードによる解釈

　ロードは，哲学と政治権力あるいは支配者との関係の問題についてどのように考えているのだろうか．彼は，先にジャファが言及したことを見た『政治学』第7巻における，都市と個人にとっての最善の生活様式とは何であるかという有名な問いについて，「なぜ倫理学の諸著作で解決されたと思われるような問いにアリストテレスが戻るのか，即座には明らかではない」(Lord 1987: 150) と，観想的な生活の圧倒的な優位で決着をみた『ニコマコス倫理学』を引き合いに出しながら，ジャファよりも慎重なアプローチを採ろうとする．そしてロードは『政治学』第7巻における，最善の国制は勇気や節制，正義といった諸徳だけでなく「哲学」も必要とするという，この問いにたいするアリストテレスの解答を示す．

12　ジャファによれば，プラトンとアリストテレスの相違はより深いところにあるとされる．つまり，実践を超越しており実践において模倣されえないようなモデルが，実践において可能な領域内部にとどまるモデルよりも，より真に実践の性格を明らかにするかどうかという点がそれである (Jaffa 1972: 82).

第7章　『政治哲学の歴史』におけるH・V・ジャファとC・ロードのアリストテレス論の比較

しかしロードは，このような発言によっても，アリストテレスがプラトンのように，哲人支配の実現を目指しているという結論は維持されえないと述べる．ロードにとっては，たとえ最善の国制の支配者たちであっても，ジャファが言うようには「知恵への愛を意味する哲学の精神と哲学の実践をもたなくてはならない」ということにはならない．というのもロードは，支配者たちが語の厳密な意味での「哲学」に与りうるような能力を持っているとは考えないからである．ロードにとって，彼らが「哲学」に与ることなど不可能なのである．

> かくしてアリストテレスは最終的に，プラトンの『ポリテイア』において素描された哲人王たちの支配へと（彼自身のプラトンの『法律』にたいする批判を引用すれば）「国制の方向を変える」のか．そのような結論は維持されえない．……『政治学』の最後の諸巻で詳述された教育には，アリストテレスが最善の国制の市民たちやそのなんらかの部分に，哲学をする能力があると想定していることを示唆するいかなるものもない．実際アリストテレスは，真に哲学をする者たちからの忠告と説得にたいして開かれていることとは区別される哲学が，王的支配にとって必要なものでないばかりか，まったくの障害であると考えていたように思われる．アリストテレスが哲学者たちの支配を真剣な政治的可能性とみなしていたと信じる理由は何もない． (Lord 1987: 152-53)

それならば，最善の国制の市民たちが与るものとされる「哲学」とはいかなるものなのか．ロードによればそこで言われる「哲学」とは，ジャファがそうであるとしたような「理論的な思索という意味における哲学」ではない．むしろ現代語では「文化 culture」が許容可能な近似的な語 a tolerable approximate であるような，「語のより広い意味における哲学」であり，「とりわけ閑暇のなかでの音楽と詩の修練 cultivation」なのである(Lord 1987: 153)[13]．ロードによれば，このように本来の鋭い批判

13　Cf. Strauss, CM: 27. ロードは80年代に発表された，本論文やこのテーマについての最重

要とみなしうる著作においてもcultureという語に明確な定義を与えず,自らがこの語を便宜的あるいは世間一般で用いられるような意味で使用しているとしていた.たとえば彼は「……魂の陶冶cultivation, あるいは便宜的にcultureと呼ばれるかもしれないもの」としていた(Lord 1982 : 180. 強調は引用者).だが90年代に発表された諸論文になると, 彼はcultureの意味についてより明確に語るようになっている.これらの90年代の論文はcultureという語にいかなる訳語(「教養」と「文化」が考えられうる候補であろう)を当てるべきかという問題にとっても有益なものであるゆえに,以下の2つの文章を, cultureおよびその派生語に特定の訳語を与えることなく引用しておきたい.1点目はつぎのものである.「……この意味における〔語のより広い意味における〕哲学は,もろもろの教育機関の仕事であるばかりでなく,そしておそらく第一義的にすらそうではなく,むしろある社会のより大きな知的遺産あるいはcultureを反映したものである.……教育についての多くの現代の議論の主たる弱点の1つは公的な学校教育への過度な強調,あるいはそれがお仕着せるもろもろの非現実的な期待であり,このことはculturalあるいは宗教的な儀式や,もろもろの市民的な式典,法律や法的な実践,兵役,政治参加,そして民衆に普及した知的教義のような事柄にたいする無視と結びついている.……アリストテレスだけでなく,たいていの古典期のギリシア人たちは,諸問題への〔現代人とは〕異なった見方をする.トゥキュディデスのペリクレスがアテナイを「ギリシアの学校paideusis」と呼ぶとき,彼の心にあったのは,その教育者たちではなく,その諸教育機関でもなく,全体としてのその生活様式である.真に古典的な意味における教育とは,帰するところ,ある社会のcultureから不可分なものであり,そしてより特殊的には,その共通のあるいは公共のcultureと不可分なものである.古典期アテナイにおけるように,共通のあるいは公共のcultureが社会を支配するところでは,市民たちは,法廷や民会において,宗教的な集いにおいて,そして劇場において,絶え間なく強力な集合的な諸経験にさらされており,広義のそして非公式的な意味における教育paideiaが,より狭い制度的な意味における教育paideiaを支配するものと考えられなくてはならない」(Lord 1996 : 275-76. 補足は引用者).つづいて2点目を引用する.「われわれ自身の時代の社会科学の術語においては,この包括的な意味における教育や教育の諸結果は,ある社会の「political culture」と同等のものと考えられるかもしれない」(Lord 1990: 207).これらの2つの引用においてはcultureに当てるべき訳語は「教養」よりも「文化」がふさわしいだろう.さらに関連して,いわゆる「シュミット・シュトラウス論争」におけるシュトラウスのKulturという語の用い方, およびその語に彼が与えた定義を紹介しておきたい.「「文化Kultur」とはいつでも自然の開化Kultur der Naturである;それは本来つぎのことを意味する:文化は自然的な素質を育て上げることである;それは自然の丹念な涵養である──大地のであっても人間精神のであっても違いはない;かくしてそれはまさに自然それ自体が与える諸命令に従うことである」(Strauss, "ACS": 222).ロードがcultureという語を用いたときに,この論争を考慮していなかったとは考えにくい.これらの理由から本稿ではcultureには「文化」を当てることにした.またシュトラウスがアリストテレス論の文脈で「文化」について論じたものとしては,Strauss, CM: 32-34がある.先達の研究では藤原保信(1935-1994)がシュトラウスの論文 "Liberal Education and Mass Democracy" から引用をしたとき cultureの語に「教養」を当てていた.「一般教育とは,教養cultureにおけるあるいは教養に向っての教育で

第 7 章 『政治哲学の歴史』における H・V・ジャファと C・ロードのアリストテレス論の比較

力を欠いた哲学をアリストテレスが聴講者に勧める目的とは，支配者たちに閑暇のなかでの教養に親しむことを人生の目的とさせることで，彼らの好戦性や，際限のない権力欲を緩和することにあった．さらにロードは，このような「語のより広い意味における哲学」を提示するときにアリストテレスが用いるレトリックに注意を喚起して，つぎのように述べる．

> 彼の自尊心が高く頭の固い対話相手たちにとって，……議論を心地よいものにしようと試みるときにアリストテレスが直面したレトリック上のディレンマを正当に評価することが不可欠である．文学や芸術を最善の生活の目的として提示するときに，アリストテレスは注意深く伝統的な権威に訴え，問題となっている活動の非功利主義的な性格を強調する．　　　　　　　　　　　　　(Lord 1987: 153)

4　結　論

　最後に問われるべきはジャファとロードのいずれの解釈が妥当かという問題である．その試金石は先述した『政治学』第2巻におけるアリストテレスの不可解な発言，つまり『ポリテイア』のソクラテスのような，教育により卓越性を獲得しようとする者が，「哲学」に頼る代わりに，財産などの共産制のような制度に頼るということは奇妙なことである，という趣旨の発言である．この発言について，ロードは以下のように述べる．

> 彼〔アリストテレス〕はプラトン自身が制度そのものよりも哲学を当てにしていたということを忘れてはいない．彼が示唆しよう

ある」(藤原 1985:75-76)．最後に culture の訳語をめぐっては第 23 回政治哲学研究会において多くの貴重なご意見をいただいた．とくに「シュミット-シュトラウス論争」への着目は，西永亮氏(小樽商科大学)のご指摘によって喚起されたものであることを記して御礼申し上げたい．

とすることは,プラトンは厳密な意味における哲学よりも,むしろ広い意味での哲学を当てにすべきであったということである.
(Lord 1987: 153. 補足は引用者)

このように,この部分でのアリストテレスの発言における「哲学」という語の不可解な用い方の謎は,先にロードが「教養」としたことを見たようなものとして捉えることで初めて理解可能なものとなる.そしてこの謎は,ジャファのように「哲学」をその語の厳密な意味で捉えているかぎり解けないのである.

ロードは「「偉大な魂のgreat-souled」ひとびとですら,魂の気概的な部分と関連した破壊的な諸情念にたいして完全に免疫があるわけではない」(Lord 1987: 153)と指摘し,こうした政治的人間たちの好戦性を飼い馴らすためにアリストテレスが,その本来の鋭利な批判力を奪われた「哲学」を利用することを試みたとするのである[14].かくしてアリストテレスもプラトンと同様に「テューモス thymos」の問題に取り組むのである.ロードは「他の諸点と同様にこの点においても,アリストテレスはプラトンの教えをその根本的な意図をただより善く実現させるために改善しようと試みるのである」(Lord 1987: 154)という1文で考察を締めくくっている.

こうしてみるとロードにあって,ジャファに欠けていたことは,アリストテレスのレトリックに富んだ議論の展開にたいする注意深さであったと言えるだろう[15].

---

[14] この点について,ロードは別の著作でつぎのように述べている.「最善の国制の偉大な魂のmagnanimous支配者たちは,彼らの閑暇を科学的な真理の探究ではなく,……むしろ音楽や詩の作品の楽しみにおける,高貴なものや美しいもの,それとともに——少なくとも偉大な魂のひと自身の視座からすれば——「役に立たないuseless」ものの楽しみに費やすだろう」(Lord 1982: 202).

[15] 本稿の執筆にあたって,草稿段階から貴重なご意見・ご助言をくださった飯島昇藏氏(早稲田大学)に格別の御礼を申し上げたい.

第 7 章　『政治哲学の歴史』における H・V・ジャファと C・ロードのアリストテレス論の比較

参考文献

　アリストテレス『政治学』と『ニコマコス倫理学』からの引用はそれぞれ，Aristotle's Politics, translated and with an introduction, notes, and glossary by Carnes Lord, 2nd ed., Chicago: The University of Chicago Press, 2013．および Aristotle's Nicomachean Ethics, translated and with an introduction, notes, and glossary by Robert C. Bartlett and Susan D. Collins, Chicago: The University of Chicago Press, 2011 を使用した．訳出にさいしてはいずれも岩波文庫版（山本光雄訳『政治学』，高田三郎訳『ニコマコス倫理学（上・下）』）を適宜参照し，引用箇所には Immanuel Bekker, Aristotelis Opera, Berlin: Walter de Gruyter and Co., 1960 の頁数・行数を記した．

Bloom, Allan (1968), *The Republic of Plato*, translated and with interpretive essay and notes, NY: Basic Books.
Hyland, Drew A. (1995), *Finitude and Transcendence in the Platonic Dialogues*, Albany, NY: State University of New York Press.
Jaffa, Harry V. (1972), "Aristotle," in Strauss and Cropsey, HPP 1972.
——— (2012), *Crisis of the Strauss Divided: Essays on Leo Strauss and Straussianism, East and West*, Lanham, MD: Rowman and Littlefield Publishers.
Lord, Carnes (1982), *Education and Culture in the Political Thought of Aristotle*, Ithaca, NY: Cornell University Press.
——— (1987), "Aristotle," in Strauss and Cropsey, HPP 1987.
——— (1990), "Politics and Education in Aristotle's "Politics," in *Aristoteles' „Politik,"　Akten des XI. Symposium Aristotelicum, Friedrichshafen/Bodensee 25.8–3.9. 1987*, edited by Günther Patzig, Göttingen: Vandenhoeck & Ruprecht.
———(1996), "Aristotle and the Idea of Liberal Education," in *Dēmokratia: A Conversation on Democracies, Ancient and Modern*, edited by Josiah Ober and Charles Hedrick, Princeton, NJ: Princeton University Press.
Mara, Gerald. (2014), The *Politics*, *The Classical Review*, 64.
Pangle, Thomas L. (2013), *Aristotle's Teaching in the* Politics, Chicago: The University of Chicago Press.
Scott-Smith, Giles. (2008), "Aristotle, US Public Diplomacy, and the Cold War: The Work of Carnes Lord," *Foundation of Science*, 13.
Stevens, Richard G. (2010), *Political Philosophy: An Introduction*, Cambridge: Cambridge University Press.
Strauss, Leo [WIP] *What Is Political Philosophy? And Other Studies*, NY: Free Press, 1959. 飯島昇藏・中金聡・近藤和貴ほか訳『政治哲学とは何であるか？とその他の諸研究』（早稲田大学出版部，2014 年）．
—— [NRH] *Natural Right and History*, Chicago: The University of Chicago Press, 1953. 塚崎智・石崎嘉彦訳『自然権と歴史』（筑摩書房，2013 年）．
—— [CM] *The City and Man*, Chicago: The University of Chicago Press, 1964.
—— [LAM] *Liberalism Ancient and Modern*, NY: Basic Books, 1968. 石崎嘉彦・飯島昇藏訳者代表『リベラリズム古代と近代』（ナカニシヤ出版，2006 年）．

―――― ["ACS"] "Anmerkungen zu Carl Schmitt, Der Begriff des Politischen," in *Gesammelte Schriften*, Band 3, Zweite Auflage, Stuttgart und Weimar: J. B. Metzler, 2008, *Hobbes' politische Wissenschaft und zugehörige Schriften–Briefe*.「カール・シュミット『政治的なものの概念』への注解」, 飯島昇藏・添谷育志・谷喬夫訳『ホッブズの政治学』(みすず書房, 1990年).

Strauss, Leo and Joseph Cropsey eds. [HPP], *History of Political Philosophy*, 1st ed., Chicago: Rand McNally, 1963; 2nd ed., Chicago: The University of Chicago Press, 1972; and 3rd ed., The University of Chicago Press, 1987.

Tessitore, Aristide (1996), *Reading Aristotle* Ethics, *Virtue, Rhetoric, and Political Philosophy*, Albany, NY: State University of New York Press.

飯島昇藏 (1988)「書評　レオ・シュトラウス, ジョゼフ・クロプシイ編『政治哲学の歴史』第三版」,『早稲田政治経済学雑誌』第249号.

飯島昇藏 (2009)「レオ・シュトラウスと政治哲学の歴史」田中浩編『思想学の現在と未来』, 未來社.

井上弘貴 (2013)「書評　分かたれたるレオ・シュトラウスの危機」『政治哲学』, 第15号.

ネイサン・タルコフ, トマス・パングル (2013)「レオ・シュトラウスと政治哲学の歴史」飯島昇藏訳『思想』第1070号, 岩波書店.

藤原保信 (1985)『政治理論のパラダイム転換――世界観と政治』岩波書店(千葉眞・添谷育志編『藤原保信著作集』第8巻(新評論, 2006年)に再録).

第8章
分かたれたるシュトラウスの危機をめぐって
──H・V・ジャファの政治哲学

井 上 弘 貴

1　はじめに──過剰な野心を秘めた高弟かそれとも正統なる後継者か

　シュトラウスは1949年の秋，シカゴ大学においておこなった6回の講義をもとに，1953年にシカゴ大学出版局より『自然的正と歴史〔自然権と歴史〕』を刊行したが，一書として出版されたその著作の序論がアメリカ合衆国独立宣言の一節について言及することから始められていることについては，必ずしも常に光が当てられているとは言えないように思われる．シュトラウスはその序論の冒頭において，独立宣言からつぎのような一節を引用している．「万人は平等に創造されていること，創造主によって，生命，自由および幸福の追求を含む，ある奪うことのできない権利を付与されていることを，我々は自明の真理とみなす」［NRH: 1／邦訳13］〔この箇所の邦訳からの引用に際して，訳文に若干の変更をくわえた〕．シュトラウスはこのように引用したうえで，「この命題に献身したアメリカ国民は今や，疑いなく一つにはこの献身の結果として，地上の諸国民のうちで最も強大かつ繁栄をきわめた国民となっている」と記しつつ，「ところで成人に達したこの国民は，かつて自らをはぐくみ育てたあの信念を，今もなお心に抱いているだろうか」と読者に問いを投げかけている［NRH: 1／邦訳13-14］．シュトラウスによれば，かつてアメリカ人──『自然的正と歴史』では，あるひとりのアメリカ外交官の発言に仮託されている──はドイツ思想に対抗してこの一節に象徴される自然権の自明性を主張していたものの，現在のアメリカの社会科学は「それがローマ・カトリック系の社会科学でもない限り」，自然権という命題を否定するに至っている［NRH: 2／邦訳14-15］．
　自然権の復権をも企図しつつ，政治哲学とその変容の系譜へと読者を

誘う『自然的正と歴史』であるが，この書物の成立，とりわけその序論が独立宣言の一節に言及することから始められることになったその所以について，強力に自らの貢献を主張するシュトラウスのひとりの弟子のことを，私たちは無視することはできない．その弟子の名は，ハリー・V・ジャファ (Harry V. Jaffa 1918-2015) である．ジャファは，シュトラウスが独立宣言の一節を引用しているだけでなく，「この命題に献身した」ないしは「この献身の結果として」と繰り返されている「献身」という言葉が，リンカンのゲティスバーグ演説から直接とられているものであると指摘している (Jaffa 2009: vi-vii)．もしもジャファの指摘が正しいとすれば，シュトラウスは独立宣言だけでなくリンカンをも念頭に置いて『自然的正と歴史』を書き始めていることになる．

ジャファはシュトラウスのこの一連の講義に出席していたが，その初回の講義は，数年後に出版された『自然的正と歴史』の序論とは，まったく異なる出だしだったことを証言している (Jaffa 2009: vi)．だとすれば，1949年の秋から1953年に一書として刊行されるまでのあいだに，シュトラウスのなかで新しい着想があったということをそれは意味する．まさにこの着想をシュトラウスに与えたのは他ならぬ自分であったと，ジャファは『分かたれたる家の危機――リンカン＝ダグラス論争における諸争点の解釈』(1959年) の刊行50周年記念序文のなかで主張している．ジャファはアナポリスのセントジョンズ・カレッジで1951年の秋に「リンカン＝ダグラス論争における便宜と道徳性」という題目で講義をおこなった．それ自体は1957年まで刊行されなかったものの，1959年に出版された『分かたれたる家の危機』の主要なテーマ群をすでに1951年の段階で内包していたこの講義について，「シュトラウスはたしかにこの講義録を読んでおり，十分にそれに説得されて『自然的正と歴史』の書き出しを変更したのだと思う」とジャファは述べている (Jaffa 2009: vii)．

ジャファはその後，1956年から1957年にかけて研究休暇を取得して，当時かれがいたオハイオ州コロンバスを離れてシカゴに滞在し，1958年の春に『分かたれたる家の危機』を脱稿した．1957年の夏，コロンバスに戻る前に，かれはシカゴ大学でリンカン＝ダグラス論争につ

第8章 分かたれたるシュトラウスの危機をめぐって

いての3回の講義をおこなった．シュトラウスはこの講義の初回に参加し，後のふたつについては講義ノートを読んだという (Jaffa 2009: vii)．ジャファは，『自然的正と歴史』の刊行以後もシュトラウスの関心はアメリカにつなぎとめられていたこと，しかもジャファ自身を介してそれはつなぎとめられていたことを，つぎのように——なかば断定的に——主張している．

> それら〔講義〕は，1951年の「便宜と道徳性」と1958年の『分かたれたる家の危機』を架橋するものだった．シュトラウスは，リンカン，独立宣言，自然権についての私の研究を，たいへん興味をもって，かつ励ましながらわかってくれた．その興味に欠けるところはなかったし，西洋文明における自然権の未来は，合衆国の未来にかかっていることをシュトラウスはけっして疑わなかった．かれはまた，かれが『分かたれたる家の危機』のなかに見出した古典的自然権の再生と復権を達成する力を疑わなかった．リンカン（と私）がその力を見出した枠組みを同じく心中に抱きつつ，そうしたのである (Jaffa 2009: vii-viii)．

ただし，シュトラウスは『自然的正と歴史』の後に，先にみた独立宣言をめぐる問い——あるいはリンカンをめぐる隠れた問い——に明示的に立ち戻ることはなかったと言える．その理由として，シュトラウスはそもそもアメリカにそれほど興味をもっていなかったからであると考えることもできるかもしれない．あるいはまた，シュトラウスは心中においてやはりヨーロッパの学者であり続けたと考えることもできるかもしれない．さらには本章で後に紹介するマイケル・P・ツッカート〔以下，ミドルネームを省略して表記〕のように，シュトラウスとアメリカとの関係は緊張をはらんだものであると考えることもできるかもしれない．しかしジャファは，絶対的な自信をもってこれらの問いに否を突きつけている．

ジャファのこの自信は，我こそが師の遺志を継承し，場合によっては師そのものを凌駕しうる高弟であるという過剰なまでの野心的自負なの

197

だろうか．それとも，シュトラウスとアメリカとの関係をめぐる確かさに裏打ちされた正当な自任なのだろうか．本章はこの二者択一に解答を与えることを留保し，問いを提出するにとどまらざるを得ないが，いずれにしてもこの問いの輪郭を描きつつ，リンカンを「少なくともアリストテレスにまで遡る哲学の伝統に位置づける」という読解を軸に展開されるジャファの政治哲学の一端を跡づけたい．

2　シュトラウス学派の区分をめぐって——ジャファとツッカート夫妻の論争

シュトラウスのもとで最初に博士号を取得したひとりであるジャファは，1952年——『自然的正と歴史』刊行の前年——に最初の著作である『トマス主義とアリストテレス主義』(Jaffa 1952)をシカゴ大学出版局から刊行した後，建国の父祖たちやリンカンを一貫して自らの政治哲学の思索の中心にすえてきた．ジャファはまた，「保守」の立場からアメリカ政治に知識人としてコミットした過去も有している[1]．

1918年生まれのジャファは2015年1月10日，96歳でこの世を去った．なお，奇しくも同日，ウォルター・バーンズも95歳の生涯を閉じている．そのジェファが最晩年の2012年に刊行した論文集が，『分かたれたるシュトラウスの危機——レオ・シュトラウスと東部と西部のシュトラウス学派にかんする論考』である．ジャファ夫人であるマージョリー・ジャファとの若き日の思い出の写真も収められた本書は，2011年に新たに書き下ろされて巻頭に収録された論考「シュトラウス学派の地理——ある回想と注釈」がとくにそうであるように，一研究者の自伝としての側面を一面において色濃く有している．ただ他方では，トマス・パングル，ジョン・A・ウェッターグリーン，ロバート・P・クレイナッ

---

[1] ジャファの知識人としての活動としては，1964年の大統領選で共和党の大統領候補であったバリー・ゴールドウォーターのスピーチライターを務めた経歴が，おそらくもっとも有名である．ウィリアム・F・バックリー・ジュニアが指摘するように，ゴールドウォーターの演説中の有名なセリフ「自由を追求するにあたっての過激主義は悪徳ではない．正義を追求するにあたっての中庸は美徳ではない」が，ジャファの筆によるものであることはよく知られている．(Buckley 1970: 214)

ク，マイケル・ツッカートといったシュトラウス学派内外の論者たちからジャファに投げかけられた批判と，それにたいするジャファ自身の応答を中心に，論文の体裁をとった過去の多様なやりとりが採録されており，『分かたれたるシュトラウスの危機』という主題が示す通り，本書は緊張感を封じ込めたきわめて論争的な論文集ともなっている．一研究者の自伝としての側面と論争的な論文集としての側面が一体化した本書は，シュトラウス学派にとってその存在自体が論争的であるという，ジャファの位置を象徴的に表現していると解釈することもできるかもしれない．

「シュトラウス学派の地理」において，主たる批判的俎上にあげられているのが，キャサリン・H・ツッカートとマイケル・ツッカートによる『レオ・シュトラウスの真実――政治哲学とアメリカン・デモクラシー』(2006年)である．この書物の記載に異議を申し立てるに際して，ジャファの文章の行間から強く滲み出してくるのは，自らは最初期の弟子としてその後の学派の弟妹たちが知ることのないシカゴ以前のシュトラウスを知っていることにたいする自負であり，かつ，その後のシュトラウスの弟子たちの少なからずが，アメリカにたいする思索に向かうきっかけをつくったのは自分自身であるという自任である．

まずもってジャファが強調するのは，アメリカにたいするシュトラウス学派の関心の始まりは，シュトラウスがシカゴに着任する3年前，すなわち1946年に自らがリンカン＝ダグラス論争の価値を発見したときに遡るということである．また，本章でもすでに言及したように，1950年代にこの論争にかんする講義をシカゴでおこなったという事実にあらためて触れたうえで，ジャファは「ツッカート夫妻が名前を挙げているシュトラウス学派の人間たちはみな，シュトラウスの講義を聞き終わる前ではないかもしれないが，その直後に私のリンカンに触れていると思う」(Jaffa 2012: 10)と主張している．さらには，リンカンとダグラスの対立は原理的には『国家』のなかのソクラテスとトラシュマコスの対立と同一であり，アテナイの民衆の意見にたいするソクラテスの批判と同様に，アメリカの民衆の意見にたいするリンカンのソクラテス的な批判のなかにもまた政治哲学が根ざしていることを発見したのは，ジャファ

である——そのようにマーティン・ダイアモンドが述べたというエピソードが，この論考のなかで披瀝されている．

かくして，多くの弟子たちをアメリカというテーマに誘ったのはシュトラウスではなく自分であるとまでは言わないとはいえ，シュトラウスのシカゴ時代の弟子たちをアメリカへと駆り立てたのは，主流の歴史家たちには見えていなかった「ソクラテス的なリンカン」を自分が発見したことによるところが大きいことは，ジャファがこの論文集においてあらためて強調するところである．

もちろんジャファによるツッカート夫妻にたいする批判は，アメリカについての政治哲学的考察をめぐる自らの先駆的功績の確認にとどまるものではない．その筆致はおのずから，ジャファ自身が区分するところの「東部」のシュトラウス学派による，自らのリンカンおよび建国の父祖たちにかんする理解に向けられてきた批判へと展開していくことになる．

日本においてシュトラウスに関心を有する人びとのあいだでもすでに知られているように，ツッカート夫妻はシュトラウスによるアメリカと近代にたいする断片的な考察を，結論において矛盾をはらんだ以下のような三段論法として定式化している．

　　アメリカは近代である．

　　近代は悪い．

　　アメリカは善い[2]．

この定式化を踏まえたうえで，ツッカート夫妻は，この三段論法のなかのどの命題の力点を弱めるかによって，アメリカのシュトラウス学派

2　ツッカート夫妻によれば，シュトラウス自身はこの各命題について次のように留保を付すことで，それぞれの両立をはかっているという．「(1) アメリカは善であるという判断は比較に基づいた判断である．すなわち近代に内在しつつそれにもっぱら代わるものに応じて，アメリカは善くなる．(2) 近代は完全に悪ではない，あるいはそのすべての部分が同じように悪なのではない．(3) アメリカは完全に近代ではない」(Zuckert 2006: 198)．

第8章　分かたれたるシュトラウスの危機をめぐって

は三派に分岐を遂げてきたことを指摘している．東海岸のシュトラウス学派は，シュトラウス自身がそうした以上に，第三の命題である「アメリカは善い」へのこだわりを捨てるに至った[3]．それにたいして西海岸のシュトラウス学派は夫妻によれば，東海岸のシュトラウス学派にたいする応答のなかで，この第三の命題にたいする支持を深め，そのかわりに第一の命題である「アメリカは近代である」を拒絶するに至った[4]．それにたいして中西部のシュトラウス学派は，第二の命題である「近代は悪い」を否定するに至ったという（Zuckert 2006: 200-201）[5]．

　ツッカート夫妻のこの三区分にしたがえば，ジャファは西海岸のシュトラウス学派に区分されるが，単にそこに区分されるのみならず，西海岸のシュトラウス学派の創設者としての地位を割り当てられることになる．夫妻によれば，記念碑的著作であるジャファの『分かたれたる家の危機』は自己矛盾をはらんだ書物——夫妻の表現に即せば「それ自体が分かたれたる書物」（Zuckert 2006: 227）——である．すなわち，建国は近代的——つまりロック的——なものであり，それゆえに完璧なものでなく不十分なものであるが故に，アリストテレス的な原理に依拠したより高次の道であるリンカンにしたがうことをジャファのこの著作は説いているが，当のリンカン自身は，建国の父祖たちの不完全さを解決するためにその不完全な彼らに従えと述べている．それゆえに，ここには矛盾が存するというのがツッカート夫妻のジャファ批判であり，まさにこの

---

[3] ツッカート夫妻が掲げる東海岸のシュトラウス学派の代表的な人物は，まずアラン・ブルームであり，ブルーム以外では，トマス・パングル，ハーヴェイ・マンスフィールドらが挙げられている．

[4] 西海岸のシュトラウス学派を構成する人びととして，ツッカート夫妻がジャファ以外で言及している代表的な論者は，トマス・ウェスト，チャールズ・ケスラーである（Zuckert 2006: 248）．

[5] 中西部のシュトラウス学派は，東海岸のブルームや西海岸のジャファのように単一の人物を長らく想起させず，それゆえに第三の独立した分類として提起するのは自分たちが最初であるとツッカート夫妻は述べている．夫妻がその代表的論者として言及するのは，マーティン・ダイアモンドであるが，後期のウォルター・バーンズ，ジョゼフ・クロプシイ，ラルフ・ラーナーにもその共通性が見出させるという（Zuckert 2006: 252）．中西部のシュトラウス学派の第二世代として夫妻が言及しているのは，ウィリアム・ギャルストンである（Zuckert 2006: 258）．

矛盾を解消しようという過程こそ，西海岸のシュトラウス学派の形成をもたらしたというのが，夫妻のさらなる解釈である (Zuckert 2006: 227)[6]。

それにたいして，そもそも不完全さを軸にしてツッカート夫妻が批判するような矛盾などは存在しないというのがジャファの反論である。ジャファは，暴民によるリンチと僭主的指導者の双方を退けた，すなわち奴隷制廃止に与しつつも性急な奴隷制廃止論者たちをも批判して「法の尊重 (reverence for the laws)」を訴え，それをアメリカ国民の「政治的宗教」へと高めることを求めた，有名な 1838 年のライシーアムでの演説「我々の政治的諸制度の永続」(Basler 1953: 108-115) とならんで，1858 年のダグラスとの論争のなかでリンカンがつぎのように述べているのを，この文脈において引用している。

> 神の忠告のひとつのなかで「天の父が完全であるように，汝もまた完全であれ〔マタイの福音書〕」ということが言われます。私が思うに，救世主は被造物である人間は天の父のように完全になることはできないと考えていたのに，「天の父が完全であるように，汝もまた完全であれ」と言ったのです。救世主はこれをひとつの基準として設定し，それによってこの基準に限りなく到達しようとしたかれは，最高次の道徳的完全性に到達したのです。それゆえに，万人は平等に創られているという原理と結びつけつつ，自分たちもできるかぎりそれに近づこう。そう私は言っているのです (Jaffa 2012: 11-12)。

ジャファによれば，このリンカンの言葉は「どこにおいても本性から

---

6 ツッカート夫妻によれば，西海岸のシュトラウス学派の形成はある日突然になされたものではなく，ジャファと他の論者との批判的やりとりのなかで徐々になされていった側面が強い。夫妻がとくに挙げているのは，1970 年代半ばにおけるダイアモンドにたいするジャファの激しい批判，同じく 1970 年代にウィルモア・ケンドールが遺した『分かたれたる家の危機』への批判的コメントである。ケンドールは，ジャファの描くリンカンは建国の父祖たちが見通せなかったことを克服し，超越しようとしているが，その超越がいわゆる「革新主義的な」方向への際限のない脱線へと至ることを懸念した (Zuckert 2006: 239-241)。ケンドール自身の議論の詳細は，ジョージ・W・ケアリーとの共著としてかれの死後に出版された Kendall and Carey 1970 を参照いただきたい。

して最善である唯一の統治の形態がある」というアリストテレスの教説に合致するという (Jaffa 2012: 18). 実際には最善の統治形態はどこにもありえず，いかなる所与の時代のいかなる場所でも不可能であるかもしれない．しかし，それはひとつの抽象的な真理として，政策や法律の改善に指針を与えるかもしれない．その一方で，実際にはそれには到達不可能であるにもかかわらず，あたかも可能であるかのように夢想し，あるいはそのように装うことのなかには僭主政治の危険性が胚胎している．奴隷制廃止論者のなかの少なからざる者たちが，法に依拠しない力を使用する誘惑にかられていた際，「自由を奴隷化することによって奴隷を解放する」とリンカンがライシーアムでの演説のなかで警告を発したときに明らかにしようとしたのは，まさにこのことだったとジャファは主張している．

3　民衆の自己統治能力という高貴かつ困難な課題とリンカンの賢慮

　本章では，この『分かたれたる家の危機』の核をなす考察対象であるリンカン＝ダグラス論争について本格的に言及する紙幅はないが，ライシーアム演説が主題的に扱われているこの書の第9章「政治的救済にかんする教説」については，前節を踏まえてとくに焦点を当てておきたい．このライシーアム演説の主たる3つの構成部分[7]を読み解くなかでジャファは，共和国の主たる危険は，暴民の跋扈(mob rule)によって生み出された混乱に乗じる「非凡な天才」としてのカエサル的人間によってもたらされることについて，さらには，民衆の自己統治という高貴かつ困難な課題をやりとげ，政治的救済を果たすための「カエサルに抗し，カエサルを超越する政治的役割」(Jaffa 2009: 214)について，若きリ

---

[7]　ジャファにしたがえば，ライシーアム演説の主たる3つの構成部分は以下のとおりである．すなわち，①この国を席巻している暴民の跋扈という悪，②独裁(one-man rule)を確立しようと暴民が引き起こす混乱によって創り出された機会をとらえようとする「非凡な天才」——リンカンはこの演説のなかで，アレキサンダー大王，カエサル，ナポレオンの名前を挙げている——という将来の危険，③劣った情念の解放という，革命の公共的精神の衰退から結果的に生じるもうひとつの将来の危険，である (Jaffa 2009: 192).

ンカンが見定めていたことを指摘している.

　ジャファにしたがえば,暴民の暴力が民衆の政府にとってとくに危険なのは,あらゆる立法権力の源泉は自分たちであるという妄想がその根底にある時である.というのも,自分たちは何ものにも制約されないという思考は,自分たちの権利を生み出すために設立された憲法こそが自分たちの権利にとっての障壁であるという,情念に突き動かされた確信をもたらしうるからであるとジャファは指摘する.このような思い上がった確信をデマゴーグが民衆に吹き込む時,カエサル的危険が生じる.すなわち,外部ではなく共和国の内部から生じるカエサル的危険は,暴民の暴力と,危険な野心とが一致するところから生じるのである(Jaffa 2009: 223)[8].

　それにたいして,すなわち民衆を外国の征服やパンとサーカスへと導くことで,共和国の自己統治をやがて破壊するカエサルにたいして,「他者があがなったパンを食べてはならない」ことを民衆に教える者たちは,ずっと困難な課題を抱える.だが,ジャファによれば,そうした者たちこそが真の主人であり,彼らこそが民衆の自分自身による情念の抑制,つまり民衆の「高貴な奴隷化」を果たし得る (Jaffa 2009: 225).

　リンカンがライシーアムでの演説やダグラスとの論争のなかで示した判断は,ジャファにしたがえばまさに賢慮(prudence)に基づくものである.ジャファはそうした賢慮について「シュトラウス学派の地理」のなかでつぎのように述べている.「賢慮とはある望ましい結果や目的をもたらすために,特定の時間と場所のなかにある特定の状況の出来事に影響を及ぼそうとする能力である.それはまた,成功は不可能であり高貴なる失敗が唯一の合理的な代替物であるということを時に応じてわれわれに語る美徳でもある〔強調は筆者による〕」(Jaffa 2012:

---

[8] 本章がとくに光をあてている『分かたれたる家の危機』の第9章でも,建国の父祖たちが気づいていなかった問題をリンカンが見抜いたことを指摘する箇所は少なくない.たとえば『ザ・フェデラリスト』第51篇を踏まえたうえでリンカンは,野心によっては対置できないなんらかの野心が存在し,そのような危険は,私的動機ではない「ある並外れた決意(a mighty resolve)」によって対処するしかないことを理解していたとジャファは指摘している (Jaffa 2009: 204).

第8章　分かたれたるシュトラウスの危機をめぐって

23）．そのうえでジャファが「シュトラウス学派の地理」のなかで強調しているのは，古典的なアリストテレス主義の賢慮は，アメリカの建国のなかにすでにあり，リンカンは賢慮をそのなかから見出したということである．ジャファにとって，独立宣言のなかの賢慮はアリストテレスの賢慮でもあり，それはまたリンカンの賢慮でもある．なぜなら，賢慮は時と場所に左右されることなく賢慮であり，それに二種類はないからである．実際にジャファはこう指摘している．「賢慮がすがたをあらわすのは，賢慮ある行為が可能となる状況の数だけ多いが，この美徳それ自体は唯一である．これこそ，アリストテレスとロックが相対立した矛盾しあう哲学の教説をあらわしているとみなすことが誤っていることの理由である」（Jaffa 2012: 21）．かくしてジャファは，独立宣言と古代の政治哲学の教説との連続性を主張することで，独立宣言の背景にあるロックの教説とアリストテレスの教説との連続性をも主張することになる．

　ここにおいてジャファは，シュトラウスの『自然的正と歴史』に描かれたようなロック解釈からの離脱をわれわれに勧めることになる．また，それとともにかれは，アリストテレスとロックとのあいだに差異を認めるか否かが，あるシュトラウス学派を別のシュトラウス学派と分かつ基点であること，つまり東部のシュトラウス学派と西部のシュトラウス学派との違いをもたらす岐路であることを指摘している．

　ジャファはこのように，ツッカート夫妻の定式化した三段論法に基づく，東海岸，西海岸，中西部というシュトラウス学派の三区分を峻拒し，意味あるかたちで存在しているのは東部と西部の二区分であると，読者に実質的に再考を求めていると言える[9]．そのうえで，夫妻の挙げる「ア

9　シュトラウス学派をめぐるツッカート夫妻の三区分にたいしてジャファが二区分を提起していることの重要性は，本章の基となった「書評　分かたれたるレオ・シュトラウスの危機」執筆に際して飯島昇藏先生よりご指摘いただいたものである．ここに引き続きその事実を付記し，感謝の意を表する次第である．なお，ツッカート夫妻は Zuckert and Zuckert 2014 のなかで，哲学と啓示の関係をめぐる主張の相違，ならびにアリストテレス主義的シュトラウシアンとプラトン主義的シュトラウシアンの相違というふたつの観点から——三区分を堅持しつつ——シュトラウス学派内外に存在するさまざまな立場の相違について，あらためて一章を割いて論じている．ツッカート夫妻の三区分を踏まえてシュトラウ

メリカは近代である」という命題について，ジャファはこのように批判的に述べている．すなわち，もし「アメリカは近代である」ということが意味するのが，われわれ死すべき存在は太陽系の運動に基盤をもつ暦の時間軸のなかに存在しているということであれば，それはまったくの自明の理である．しかし「われわれの体制の原理がこのような時間軸に規定され，つかの間の妥当性しかもたないとしたら」，それには賛成しかねる (Jaffa 2012: 22).

　ツッカート夫妻によるジャファ批判とそれに基づく西海岸のシュトラウス学派という規定にたいして反論を展開するジャファであるが，しかしながら「シュトラウス学派の地理」の後半では，『分かたれたるシュトラウスの危機』の執筆時に，リンカンが古典の原理をしかも高い水準で保持していることを自分はわかっていたものの，リンカンが立ち帰ることを求める建国の思想のなかにも同様な古典の原理が表現されていることには気がつかなかったことを，実質的に自己批判のかたちで認めてもいる (Jaffa 2012: 27). この自覚は，さきほども触れた『自然的正と歴史』のロックからの離脱の勧めにもつながるものである．ただし，それはシュトラウスそれ自体からの離脱を意味するものではなく，『リベラリズム 古代と近代』に収められた「リベラル・エデュケーションと責任」におけるシュトラウスの好意的なロック理解をなぞるものであることがジャファによって強調されている[10]．

　まさにこの点においてあらためて，古典的政治哲学と，時間的には近代に位置づけられる建国期の思想とは連続性を保つものであることが，ジャファによって指摘されることになる．その鍵を握るのは，「自然の貴族制」を主張したジェファソンである．ジェファソンとシュトラウス，さらにはロックとアリストテレスとをつなぐものこそ，自然な高貴な人びと (aristoi) にたいする信念である．ジャファによれば，そもそもジェファソンが言いたかった，さらにはシュトラウスが理解したデモク

ス学派内の対立について概括的な検討をくわえたものとして Zentner 2010 がある．

10　ジャファのこのような最終的なロック評価——顕教的なロックは，秘教的なロックよりも道徳的にも政治的にも優れている——が，西海岸のシュトラウス学派を理解するうえで重要な点であることは，ツッカート夫妻も強調しているところである (Zuckert 2006: 249).

ラシーとは，リベラル・エデュケーションを受けたエリートの影響力がデモクラシーとアリストクラシーの違いを消し去るまでに浸透しているような，そのようなデモクラシーなのである[11]．

　高貴な事柄は困難であり，高貴であればあるほどそれはより困難であるという言葉をアリストテレスから引きつつ，リンカンは民衆の政府というきわめて高貴あるがゆえにきわめて困難な課題に取り組んだとみなしたジャファにとって，このようなデモクラシーを建国期以降のアメリカ史のなかで体現した者こそリンカンだったと言える[12]．一般に喧伝されてきた「平凡さ」とは裏腹に，リンカンもまた野心に満ち溢れた人物であることは近しい人びとに知られていた（Jaffa 2009: 189）．しかしリンカンは，アメリカにおけるデモクラシーの永続という困難な課題のなかでその野心を抑制し得た．ジャファは『分かたれたる家の危機』のなかでも，ウッドロウ・ウィルソンに仮託させて，その偉大な役割を演じきったリンカンについて，こう述べている．

　　リンカンという現象はデモクラシーを信じることを可能にしたと，ウッドロウ・ウィルソンはかつて述べた．ウィルソンは名声への愛と卓越性への愛のあいだにある緊張関係を鋭敏に感じとっていた；かれは両者を調停させることは難しいが，苦痛なものとしてではなく敬愛されるものとして，つまり人間の強い熱望を体現したものとしてのデモクラシーは，民衆のなかのある者（a man）は，その民衆によ

11　ジャファは引き続き，さらにこう述べている．「自然な高貴な人びとを見出し，その者たちに教育を与え，特定の状況においてその者たちの影響力が最大になるような方法と手段を発見することが，古代の世界であれ近代の世界であれ政治哲学の課題である」（Jaffa 2012: 28）．
12　ツッカート夫妻は，ジャファに代表される西海岸のシュトラウス学派は，「哲学者は悪しき市民でなければならないか」という問いにたいして，否定形で答えるところから出発していることを指摘している．そのうえで，夫妻によれば，シュトラウスにとって最善の体制とは発話のなかにある体制（a regime in speech）であるのにたいして，ジャファは最善の体制が実際のもの（actual）のものであることを見出した（Zuckert 2006: 242-243）．ただし，アメリカは完全性を追い求めつつも，それを達成しようという途上に限りなくとどまり続けるだろうことを，ジャファがリンカンに依拠して強調している点には注意を払う必要があるように思われる．

って選ばれたなら，道徳と知性を範例として示すことができるだろうという確信を要請するということをわかっていた(Jaffa 2009: 190).

　ジャファの述べるところによれば，「リンカンという現象はデモクラシーを信じることを可能にした」とウィルソンが言ったとき，道徳的抑制を可能にするものは伝統的には貴族的な徳と結びつけられており，それは民衆の意見にたいする敬意とはとくに相いれないものであるとつねに思われてきたということを，ウィルソンは含意していた．それにたいして，いかに「矜持(magnanimity)」は民衆の大義と共にできるかを示してみせようというのが，ジャファによればリンカンの課題だったのである(Jaffa 2009: 219)[13]．

4　結語にかえて――シュトラウスとアメリカという問題圏の射程

　本章がこれまで手短にではあるが触れてきた，主にリンカンをめぐるジャファの政治哲学的思索には，一時期あまりにもセンセーショナルに論じられた，いわゆるネオコンとシュトラウスとの関係をめぐる詮索をはるかに超える，シュトラウス学派によるアメリカの政治的伝統にたいする洞察が横溢している．

　もちろん，こうした洞察は翻って，シュトラウスとアメリカとの距離という問題にもあらためて光を投げかけることもまた事実である．実際に『分かたれたるシュトラウスの危機』に収録されている論考のなかで，マイケル・ツッカートはあらためてこの問題に触れ，シュトラウスはアメリカの友人であったとはいえ，あくまでも微温的な態度を保った友人であり続けたのではないかという疑問を提起している．シュトラウスは，古典古代の政治哲学の復権という試みの一部として，アメリカの支持を明らかにしたことはあったとはいえ，シュトラウスの内在的な理解に即せば，古典古代の復権とアメリカの支持とのあいだには緊張関係

---

[13] ツッカート夫妻は，ケスラーのジャファ論に依拠しつつ，『分かたれたる家の危機』で描かれている矜持は，キリスト教を付加することによるアリストテレスの教説の変容の産物であると論じている(Zuckert 2006: 225-226).

第8章　分かたれるシュトラウスの危機をめぐって

があるのではないか，ということである．

　そのうえでツッカートは，1959年刊行の『分かたれたる家の危機』と2000年刊行の『自由の新たな生誕』(Jaffa 2000)との間に存する，ジャファによるリンカンならびに建国の父祖たちをめぐる解釈の異同をあらためて論じたその論考――「ジャファの新たな生誕――90歳のハリー・ジャファ」――の末尾で，ジャファは自らの思索の深まりのなかで，実際にはアメリカをめぐってシュトラウス自身から袂をわかっているのではないかということを，再度つぎのように指摘している．「アメリカが近代の危機にたいしてひとつの解決策を与える政治的な希望であるかぎりにおいて，近代性とアメリカとはシュトラウスがそれらに与えたのとは異なる提示の仕方を必要としている．ジャファはそのように考えているのである」(Jaffa 2012: 256)．ツッカートはジャファの試みを否定はしていない．ツッカートが指摘しているのは，それは正統なシュトラウスの教説からの離脱を意味しているのではないのかということである．

　それにたいして「シュトラウス学派の地理」のなかで，ジャファがこう述べている箇所がある．ジャファにしたがえば，ツッカートらが言うようにシュトラウスはアメリカ人ではなかったと言うのは，アメリカの建国の理念に照らすならば正しいとは言えない．というのもジャファによれば，アメリカ人が自分たちの独立は正当なものであると訴える根拠とした諸権利は，アメリカ人があらゆる場所にいるすべての人間たちと共有しているそれであるということがアメリカ建国のひとつの特徴であり，これこそが「アメリカ例外論の真の意味」であるからである．

　そのうえでジャファは，シュトラウスが1930年代にはじめてアメリカにやってきた際，人びとが「無神論者」という言葉を口に出すのをはばかっているのをみて，「我が家に帰ってきた(coming home)」と感じたことをジャファに話したという，おそらくはシカゴ時代のシュトラウスのみを知っている者には与りしれないエピソードにも触れている(Jaffa 2012: 12)．ジャファにとって，シュトラウスが語ったという「我が家に帰ってきた」とのこうした自覚は，リンカンが祝福したヨーロッパ移民のアメリカ化をなぞるものであった．このようなジャファのシュトラウス理解は，シュトラウスの最初期の弟子であるというかれの単なる自負

から生じるものにすぎないのか，それとも，ジャファこそがシュトラウスとアメリカとの関係性に真の意味で気がついているのだろうか．

あるいはまた，シュトラウスがシカゴ大学を退職した後，ジャファの勤務するクレアモントに講義のために滞在した際のとあるドライブの途上，『分かたれたる家の危機』が話題にあがり，「あれこそが書物です」とシュトラウスは発言したという．ジャファによれば，シュトラウスはさらにこう述べたという．「そしてジャファ教授と私は，それを理解している唯一の者たち (the only ones who understand it) なのです」(Jaffa 2012: 15)．このエピソードは「シュトラウス学派の地理」のなかで，ツッカート夫妻による『分かたれたる家の危機』の批判にたいする反論のなかで披歴されており，ジャファにとっては自らの思索の価値を証し立てる重要なものとして位置づけられている．このエピソードは，本章がたびたび取り上げた『分かたれたる家の危機』刊行50周年記念序文のなかでも触れられている (Jaffa 2009: viii)．

これらのエピソードはどれも，ジャファの記憶以外に証明するものがおそらくなく，シュトラウス自身が，さらにはジャファもまたこの世を去った現在，その真偽を史料によって証明することは難しいものと思われる．したがって，ジャファは亡き師の地位を簒奪しようという野心ある弟子なのか，それとも師から真なる示唆を受けつつ，師を受け入れたアメリカという地こそが政治哲学の復権にとっての約束の地でもあることを見出した正統な後継者であるのか，この問いの解答には，ジャファの一連の著作を注意深く検討することによってしか，もはや接近できそうにはない．

ただし，ジャファの一連の著作にそのように足を踏み入れた者は，この解答の行方にかかわらず，シュトラウスとアメリカという問題圏の射程が，想像を超える広がりをもつものであることに，はたと気がつくことだろう．その意味でジャファの政治哲学は，ヨーロッパとの暗黙の対比をつうじてしばしば投げかけられる，アメリカは浅薄であるという臆見から距離をとるための，ある確かな道標である．

参考文献

Basler, Roy P. ed. (1953), *Collected Works of Abraham Lincoln* vol.1, Rutgers University Press.
Buckley, William F. (1970), *Did You Ever See a Dream Walking?: American Conservative Thought in the Twentieth Century*, Bobbs-Merrill.
Jaffa, Harry V. (1952), *Thomism and Aristotelianism*, The University of Chicago Press.
────── (2000), *A New Birth of Freedom: Abraham Lincoln and the Coming of the Civil War*, Rowman & Littlefield.
────── (2009), *Crisis of the House Divided: An Interpretation of the Issues in the Lincoln-Douglas Debates*, The University of Chicago Press.
Jaffa, Harry V. et al. (2012), *Crisis of the Strauss Divided: Essays on Leo Strauss and Straussianism, and East and West*, Rawman & Littlefield.
Kendall, Willmoore and George W. Carey (1970), *The Basic Symbols of the American Political Tradition*, Louisiana State University Press（土田宏訳『アメリカ政治の伝統と象徴』，彩流社，1982年）.
Zentner, Scot J. (2010), "Straussians," *21st Century Political Science: A Reference Handbook*, eds. John T. Ishiyama and Marijke Breuning, Sage Publications.
Zuckert, Catherine H. and Michael P. Zuckert (2006), *The Truth about Leo Strauss: Political Philosophy and American Democracy*, The University of Chicago Press.
Zuckert, Michael P. and Catherine H. Zuckert (2014), *Leo Strauss and the Problem of Political Philosophy*, The University of Chicago Press.

第9章
書評論文:Kenneth Hart Green, *Leo Strauss and the Rediscovery of Maimonides*
(Chicago: The University of Chicago Press, 2013)

手島勲矢

　評者の専門は，ユダヤ思想と聖書解釈であるので，政治哲学の専門家のような書評を書くことは考えていない．ただ「ユダヤ聖書解釈の歴史はユダヤ思想の歴史そのものである」という長年の学問的立場からマイモニデスについて，その解釈者であるレオ・シュトラウスについて興味を持っていた．その点で，本書は，私のような門外漢にとって，格好のレオ・シュトラウス政治思想の入門，というのが率直な読後の感想である．はたしてレオ・シュトラウスを専門とする政治（哲学）学者たちが同様の感想を抱くかどうかは疑問であるが，評者にとっては，本書は，なぜ政治哲学者レオ・シュトラウスがギリシアやイスラエルの古典著作の精神に注目し，中でもマイモニデスを評価したのか，その彼の思考のプロセスを分析し解説してくれる一冊である．

　中世の人マイモニデスのアクチュアルな意義は，レオ・シュトラウス本人の政治哲学の柱をなすものでもあると私は想像するが，そのレオ・シュトラウスの政治哲学をめぐる本論とは別に，評者の目を引いたのが，著者ケネス・グリーンの主張する《思想の歴史考古学者としての》シュトラウス像である(as honest archaeologists of thought and undogmatic historical scholars, 38)．つまりシュトラウスその人は，独自の自由主義の政治哲学のゆえに独自の「マイモニデス」像を創作したのではなく，「マイモニデス」の自由な精神の事実を歴史から発掘したがゆえに独自の政治哲学を形成した，という見方である．予てより，評者は，ユダヤ思想の歴史家またはユダヤ学者としてのシュトラウスに注目していたので，著者の見解は，今後，シュトラウスによるマイモニデス研究の見直し再評価を促すものとして歓迎したい．

　本書のメリットを思想史的に正当に評価するには，1)著者ケネス・グ

リーンはレオ・シュトラウスの思想解釈において，その本人レオ・シュトラウスの実像に忠実なのかどうか？また，2)レオ・シュトラウスのマイモニデス理解は，その歴史的な理解として妥当かどうか？さらに，3)マイモニデス自身の思想また彼の聖書解釈は，そもそも政治哲学たり得るものかどうか？——これら3つの視点から本書を吟味することが求められると思うが，そのいずれも評者には荷が重い．評者は，本書の内容を高く評価するのだが，それは評者が物を知らないからにすぎないということでもあり——何であれ——評者が本書から学んだことの幾つかをとりあげ（学びの量は多いので全部は無理である），それらについて雑感的に述べることで書評とすることをお許し願いたい．

　本書のテーマである，シュトラウスとユダヤ思想家マイモニデスの関係性は，極めて認識論的な哲学の議論でもある．しかし，同時にシュトラウスが政治哲学者であるがゆえに，自身の出自のしがらみや文化的な偏見から自由であるか？という，反ユダヤ主義者がユダヤ出自の学者によく投げかけるレトリック的な問題提起が常に付きまとい，乱暴ではあるが，キリスト教神学をベースにした左派リベラルな政治哲学とユダヤ思想ベースにした右派ネオコン政治思想の対比として，彼の政治思想は読み解かれてしまうきらいがあり，それゆえに，その本来の問いの意義が矮小化されているといえなくもない (W. H. F. Altman, *The German Stranger*). それゆえに，シュトラウス研究がフェアであるためには，その前景にある近代ユダヤ教と西欧キリスト教の神学的衝突に無知であってはならないのは当然だが，それ以上に，ユダヤ共同体の戒律の思考より自由であろうとするユダヤ啓蒙主義者（マスキリーム）の中から生まれてくる——ある意味，スピノザ以来の——ユダヤ知性の世俗主義と，それとは色々な意味で対照的な，16世紀以来の，キリスト教徒同士の宗教戦争の中から出てくる——教会（カトリック）否定と宗教（神）否定の——クリスチャンの世俗主義を一緒くたにせず，歴史的にも哲学的にも，両者を区別する姿勢も大事であると評者は考える．

　さらにいえば，そのキリスト教とユダヤ教の世俗主義の対比に加えて，スピノザとマイモニデスの思想的対比もレオ・シュトラウスの議論の中では，とても重要で，その対比は，近代と中世のユダヤ思想の断層

第9章　書評論文:Kenneth Hart Green, *Leo Strauss and the Rediscovery of Maimonides*

としても読み取れるが，同時に，その断層は，アブラハム・クロフマルなどの近代的なラビ(ユダヤの宗教家)に研究・受容されたスピノザ哲学と，シュロモー・ピネスなど既に世俗化したユダヤ知識人に研究・受容されたマイモニデス哲学の理解の対照性を意味するのでもあり，さらにはアテネとエルサレムという名前の下で，それはギリシア哲学とユダヤ思想の伝統の衝突の暗喩にも転じる．確かに，ラビ・ユダヤ教とギリシア哲学は，同じ理性(?)を用いているようでも，その前提となる，世界(自然)を理解する仕方において根本的な違いがあり，その世界観の違いを自覚するなら，マイモニデスが前提とするトーラーの理性は，決してトマス・アクゥイナスの理性と同じではないともいうべきかもしれない．特に，日本においては，キリスト教神学やウェーバーなどの宗教社会学への関心ゆえにユダヤ教思想は一方的に批判的に性格付けされることも多い．ゆえに，これらの様々に交差する対照性の視点を理解することは，レオ・シュトラウスのマイモニデス論を理解する上でクリティカルな第一歩と思える．

　忘れてならないのは，レオ・シュトラウスは，伝統的な家庭で育つけれども，彼自身は戒律を守る宗教家(ダティ)ではない．彼が戒律から離れて生きる自由なユダヤ人(ヒロニ)であろうとしたことは，彼の政治的で哲学的な学問遍歴に表れている．最初のマーブルク時代の哲学的な訓練は，ヘルマン・コーヘンの新カント派のそれ，つまりエルンスト・カッシーラーの指導の下で，最初に書いた論文＝ヤコービーの認識論(1921年)に表れているし，さらに翌年からはフライブルクのフッサールの現象学の授業を求めてそこに滞在して，さらにはハイデガーにも感化される．この経緯を見て，彼の思考が戒律的ユダヤ人のそれであるはずがない．彼の精神的な文脈は，むしろカール・レーヴィットやハンナ・アーレント，ハンス・ヨナスなどハイデガーの周りにいる世俗化したユダヤ人たちと似たものだったと考えるべきであろう．とはいえ，同時にレオ・シュトラウスにはユダヤ人である強い自覚もあり，彼は17歳にして，パレスチナで展開されていたシオニズム運動の活動もおこなっている．

　当時のシオニズムは正統なユダヤ教徒にとって異端の思想，つまりユダヤの伝統を重んじない世俗的ユダヤ人の巣窟とみなされていた．だか

ら彼のマイモニデスへの傾倒を単なるユダヤ教への先祖返りのように捉えてはならない．シュトラウスがマイモニデスに向かっていく思考プロセスを，世俗ユダヤ人が情緒的にユダヤの伝統にテシュバー（立ち返り）をしているにすぎないとする捉え方は誠実さに欠けると思う．なんであれ，本書を一読して感じることは，レオ・シュトラウスの思想を，著者ケネス・グリーンは愛していて，彼は本書を——ある意味——自由主義者レオ・シュトラウスのアポロジーとして書いていることである．それは，古代から近代までの，2人のユダヤ人と2人の非ユダヤ人の引用を並べた冒頭エピグラフの構成からも，また，その最後を締めくくる「マイモニデスは，真に，自由な知性であった」というレオ・シュトラウスの言葉の引用からも，評者が思うことである．それでは，3つの視点から少しレオ・シュトラウスと本書のことについて述べてみたい．

＊

まず1番目の視点であるが，シュトラウスがマイモニデスへ興味をもつ過程を考える上で，ケネス・グリーンが本書の中では言及していない，1つの重要な伝記的事実を思う．それは，シュトラウスが1923年からフランツ・ローゼンツバイクの学校で講師をした後，1925年よりユリウス・グットマンに呼ばれてモーゼス・メンデルスゾーンの記念号を出す編集の手伝いでベルリンに移住し，その際，ユダヤ学アカデミーの仕事を通じて，ヤコブ・ゴルディンと濃密な時間を過ごすことである．そして，その頃のレオ・シュトラウスは，マイモニデスにするべきか，それともユダ・ハレヴィにするべきか，2人の思想の間でゆれて悩んでいたと伝えられている．ヘルマン・コーヘンの影響下にあるシュトラウスが，マイモニデスの哲学を近代ユダヤ人の生き方の原理と考えるのは想定内ではあるのだが，ユダ・ハレヴィの思想も当時の彼にはもう1つの選択肢であったことは意外で，その背景にはヤコブ・ゴルディンとの交わりの影響が大きいと考えられる (Ami Bouganim の2005年のヘブライ語論文「ユダヤ教のパリ学派」参照．ソフヌートの雑誌のようだが詳細不明)．

第9章　書評論文:Kenneth Hart Green, *Leo Strauss and the Rediscovery of Maimonides*

ベルリンでのゴルディンとの交わりは，レオ・シュトラウスに大きなインパクトのある交わりであったと想像をしたくなるのは，その後2人は，それぞれにマイモニデス哲学のアクチュアルな意義について意見を表明しているからでもある．つまり，ゴルディンはヒトラーの登場とともにベルリンを捨ててパリにうつり，1934年に「マイモニデスの現代性」(« Actualité de Maïmonide », in *Cahiers juifs*, n° 10, juin-juillet, 1934, pp. 6-18.)を発表し，レオ・シュトラウスも1932年にフランスに移住，1935年に *Philosophie und Gesetz. Beiträge zum Verständis Maimunis and sener Vorläufer* を発表する．これらは対照させて読まれるべき2つのマイモニデス論であり，2人のベルリン時代の対話が根っこにあると評者は推測している（日本では先駆的に馬場智一氏がゴルディン（ゴルダン）の重要性に着目してレヴィナス研究をしている．2008年『思想』1014号の馬場論文を参照）．

これらのマイモニデス論が書かれた動機は，1935年がマイモニデス生誕800周年であったことも関係するだろうが，マイモニデスか，ユダ・ハレヴィかの，二者択一で悩んだレオ・シュトラウスを説明する上では，1912年に *Jewish Quarterly Review* 誌に発表されたHarry Wolfsonの論文 "Maimonides and Halevi" のインパクトのほうが，執筆の動機として大きかったのではないかと推測する．この論文は，そもそもウォルフソン（当時23歳）がハーバード大学在学中に哲学者サンタヤーナのために書いた学部ペーパーであったが，それが賞を取り発表されて，当時の知的なユダヤ人のあいだでは注目の的になった論文でもある．この中で，若きウォルフソンが，2人の中世ユダヤの思想家を "Maimonides is Hellenist, Halevi a Hebraist; Maimonides is a rationalist, Halevi an empiricist. Maimonides subordinates everything to reason, which, for him, is alone the master of man. Halevi, too, serves only one master, but he recognizes and regards the other. He thinks will fundamental but offers reason its proper place" と鋭く文明論的に切り裂くように対比させ，そればかりか，次のように，ユダ・ハレヴィの思想を近代ユダヤ人の知的選択肢として強く売り込んだ．"In form, the philosophy of both men, Maimonides and Halevi, is antiquated, yet the substance of their

217

differences is still operative. Maimonides, however, is more truly medieval; his thought is closely allied to that of Schoolmen; while Halevi's is old wine that is even now bursting new bottles. Contemporary thought, the whole pragmatic movement, may find its versions foreshadowed in Halevi's discussion"(337).レオ・シュトラウスもヤコブ・ゴルディンも，この新大陸からの知的な挑発に反応して，マイモニデスの現代性の擁護に乗り出したのではないかと評者は見ている．

だがゴルディンは，結局は，ユダ・ハレヴィを介してユダヤ神秘主義に惹かれていき，レオ・シュトラウスはマイモニデスを介して政治哲学に向かっていくので，2人は対照的な別々の方向に進んでいった様にみえるかもしれないが，決別しようとした対象について，シュトラウスもゴルディンもさほど違わない．彼らは，ともにヘルマン・コーヘン世代が繰り返す啓蒙主義的な世界観に不満をもち，新しい，よりリアルなものの見方にひかれていったユダヤ知識人の世代に属していると評者は見ている．そもそも，レオ・シュトラウスの著作 *Philosophie und Gesetz* は，ショーレムの勧めに従い，ヘブライ大学のユダヤ哲学のポジションを争うために編まれたものであり，結果は，ユリウス・グットマンがエルサレムに招聘されたが，まさにこの一冊は，コーヘン世代のアカデミズム（現実から切り離された概念の虚構）に対抗する意識（現実主義的？）の強いマイモニデスの論考である．

このリアルを求める空気は，当時，ディルタイの影響下にあるベルリン大学で学ぶアブラハム・ヘシェルにも届いていて，カッシーラー世代に属する社会学者ダヴィッド・コイゲンと，宗教現象の認識の仕方についてヘシェルは論争していて，それを契機に彼はカッシーラー批判に目覚めて，預言者の意識の論考に向かう．この世代のユダヤ知識人は，レオ・シュトラウスもヤコブ・ゴルディンもアブラハム・ヘシェルも——ローゼンツバイクの影響をうけてか？——より実在的なものを（たとえ目に見えなくても）語ることを可能にする言語を求めて，その批判精神の延長上でフッサールやハイデガーの現象学的アプローチにも惹かれていく傾向があるように思える（2011年『ディルタイ研究』の手島論文をみよ）．

第9章　書評論文:Kenneth Hart Green, *Leo Strauss and the Rediscovery of Maimonides*

　以上の逸脱は，なぜそもそもマイモニデスなのか？この疑問にケネス・グリーンは（少なくとも評伝的には）十分に答えていないと思ったからであり，その点でヤコブ・ゴルディンとレオ・シュトラウスの関係はもっと注目されるべきと評者は考える．なぜなら，ユダ・ハレヴィか？マイモニデスか？という二者択一は，近代ユダヤ人の生き方にかかわる問題設定であり，その結果，レオ・シュトラウスがマイモニデスを選んだのであるなら（私はそう考える），レオ・シュトラウスとマイモニデスの結びつきは，《肯定的な意思》のある思想の結実として捉えられるべきものであり，なぜマイモニデスを選択するのか，その答えは，レオ・シュトラウスの考えるユダ・ハレヴィの思想との対比によって，さらに浮かび上がらせることも可能ではないかと思う（185, n18；著者ケネス・グリーンは，*Journal of the American Academy of Religion*, LXI/2, 1992 年に，レオ・シュトラウスのハレヴィ読解について詳細な分析を描いている）．

＊＊

　2番目の視点についてであるが，ケネス・グリーンによれば，レオ・シュトラウスのマイモニデス研究は，それまでのユダヤ学者のマイモニデス研究（ヘルマン・コーヘン，ユリウス・グットマン，ソロモン・ムンク，イサーク・フーシックなど）の手法に異議を唱えるもので，その批判の核心は，近代人がマイモニデスその人の著作に押し付ける概念や用語のアナクロニズムの指摘であり，ケネス・グリーンの叙述を介してだが，なぜレオ・シュトラウスが方法論の刷新から始めなければいけなかったのか，その事情がよく伝わってくる（主に3章と6章）．特にソロモン・ムンクとゲルショム・ショーレムのマイモニデス理解に対するレオ・シュトラウスの反応は，明確に，近代的学者のバイアスに対する批判になっている．

　まずは『モレー・ハネブヒーム』のアラビア語テキストの校訂本を出したソロモン・ムンクについて，シュトラウスは「ムンクとその追随者にとって，マイモニデスとイスラーム哲学（*falasifa*）の教義は新プラトン主義的な概念に汚染されたアリストテレス主義である．この意見は嘘で

219

はないが，表面的である」(22)と評しているが，シュトラウスによれば——つまりケネス・グリーンによれば——現代人が過去の人たちに対してもつ根本的なおごり，つまり過去のいかなる最高の賢者たちよりも，現在の人々は科学的であるがゆえに賢いという前提で，ソロモン・ムンクはマイモニデスの哲学に接しているのである．

　この少し高慢な進化論的な視点のゆえに，ソロモン・ムンクとその追随者は，ギリシア哲学を権威ある答えとして，当然，マイモニデスは受容していると，ア・プリオリに信じ込んでいて，もう1つの可能性に思いが至らない．つまりマイモニデスにとって，もしかしたらギリシア哲学は本当の答えを求めるための刺激物または出発点にすぎないのではないか？という可能性を最初から考慮からはずしている．むしろ，レオ・シュトラウスは，古代人に知られていない本質的な問題意識は1つもあり得ない，また，それらの問題に対する本質的な答えで古代人が知らない様なものは1つもありはしない，という前提で，マイモニデスのテキストを読み直すことを要請する．確かに，その延長上に，マイモニデスの隠された真実が姿を現す．ムンクの仕事は，まじめな歴史的知識の追求努力であるにもかかわらず，最も大事なところで近代人の傲慢に囚われ，事実を見る目に曇りがあると批判する．

　このレオ・シュトラウスの批判は，究極的には，近代人が描くフィロソフィアの歴史そのもののイメージにも向っていく．その点について，ケネス・グリーンは，シュトラウスの言葉「哲学とは，神について，世界について，人についての，単なる意見にすぎないものを，正真正銘の，神の，世界の，人の知識と交換する試みであると定義してはならない理由はどこにもない」(21)を引用しながら，哲学とは何か？という問いそれ自体が，あらゆる哲学議論のテーマと同じぐらいに論争の種なのである，と指摘する．だから，シュトラウスにとって，マイモニデスの歴史的な真実を求めるというのは，あらゆる近代人のマイモニデスに対する偏見を取り払うことと同義であるが，その為には，私たちが思考に用いている哲学概念や神学上の用語そのものを根本的に見直すことから始めるしかない．まさにマイモニデス研究のグラウンド・ゼロをどのように設定したらいいのかの問題であるが，ケネス・グリーンによれば，

第9章　書評論文:Kenneth Hart Green, *Leo Strauss and the Rediscovery of Maimonides*

　レオ・シュトラウスは単純な設問,「果たしてスピノザは正しくマイモニデスが言いたかったことを理解していたのだろうか？」(122)を立てて,これについて答えることが揺るぎない土台を築くことになると考えたという．その結果,奥義を隠す(隠すゆえに真実を伝えることができる)詩人の技法,マシャール(比喩)を,マイモニデスが採用している事実,つまりシュトラウスのesotericismの主張になる(107).

　確かに,スピノザとマイモニデスの関係をマイモニデスの視点から問い直した,このレオ・シュトラウスの設問の立て方は正しい歴史的なアプローチと,評者も思う．ライプニッツにしろ,ヘーゲルにしろ,西欧の哲学の１部のように自然にマイモニデスに言及するけれども,しかし,なぜユダヤ教のマイモニデスが,西欧キリスト教を中心に展開される哲学史に取り込まれねばならないのか,この視点の問いは答えられずに残されたままではなかろうか．評者の感想であるが,ライプニッツやヘーゲルにとって,デカルトから始まる近代哲学の流れを整理するうえでスピノザ哲学は障害であって,彼の哲学を相対化するヒントとして,スピノザが神学と哲学の分離を唱える上で批判するマイモニデスに注目した,そして西欧哲学史の１部となっていったという説明も思いつくが,いずれにせよ,現在に至るまで,スコラの学者たちの貢献がプラトンやアリストテレスの哲学用語で説明されるのと同じように,マイモニデスの思想も哲学用語で分析することが研究者の習いであり,その点で,大きな貢献をしたのがゾロモン・マイモン,イサーク・フーシック,ユリウス・グットマンの父親ヤコブ・グットマンらのマイモニデス研究である(ヤコブ・グットマンは,トマス・アクィナスがマイモニデスに多くを負っていることを証明しようとした).

　しかし,繰り返しになるが,『モレー・ハネブヒーム』序文を読み感じることは,マイモニデスはトーラーの中にある預言者の秘密・解釈困難な問題を解決するためにこの書を著したのであって,アリストテレスやプラトンなどの哲学を解説するために書いたのではないことである．すなわち表面的には少なくとも,マイモニデスの中心的な関心事は,聖書(トーラー)解釈の難問を解決することであって,ギリシアの自然学や形而上学を教えることではない．この形式と内容の矛盾に敏感であった

のがレオ・シュトラウスと思われる．彼は，その矛盾は当時の政治状況から来ているという歴史主義的な理解に到達するのであるが，興味深いことに，似たような洞察を仄めかすものとしてヘーゲルの言葉に，ケネス・グリーンは注意を払う (113)．

それはヘーゲルが，哲学史の中でマイモニデスの思想基盤として「カバラー」と「歴史」に言及しているからであるが，レオ・シュトラウスのマイモニデス読解も同じ方向を向いていて，それゆえにシュトラウスはショーレムのマイモニデス理解とも衝突することになる．なぜなら，ショーレムにとっては，理性と神秘主義は相反する 2 つの思想の軸である．カバラーとフィロソフィアは，世界を見つめる上で，また神を見つめる上で，全く異なる 2 つの視点であって，お互いが受け入れあうということはありえない．だが，レオ・シュトラウスは，そんなユダヤ哲学とユダヤ神秘主義の区分け自体を，近代人の思い込みではないのかと疑う．ケネス・グリーンによれば，レオ・シュトラウスは，「マイモニデスこそは最初のカバリストである」という見解をのべているというが (20)．このシュトラウスの見解は，ショーレムの理解を批判するモーシェ・イーデルのユダヤ神秘主義理解にも通じる何かがある見解でもある．

事実，アブラハム・アブラフィアというカバリストにとって，マイモニデスの『モレー・ハネブヒーム』は，ユダヤ神秘主義を教える著作であったことは有名である．フィロソフィアとカバラーをわける明確な線引きに苦しむ最近のユダヤ学研究者は，シュトラウスの着想を一笑に付すことはできない．そんな，歴史的な文脈が確かに存在していることに彼らは自覚的である．マイモニデスの歴史事実に真っ直ぐ向き合うためには，従来のギリシア哲学やカント哲学の用語で構築されたマイモニデスのイメージを解体して，ゼロからテキストに向き合い，マイモニデスの相互に矛盾させあう独特の論述システムの在り方の意味を考えることから始めるしかない．レオ・シュトラウスの全く独自の歴史発掘の企画はこうして始まる．

ケネス・グリーンは，シュトラウスがマイモニデスの中に発見した「矛盾の方法 (method of contradictions)」について，マイモニデスがカバリストであったから体得したというより，むしろカバリストはマイモニ

第9章　書評論文:Kenneth Hart Green, *Leo Strauss and the Rediscovery of Maimonides*

デスの著作からこれを学び取ったと述べている(113)．ショーレムも，この手法に気づかせたのはシュトラウスの功績であると述べ，マイモニデスはイスラームの作家から学んだという見解(199, n8)を述べるが，評者はこういう文化受容の見方には異議を唱えたい．なぜなら，この矛盾の方法の基にあるのはマシャールの解釈原理であり，この解釈原理は12世紀に忽然と現れたものではなく，第2神殿時代からある古いユダヤ人の解釈の伝統なのであり，マイモニデス自身も，聖書自体のなかの預言者が用いた手法として説明している．例えば，「園を歩き回る」という文字通りの表現から，あたかも神は肉体を持っているような動きをするように思えても，神には肉体はないので隠された意味は全く異なる．そこで解釈者は文字通りではない何かを，つまり神の不思議な知恵であったり未来の予言であったりを悟るのである．このような比喩(マシャール)でとらえる聖書解釈の伝統は，ダニエル書においても，第2神殿時代の文学(ヨセフスやフィロン)においても知られていて，それは預言を行う技術でもあった．マイモニデスのマシャール解釈は，第2神殿時代からの預言の技術の伝統と密接な関係にあるものと評者は考えている(山内志朗・竹下正孝『イスラーム哲学とキリスト教中世』III所収の手島論文)．

　しかしながら，レオ・シュトラウスが問題にする「矛盾の方法」とは，厳密には，聖書解釈の手法のことではなく，『モレー・ハネブヒーム』という3部に分かたれた著作の中に埋め込まれた矛盾，それを許しているマイモニデスの著述プラン(作家の技法)のことを指している．この「矛盾の方法」の発想は，もちろん，預言者の1語1語は「顕れた意味」と「隠された意味」がお互いに排除し合うことなく共在する(たとえ一見矛盾しあう様に見えても)という言語観に基礎がある．だからこそ，作家の技法としても，最も重要なことはあからさまに言わない，その場の聴き手のTPOに合わせ(または文脈に限定された)正しいことを言うだけで，全てを言わない．この謎の状態(顕れた意味と隠された意味が並び立つ状況)を保つことが，思想の真意を伝える最良の方法として成立するというわけだが，これはまさに真理の全体の存在感(神)を感じている人だけに，こなせる表現の技術であり，そう言う言葉を真に読み解くに

は読者にも同じような資質が問われるということになる．マイモニデスは，『モレー・ハネブヒーム』冒頭で，愛する弟子に向かって，この書の章はバラバラなので，どこでも最初に手にした部分を始まりとして読んで良いと教えているが，このことは注目に値する（現在のようなナンバー付単元に整理したのは翻訳者シュモエル・イブン・ティボンである）．

つまり，『モレー・ハネブヒーム』の構造は，それぞれの単元が独立していて完結している読み物になっているように書かれているので，（平凡な）読み手は，それらの単元をつなぎ合わせて理解することを考えないし，マイモニデスもそれを要求はしない．ただ，それぞれのテーマをつなぎ合わせて考える（哲学的な）読者には矛盾があらわに生じる．そして，その矛盾の解決は，行間に書かれているという（107）．だが，この人口に膾炙した説明はあまり説得力がない．なぜならマイモニデスは，神を語る上で否定法(via negativa)の徹底こそが理性の言語の徹底であると考えているので，人間の言葉ではその究極の矛盾を解決する真理をpositiveに表現することができないと考えていたと思うので，評者としては，その矛盾の解決は「書くことはできない．沈黙の否定に悟るべきもの」と説明するほうが，彼の神観と整合性がとれると思う．

特に12世紀当時の詩文理論（モーシェ・イブン・エズラの著作）の研究が進むことで，イブン・エズラやサアディア・ガオンなどの聖書のマシャール（＝メタファー）解釈の文脈が明らかにされつつあるので，レオ・シュトラウスの考えるスピノザとマイモニデスの関係性についても，そこから再考されるべき部分もあるように思える．前述のように，レオ・シュトラウスは，歴史研究を進めるにつれて，マイモニデスをドグマ主義者と批判するスピノザはマイモニデスの「深み」を理解していないことに気が付き，そこから近代精神の落とし穴についての思考が展開していき，その結果，マイモニデスの政治哲学の優位性を説く方向に向かっていくのだが，その点で，評者にはレオ・シュトラウス研究者の注意を喚起しておきたい事実がある．

それは，スピノザが（故意か偶然か）マイモニデスの意見とイブン・エズラ（およびサアディア・ガオン）の意見を取り違えて，マイモニデス批判を展開している事実である（『神学政治論』第7章）．スピノザは「も

第9章　書評論文:Kenneth Hart Green, *Leo Strauss and the Rediscovery of Maimonides*

しその箇所が文字の意味から言って理性に矛盾するのであったなら，たとえそれが明瞭に思われる個所であっても別な風に解釈されねばならぬ」という意見をマイモニデスが主張したとして，それゆえに彼を理性のドグマ主義者として批判するが（畠中上 270），マイモニデス自身は1度も隠された真実によって表れている文字の意味の解釈が訂正されるべきとは述べてはいない．これは，むしろイブン・エズラの意見である．

つまり，聖書テキストの文字通りの意味が「感覚的知識」「理性的知識」や他の聖書の箇所やユダヤの伝統に反したりするときは，そこに比喩的な意味を求め，文字通りの通の意味を否定する（また修正する）ことが，サアアディア・ガオン以来の中世ユダヤの聖書解釈者の習いなのである．それに対して，マイモニデスの意見は，常に「隠された意味」と「顕れた意味」が一体となっているトーラーの文字の性格（預言者の言葉の現実）を主張していて，1度たりとも，隠された意味の追求は，顕れた意味（文字通りの意味）の存在を否定した上で行うという考えをマイモニデスは述べてはいない（手島『ユダヤの聖書解釈』167-172）．このスピノザの勘違い（？）については，マイモニデスの主張をよく知らずに犯した他意のない間違いなのか，それともマイモニデスの主張を知りながら，なおもスピノザ自身の主張のために故意になされたものなのか，こういう疑念を持たざるを得ない．マイモニデスとスピノザの関係を考える上で，このスピノザの勘違いをどう見るかは，とても重い意味がある．

レオ・シュトラウスは，マイモニデスとスピノザを対比させて，近代の世俗リベラリズムの抱える重大な欠陥（ある思い込みの強引さ）について批判するが，彼自身が思う以上に，このような（スピノザの勘違いの）事実こそが彼の批判の筋を支持しているように，評者には思える．政治哲学とユダヤ思想研究の結びつきは，決してレオ・シュトラウスの特異な着想が生み出したものではなく，歴史学的にも哲学的にも政治学的にも認めざるを得ない資料の土台が備わっている．このことを，改めて，ケネス・ハートの著書で確認するのであるが，ただ歴史的な理解を徹底させる意味では，その両者を結び付けているものの理解について，厳密に冷静に見る必要がある．つまり，マイモニデスに対するスピノザの批判は，聖書解釈の論争であっても，政治哲学の具体的な論争ではな

いということについての認識が，レオ・シュトラウスの具体的な議論においては弱い．その点で，レオ・シュトラウスを解説するケネス・ハートの議論にも飛躍がないわけではない．

マイモニデスの「矛盾の方法」またマシャール解釈が，思想の自由を担保する政治理論にも汎用可能とはいえ，近代の政治思想の文脈では「自由」とは行為の問題であり，その点で，個人の心の奥に秘められた心情そのものについて，それが表現行為を伴わない限り政治問題にはならないという解決は，行為としての言論・表現の自由を担保したものとはいえないかもしれない．その点で，マイモニデスとスピノザを資料的に結び付けているものは，直接的には，聖書解釈の方法論の問題であって，表現する自由や思想する自由についての政治哲学の論争では決してない点は，幾度も，強調しておきたい．その様な自由をめぐる論争への示唆をマイモニデスに探してしまうのは，読者であるレオ・シュトラウスおよび私たちが，スピノザとマイモニデスの著作に持ちこむ思想史の関心の所以である．スピノザとマイモニデスが結び付けられている歴史的な段階の言語と，私たちがレオ・シュトラウスを介してスピノザとマイモニデスを比較する段階の言語——この2つの段階の言語の区別を曖昧にしてはいけない，と評者は思う．

＊＊＊

3つめの視点．ゼエヴ・ハーヴィーの「マイモニデス主義者としてのスピノザ」(115)というレッテルは，多かれ少なかれ，ユダヤ思想を学ぶ者は共感するレッテルと言っていいのではないだろうか？無論，このレッテルの意味する所は，何をスピノザはマイモニデスの思想から学び受け継ぎ，何をマイモニデスの思想から捨て去り，また何を革新したのか，この疑問と表裏一体であるが，ケネス・グリーン（特に6章7章）によれば，レオ・シュトラウスもこのレッテルに共感していて，彼の独自の政治哲学も，そのレッテルの意味の追求と無関係ではないということである．

まず，スピノザとマイモニデスに共通している興味深い点は，両者と

第9章　書評論文:Kenneth Hart Green, *Leo Strauss and the Rediscovery of Maimonides*

も生きている時代においては異端者のレッテルを貼られたという点である．例えば，12世紀においてマイモニデスの法典『ミシュネ・トーラー』は，1部の伝統的なユダヤ法学者には，排除されるべき著作であった．この著作の問題は，ユダヤ教的には，『モレー・ハネブヒーム』よりも大きな問題であった．同様にスピノザもユダヤ共同体からその異端思想のゆえに破門されたことは有名だが，彼を最も思想的に異端視したのはキリスト教徒の知識人たちであり，彼の『神学政治論』は，そのキリスト教徒の知識人の要求によって発禁とされた．しかし，今では，マイモニデスの法典『ミシュネ・トーラー』はユダヤ法学の基礎になり，これを抜きに現在のユダヤ教のハラハー（ユダヤ法規）体系はありえない．同様に，現在の言論の自由社会も，思想の自由，表現の自由を大事な価値とみなす現在の民主国家のメカニズムも，哲学（科学）と神学（信仰）の分離を訴えたスピノザの『神学政治論』の思想を抜きには語れない．つまりマイモニデスとスピノザを並べて思うのは，新しい時代の政治哲学は，迫害された異端者によって用意され，前の時代においてボイコットされた法思想が，次の時代の主流の法思想に変貌する――こういう異端的変革者の共通イメージが現れてくるが，はたして2人は政治思想的には同じ普遍的な世界の理想に向かっていたのか否か，これがユダヤ思想研究において肝心なところであり，今もなお，様々な，数多くのスピノザとマイモニデスの思想的関係の図式が提案されるのは，それが複雑な問題であることの証左であろう．

　ケネス・グリーンも，この2人の政治思想の関係を整理するのに，スピノザの主張を新しい家（＝ modern Western liberal democracy）に喩える．その新しい家は，しかし，理性中心の設計であるがゆえに，「理性」に対する，度を越えた非理性的な過信も，併せて理性的に家の中に招き入れるので，常に崩壊する危険と隣り合わせであり，この新しい家を強くするためにも，認められない古い家の不法建築の構造（それがマイモニデスの思想世界）についての詳細な研究が必要であり，それがまさにシュトラウスが意図しているマイモニデス研究の意義であると説明する (126)．この喩えは，スピノザとマイモニデスの考える「思想の自由」の説明についても援用されていて，それによれば，マイモニデスの思想

227

の自由とは，家それ自体はトーラーの法で運営・指導されているけれども，家の物置(屋根裏)に思想の自由な空間を確保しておくという状況である(116)．それに対して，スピノザは，家の屋根裏の中に「自由」を隠しておくのは間違った考えであり，哲学者や科学者が追求する理性の営みには，絶対的な自由の空間が必要であり，その空間は哲学と宗教を分離することでしか確保できない．いわば哲学の部屋と宗教の部屋を家の最高のフロアに設けて，哲学(科学)も宗教(神学)もそれぞれの場所でその役割の仕事をさせる(117)．彼らが家の中で一致できるのは，その家には世俗的な理性思考の複数の政治家(管理者)がいて，この管理者たちが自分らの益のために理性で考えることは全体の住人の益にもなると，全般的に，理性の一致に対する期待を住人が共有しているからとする．

　レオ・シュトラウスは，そのスピノザの理性の統治プラン(新しい家)について歴史的な見直しをして，その新しい家の脆弱さを見出して批判するのだが，シュトラウスが危惧するのは，結局，歴史的に見れば，新しい家を建てたとはいえ，同じ土地に新しい家を建てているのであり，その新しい家を建てる土壌基盤(つまり民衆にとっての聖書の信仰や宗教の伝統や生活モラルなど)については大きな変化はない．その同じ土壌の上に，新しい家(自由の扱いが異なる構造)を建てても，聖書(啓示)と理性という土地の性質はそのままであるから，新しい家の構造と土壌基盤のミスマッチから自壊しないか？という疑念が消えない．まさにこれは，新しい家を建てる提案をしながらも，スピノザが基本的にはマイモニデスの土壌基盤(聖書と理性の構図)の継続を認めている，つまり「スピノザはマイモニデス主義者」であるから生じる問題でもある．

　従って，スピノザはマイモニデスと何が違うのかと問うならば，それはスピノザが，思想の自由と表現の自由を分ける必要のない，1つの精神的な自由の状況(空間)を(それぞれが個室をもつ仕方で)可能にしようとした点であろう．すなわち，思想の自由に関していうならば，マイモニデスのマシャール解釈の原理から考える自由は，隠される必要のある思想の自由であり，その思想の自由は，顕れた「文字通りの意味」の入れ物の中に隠されているかぎりの自由な状況(「隠された意味」)といえる．つまり自由に思想をするにしても，それは直ちに，その思想を外

第9章　書評論文:Kenneth Hart Green, *Leo Strauss and the Rediscovery of Maimonides*

の人々に向かって叫ぶことができる自由を意味しない．いわば預言者が発する1つの言葉はいくつもの意味をはらんでいるマシャール（比喩）の言葉であるから，ユダヤ人の聖書解釈者がそのヘブライ語テキストを前にして，その脳内で様々にその意味の解き明かしを思うが，トーラー解釈には70の様々な顔があり，自分の解釈もその1つでしかないのであって，それを絶対化してそのまま人々に受け入れを強制するまでもないと思うユダヤ聖書解釈の自由である．レオ・シュトラウスは，このハッキリしない，曖昧にも思える，聖書の言葉の象徴性を踏まえたマイモニデスのアプローチこそ，スピノザの考える自由思想の建物（近代的西欧の自由社会）の脆弱性を補うヒントであると，また哲学と宗教が一緒に生きられる思考の工夫を生むと考えた．

　レオ・シュトラウスの近代リベラリズムに対する危機感は，彼自身が経験したドイツ・ワイマール体制の崩壊過程とヒトラーの独裁体制の登場，そしてヨーロッパの悲劇（ショアー）など，一連の個人的な歴史経験と表裏一体であると感じる人は少なくないと思うが，ケネス・ハートは，あくまでもレオ・シュトラウスは，歴史主義（歴史が理性に先行する姿勢）による合理批判の帰結として，近代の危機を理解していたと主張する．要するに，レオ・シュトラウスの抱いた危機感は，マキャヴェッリ以後の近代人とそれ以前の人々の間には重大な言葉の断絶・亀裂が起きていることへの心配に由来する．つまりレオ・シュトラウスの危機感とは，近代人が「魂」という古色蒼然に思える言葉の重要性を蔑み，排除し続けるがゆえに，近代リベラリズム（＝新しい家）は自壊していくかもしれない，という議論としてもケネス・グリーンは理解する（7 - 12）．

　つまり「（人間の）魂」という言葉は，太古の時代から人類の知性が大切にして用い続けた大事な概念であり，この言葉はプラトンにもマイモニデスにも，思考する上で，大事な概念であった．しかし，マキャヴェッリ以後の近代人は，その大事な概念を不気味な言葉として侮蔑し排除するようになり，その代わりに「物質」「肉体」を基準にした人間理解（自然を模倣するだけの知識）を語るようになるが，これらの唯物論的で自然主義的な議論は「自明」という概念で自己の主張を正当化してしまう，自己充足的な議論にすぎない．これらの議論や主張の真偽を見直し

たくても，もはや，そのような基準や権威や視点は，人間の経験を越えた言葉（「魂」）を排除した近代人には存在しない．すなわち，人を人たらしめる，変わらない大事な人間の何かを語る大事な言葉，「魂」（そこに評者は「神」も加えたい）を排除することで，近代人は自由に思考し自由に表現できるようになったが，その代償として，自分たちの様々な要求や主張を人間モラルや社会規範の不変性の観点から吟味する絶対的な視点を失い，本質的な語彙（魂や神）を用いて，真正面から近代を論じることがむしろ憚られる言論状況になった．まさに近代リベラリズムが自壊するとするなら，この「魂」という言葉を排除してしまった偏った理性の科学主義，宗教や古典や伝統に異常な敵意を抱く世俗主義――この点で，近代ユダヤ人の世俗主義は特殊である――いや，それ以上に，無制約な理性の言葉のあり方に対する私たちの無関心こそが自壊を押し進めている原因ということになろう．

　その意味からも，世俗的な一般人が，全般的に古典（聖書などの宗教聖典も含む）を読むこと，中世人の啓示と理性の考え方を学ぶことは，その近代的思考の言葉の亀裂を埋める上で大事であり，それが「新しい家」の耐震強度を高めることにもなるのである．レオ・シュトラウスが，マイモニデスの知恵こそ現代人はもっと見直すべきと考える理由は，さらに突き詰めるなら，スピノザが構想した思想の自由を守るための理性中心の「新しい家」が内部に抱える問題をすでにマイモニデスは見抜いていた，と彼が考えているからであり，その点で，改めてマイモニデスの聖書解釈の原理が内包する政治哲学的な知恵は計り知れないということになるのだが，評者としては，この書評ならざる書評を締めくくるにあたり，レオ・シュトラウスの歴史主義（歴史の知識が理性の思考に先行する姿勢）のアプローチについて最後に一言述べておきたい．

　確かに，マイモニデスの聖書解釈において，顕れた意味と隠れた意味の構造は極めて重要な原理的プラットフォームで，それゆえに，そのプラットフォームを応用して，政治的な対立や矛盾を乗り越える言葉や議論の仕方・知恵つまり政治哲学を現代人が構想していくことは，知的創造の筋として有意義である．とはいえ，この時点で，歴史研究する者としては，いったん立ち止まり『モレー・ネブヒーム』序文からレオ・シ

第9章　書評論文：Kenneth Hart Green, *Leo Strauss and the Rediscovery of Maimonides*

シュトラウスの議論を考えてみる必要も感じる．というのは，マイモニデスは，預言者の言語について，精巧なリンゴの形をした銀製のメッシュの入れ物の中に入れてある金のりんごのようなもの，という比喩を語る．金のリンゴにもかかわらず同じ形の銀の入れ物に入っているので銀のりんごのように見えるのだが，大事なことは，マイモニデスは，人々の目に映る「銀のリンゴ」自体を価値のないものと否定してはいないことである．彼によれば，預言者の言葉は，銀の外側においても多くの事柄についての知恵，とりわけ人間集団の改革すべき事柄（政治・倫理）について教えているものであり，それは外に現れる事柄ゆえ，人々が明白に理解できる事柄であるとも主張する．なるほど，孤児や寡婦への公平さなどの預言者の主張はストレートに社会正義の議論として誰の目にも明白である．他方，マイモニデスは，預言者の言葉の隠れた意味については，「真理をその真理性において真とする最高の知恵」というのだから，顕れた意味と隠された意味は，2つの次元の異なる知恵であって，その2つの関係をどのように理解すべきかで，もしかしたら，マイモニデスの「隠された意味」の次元は，政治とは全く関係のない次元の真理（例えば形而上学など）である可能性も排除するわけにいかない．その点で，レオ・シュトラウスはマイモニデスを政治思想的に読み込みすぎてないかという懸念も残る．

評者は冒頭で，若きレオ・シュトラウスは，マイモニデスの理性主義か？それともユダ・ハレヴィの歴史主義か？ウォルフソンの問題提起をめぐり二者択一的な難問に悩んだのでは？と述べたが，その結果として，レオ・シュトラウスが生涯の研究テーマとしてマイモニデスを選んだにもかかわらず，その研究の方法が形而上学的ではなく歴史学的であったというのは皮肉な逆説にもみえる．しかし，レオ・シュトラウスの歴史主義について，ケネス・グリーンは，only the precise ascertaining of the historical truth allows for the possibility of transcending the historical truth(88)とも述べている．なるほど，歴史的真実を厳密に確認することが，歴史的真実そのものの優位性を乗り超える可能性にもつながる──こういう信念をレオ・シュトラウスが抱いているとするのなら，まさにウォルフソンが「理性」と「歴史」の概念対立によってマイモニデスと

ユダ・ハレヴィの間を切り裂いた，そのウォルフソン流の歴史主義，つまり，一方的に，ある歴史理解の高みから地上を俯瞰し，一方的に理性の限界を宣言するような「歴史主義」の偏見を乗り超える努力こそが，レオ・シュトラウスが目指した「歴史主義」の意味であったということ，つまりシュトラウスの歴史的マイモニデス研究は，ウォルフソンのユダ・ハレヴィ的「歴史主義」に生涯かけて反論を行った故と，思えなくもない．歴史を離れた理性は，もちろん生命の抜け殻であるが，理性と無関係の歴史は歴史ですらない．なぜなら，それは，もはや私たち人間とは何の関係もないのだから．

あるエピローグ

―― 「リベラリズム」の現在

西永　亮

> For the infinite variety of ways in which a given text can be understood does not do away with the fact that the author of the text, when writing it, understood it in one way only. …… Ultimately, the infinite variety of interpretations of an author is due to conscious or unconscious attempts to understand the author better than he understood himself; but there is only one way of understanding him as he understood himself.
>
> "How to Begin to Study Medieval Philosophy"

1　シュトラウスの世紀は，今日?

　序論でも少し触れたように，シュトラウス政治哲学は，近年世界中でますます注目されるようになっている．このような事態がいったい何を意味するのか，それ自体十分に時間をかけて検討されるべき問題である．ここでは，しかし，そのような事態をあたかも予言していたかのようなあるエピソードを紹介したい．日本においていちはやくシュトラウス政治哲学に情熱的な関心を寄せ，その影響下で政治思想研究を行なった藤原保信は，当時来日中であったA・ブルーム（シュトラウスの高弟）との対話のなかで彼がシュトラウスについて発言した内容の思い出を，こう書き残している．「……フランスにおいてもシュトラウスの著作がつぎつぎと仏訳され，読まれるようになったのは嬉しいといっていた．いな20世紀においてハイデガーの占めていたような位置を，21世紀においてはシュトラウスが占めるようになるであろうとすらいっていた」（藤原 1995: 166）．この "予言" を，われわれはいかに理解するべきであろうか?

たとえば，そこでは，シュトラウスのテクストが原語とは異なる言語に翻訳されることが祝福されているのであろうか？（ちなみに，彼のテクストは日本語にもたて続けに翻訳されている．）いや，その前に，「20世紀においてハイデガーの占めていた位置」がどのようなものであるかが検討されなければならないであろう．彼のテクストが日本語を含めてさまざまな言語に翻訳されていることが重要なのであろうか？おそらくそうではない．むしろ，彼の思考様式や問いの立て方が前世紀において絶大な影響力をもった，ということが問題になっているのではないだろうか．それではブルームは，前世紀においてシュトラウスの格闘した根本的諸問題が今世紀においていっそう根本的な意義をもつ，ということを言いたかったのであろうか？

　しかし，同時にわれわれは，20世紀におけるハイデガーの位置について考える場合に，彼とナチズムとの関係を無視することはけっして許されない．そうであるならば，今世紀におけるシュトラウスの位置とは，新たな全体主義（あるいは僭主政治？）との何らかの特権的な結びつきにおいて確定されるべきものなのであろうか？その場合には，確かに，一時期取り沙汰された「ネオコン」の思想的源流——たとえば，近代リベラリズムの寛容のもとでの放縦化と相対化に対して，政治の道徳化・宗教化を草葉の陰から先導した知的僭主——としてのシュトラウスという解釈は，彼が21世紀に占める位置をいちはやく明らかにしたものであると言えなくもない．いずれにせよ，このことはより一般的な用語で表現可能である．つまり，シュトラウスの世紀が到来しつつあるのかどうか，そしてそれはどのような意味においてなのかは，哲学と政治の関係という問題と無関係に論じることはできないように思われる．そして，今世紀において，政治と宗教の関係が新たにアクチュアルな問題となっていることに鑑みるならば，シュトラウス政治哲学への関心の高まりは，政治，宗教，および哲学の関係をめぐるものに見えてくる．そして本書が示してきたように，この関係はまさにシュトラウス政治哲学の根本的問いに深くかかわるものである．

2　近代的先入見の分水嶺

　シュトラウスと「ネオコン」の関係をめぐる議論は，しかし，すでに人びとの記憶からとり除かれており，解決されたか否かは別にして時代遅れのものになってしまったという印象を抱くひともいるかもしれない．そのような観点からすれば，シュトラウスの世紀の到来についての"予言"自体が，彼の愛弟子による過大評価からの過剰な発言であって，顧慮されるに値しないという結論も出てこよう．（もっとも，そうした議論を扇動したり真剣に展開したりした人びとの側の理由と責任は，その"予言"とは別のところにあったであろうし，そして問題の解決と忘却はまったく別の事柄であることは言うまでもない．）

　われわれはもう少し立ち止まることにしよう．というのも，われわれの安易な予想とは相いれないような事態が生じているからである．ウィリアム・E・コノリーが，合衆国における「公共哲学 public philosophy」および現実政治へのシュトラウスの思想の影響について，「ネオコン」を強く意識しながら批判的に論じたことは比較的知られているであろうが，しかし彼の当該論考は，タイトルも変更されたうえで，別の編者たちによる『諸政治神学』*Political Theologies* (2006年) という論争的なタイトルをもつ論文集に収録し直されたのである．この論文集の主題は，多様な信仰の間の共存を政教分離の原則にもとづいて確立しようとしてきた近代リベラリズムの試みが綻びを見せている「ポスト世俗的」時代における政治と宗教の関係である．そしてそこにおいて，コノリーの論考の当初 (2005年) のタイトル「多元主義と相対主義」"Pluralism and Relativism" は，「多元主義と信仰」"Pluralism and Faith" となった (Connolly 2005, 2006)．そして，次が重要なのだが，両者において一貫して彼は，合衆国の「公共哲学」に対するシュトラウスの「貢献」だけでなく，「彼がそのような運動に課すかもしれない諸制限」をも検証し続けている (Connolly 2005: 38; 2006: 278〔強調は引用者による〕)．すなわち，彼はシュトラウスの思想に一定の仕方においてではあれ好意的に接近しているのである．

　コノリーがシュトラウスに対して賛意を明らかにするのは，もともと

は『スピノザの宗教批判』の英訳版への前書きとして書かれ，のちに『リベラリズム 古代と近代』Liberalism Ancient and Modern（1968年）に収録し直された「スピノザの宗教批判への前書き」をめぐってである．コノリーは，シュトラウスのそのテクストのある箇所を引用し，それを「見事な定式化」として評価し，そしてその多くを「是認する」と主張する．それは，スピノザの理性的哲学とユダヤ教の正統派的信仰との対立に関係する．

> 正統派の真正な反駁は，世界と人間的生が神秘的な＜神＞の想定なしに完璧に理解可能であるという証明を要求するであろう．……スピノザの『エティカ』はその体系になろうと試みるが，しかしそれは成功しない；それが呈示するあらゆるものの明晰かつ判明な説明は，根本的に仮説的なままである．1つの帰結として，その認知的地位 cognitive status は，正統派的説明のそれと異ならない．確かなのは，スピノザは啓示の可能性を正当的に否定することができないことである．しかし，啓示が可能であるのを認めることは，哲学的説明と哲学的生き方が，必然的に，明証的に，真の説明と正しい生き方 the right way of life であるわけではないのを認めることを意味する：哲学は，明証的で必然的な知識の探求は，ちょうど信仰のように，非明証的な決断に，意志の行為にそれ自身を依存させる．このことから，スピノザとユダヤ教との間の，不信念と信念との間の敵対は，究極的には理論〔観照〕的 theoretical なものではなく道徳的なものである．[LAM: 254-255, cf. Connolly 2005: 45; 2006: 283]

このように，コノリーの検証もまた，シュトラウスにとって重要な「神学—政治問題」に接近する．したがってわれわれは，彼がこの道を進むことによって，合衆国の「公共哲学」への「諸制限」をシュトラウス自身の思想から引き出すのではないかと，期待せずにはいられない．

しかしながら，彼の接近はシュトラウス的観点からすれば十分なものでなく，途中で逸れ，そして独自の道を行くことになる．もっとも，彼

自身もこのことに自覚的である．事実彼は，シュトラウスの設定した「理論〔観照〕的なものではなく道徳的なもの」としての「スピノザとユダヤ教との間の，不信念と信念との間の敵対」そのものではなく，その「1変形 a variant」を受容すると主張する．自らが「見事な定式化」と認めたものに関して，彼はこう要望する．「私にその定式化を少し拡張させてくれ let me expand……」．これにしたがって，信念と不信念との間の敵対，あるいは啓示と哲学の対立は，「「世界からの超越」への積極的な信念と「世界の内在」への積極的な信念との間の差異」に変形される．なるほど，これは確かに変形であり，そしてコノリーの意図にしたがえば「拡張」ということになる．そして，次が重要なのだが，哲学は「世界の内在」の側に配置されつつ，1つの「信念」に据え置かれる．信仰と不信仰の対立は2つの「信仰の間のディベート」となる (Connolly 2005: 46-47; 2006: 284)[1]．

シュトラウス的敵対のこのような変形，あるいは「拡張」は，コノリーにとって，「後期近代」における「文化的必要」，「今日最も緊急の必要」あるいは「同時代的必要」(Connolly 2005: 47-48; 2006: 285) によって要求されるものである[2]．後期近代とは，「ほとんどの領域的レジームが，異なる諸信仰，諸信条，および諸哲学 philosophies の参与者たちによって住まわれている」ような時代のことである．このような現代における「文化的必要」から生じる「拡張」について，コノリーは次のように説明する．

---

[1] 当初，コノリーはここから躊躇なしに「超越」と「内在」の差異を「文化的敵対 cultural antagonism」とさえ呼んでいたが (Connolly 2005: 47)，2006年にはこの表現を抹消し，「持続しているコンフリクト persisting conflict」の表現に変えている (Connolly 2006: 284)．しかし，啓示と哲学の対立を2つの信仰間の関係として理解し，そのような理解が「文化的必要 the cultural need」からのものであるとする姿勢に変わりはない (Connolly 2005: 47; 2006: 285)．つまり，結論を先取りして言えば，コノリーは信仰の問題を，それと同時に理性との敵対の次元を，「道徳的なもの」に留めおくことによって世俗化していると考えられる．それに対してシュトラウスは，そうした現状を批判的に観察したのであって，その先（あるいはその前）を見据えていたのではなかったか？

[2] それに対して，シュトラウスによれば，アヴェロエスやマイモニデスといった中世哲学者たちにとっての緊急の必要は「哲学の法的正当化」[PAW: 20] にあった．

> われわれが考えるに，最も政治的に組織された諸領域のうえで，多様な信仰の共〔-〕存 co[-]existence によって特徴づけられた世界においては，諸信仰の間の水平的諸関係が各信仰の垂直的次元と同じくらい多くの注目を要求するのである．拡張的多元主義 *expansive pluralism* は，〔したがって，〕さまざまな信仰を横断する一般的な諸徳 *general virtues* の散種を支持する．(Connolly 2005: 48; 2006: 285)

諸信仰間の「共存」を前提とする後期近代世界において，それらの間の関係は水平的であることを求められる．このように各信仰の垂直的次元よりも諸信仰間の水平的関係を優先するコノリーは，少なくとも結果において「超越」よりも「内在」を優先しているのではないか，と疑われうる．結局のところ，彼はシュトラウス的敵対を，「神学—政治問題」を，「道徳的」次元に，さらには「文化的」次元にさえ沈降させることによって世俗化する傾向にある[3]．世界を超越する信仰は，「拡張」の名において現世内化される．（それと同時に，哲学はまったく現世内在的なのか，文化諸領域の１つにすぎないのか，という問いが残される．）このような「拡張的多元主義」が，はたしてポスト世俗的と言われる現代においてどこまで有効であるかどうか，ここでは検討する余裕はない．

それに対して，コノリーが検証を加えたシュトラウスのテクストが自己批判的な内容をもっていたことを，われわれはけっして忘れてはならないだろう．そこにおいて彼は，信念と意志の行為に依拠しているという意味において「道徳的な」哲学は，「理性の自己破壊」に行き着くと主張する．そして，かつての自分も啓示と理性の対立を世俗的次元においてのみ理解し，最終的に哲学は「知的廉直からの無神論」という「聖書的道徳」に依拠せざるをえないと考えていたが，それは「強力な先入見

---

3 ここでシュトラウスによるシオニズムについての「政治的」，「文化的」，「宗教的」の分類を思い出すことは無駄ではないであろう．Cf. LAM: 228-230. ただし，「文化」が「自然」との関係において論じられる場合には，その意味はまったく同じというわけではないように思われる．同一の本の別の箇所（そしてわれわれの本書の「序論」にかかわる箇所）としては，たとえば cf. LAM: 3-4.

prejudice」でしかなかったと反省する [LAM: 256-257]. このようにして彼は, 哲学と信仰の対決の世俗的でない次元の余地を認める. 両者は道徳や文化の事柄ではなく, それぞれが真理を要求するのである. したがって, 両者の対決は, 「認知的地位」をめぐって, 「理論〔観想〕」の次元において再開・反復されなければならない[4]. ここでは, それでもなお依然として「神学—政治問題」がほかならぬ「共生」を課題としていることを確認するために, その問題の重要性を明確に指摘する前書きを付された彼の本の始まりの部分にある語句を引用するにとどめよう.「人間の正しい生 das richtige Leben des Menschen への問い, そしてすなわち同時に, 人間的共生の正しい秩序 die richtige Ordnung des menschlichen Zusammenlebens への問い」[HPW: 13]. いずれにせよ, ここでの分水嶺は, 近代的先入見と哲学との関係についての理解にある.

3 シュトラウスがスピノザに見る「リベラリズム」——「哲学への導入」

宗教と政治の分離のもとで, 一方において信仰の問題を個人化・私事化し, 他方において国家権力を中立化することによって, 複数の信仰の間に共生・共存を打ち立てようとする近代リベラリズムの限界を, シュトラウス自身は, 前世紀初頭においてすでに「ユダヤ人問題」の観点から見抜いていた(あるいは身をもって痛感していた). しかし, その彼ですら近代的先入見から自由ではなかった. このことを告白する彼は, 同じテクストの末尾にレトリカルにこう書き記す.「私はいまでは『神学・政治論』を, 私がそれを私が若かったときに読んだのとは異なる仕方で読む. 私がスピノザをあまりに文字通りに理解したのは, 私が彼を

---

[4] 大竹弘二は, Tanguay 2007 や Meier 2003 に依拠しながら, シュトラウスの思想についてこう述べる.「だが, 啓示宗教をこうして政治的有用性に還元しようとする傾向にもかかわらず, 他方でシュトラウスは, 啓示の有する真理内実を完全に否定しようともしていない. 後期シュトラウスが「アテナイとエルサレム」の根源的対立を指摘するようになるとき, この「エルサレム」は, 単に宗教的・神話的な想像力に基づく大衆の政治生活を意味するわけではない. 哲学と啓示との対立は, (秘教的な)哲学と(公教的な)政治生活との対立よりも根源的なものとして存在しているのだ. 哲学と啓示はいわば, 相異なる2つの真理請求同士の対立なのである」(大竹 2008: 73).

十分に文字通りに読まなかったからである」[LAM: 257]．これはいったい何を意味するのであろうか？　ある種の「ネオ・スピノザ主義者」を自称するコノリーは，このことについて何も教えてくれない．

　過去の自分とは異なり，現在の自分はスピノザの『神学・政治論』を十分に文字通りに読む．このヒントにしたがって，われわれは次の箇所に注目する．

> 『エティカ』はかくして決定的な問い——明晰かつ判明な説明はそれ自体として真理であるかどうか，そして単にもっともらしい仮説にすぎないかどうかという問い——を回避する．『神学・政治論』においては，しかしながら，スピノザは啓示への信仰者たちによって彼に認められている諸前提から出発する；彼はそれらを，＜聖書＞ Scripture，伝統的諸権威によって定式化された神学的諸教理 theologoumena，およびひとが常識 common sense と呼ぶかもしれないものを基礎にして，反駁しようと試みる．というのも，『神学・政治論』においてスピノザが名宛人とする[5] 人間たちは，依然として信仰者たちだからであり，そして彼らが哲学し始められるように，彼は彼らを彼らの「諸々の先入見」から自由化すること to liberate from their "prejudices" を意図しているからである；『神学・政治論』は哲学へのスピノザの導入 Spinoza's introduction to philosophy である．[LAM: 254〔強調は引用者による〕]

『エティカ』は仮説としての明晰かつ判明な説明に依拠しており，それ自体が真理であるかどうかを問うことなく，その意味において非明証的な決断に，意志の行為にもとづく．したがって，哲学は１つの信仰となり，道徳的なものになる．それに対して『神学・政治論』は，対人的に ad hominem 著述されたものであり，この著述の技法にしたがって，すなわち「十分に文字通りに読まれる」ことを要求する．このような読

---

[5]　「名宛人とする」の原語は "address" である．ad が含まれていることに注意が必要であろう．もっとも，シュトラウスがこの言葉を用いる場合，「直接に向かう」対象は人間に限定されるわけではない．たとえば，cf. LAM: xi.

み方を実践する現在のシュトラウスは，スピノザの『神学・政治論』を，信仰者たちを哲学に導き入れるための先入見からの自由化の意図が隠された本として理解する．その意図は，「あまりに文字通りに理解される」ならば見えてこない．シュトラウスがスピノザに見る「リベラリズム」とは，いかなる権威にも服従しない自由な生き方としての哲学の可能性を，理論〔観想〕の次元での啓示との敵対において開こうとする運動，端的に言えば哲学のための準備の運動であると考えられる[6]．

4 シュトラウスと中世イスラーム哲学——『迫害と著述の技法』の「導入」

かくして，政治と宗教の関係をめぐる近代リベラリズムの限界は，シュトラウスにとって，単に政治と宗教の関係ではなく，政治，宗教，および哲学の関係をめぐるものであった．したがって彼は，理性と啓示の対立を根本的問いとして問い続ける．ところで，これとの関連において，彼はユダヤ教とキリスト教のみを視野に入れていたのかといえば，そうではない．彼は中世イスラーム哲学，とりわけファーラービーに非常な関心を示す．しかも，その関心の背景には，プラトンの政治哲学をいかに理解するべきかという重要な問題があった[cf. GS, Bd. 2: XVIII]．ここからも明らかなように，彼のイスラーム哲学への関心は，単に政治と宗教の次元に限定されるものではないのである[7]．

シュトラウスは，ファーラービーの名が含まれたタイトルをもつテクストをいくつか残しているが，ここでは便宜上，「ファーラービーのプ

---

[6] もちろん，そのさいには相手の論理や「常識」に配慮する，あるいはそれを利用するので，それは「政治的」でなければならないであろう．Cf. WIP: 93-94, 125-127; 飯島 1997: 2-3.

[7] 「コノリーは，今日のイスラームとの共存問題がかつての「ユダヤ人問題」とある種の同形性をもっていることを意識した上で，シュトラウスのような本質主義とは異なる方向性を選択すべきことを強調し，「市民的徳」とは，それぞれの異なる信仰を横断する「普遍的徳 (general virtues)」であると説明する」(柴田 2009: 205)．この陳述を次のものと比較せよ．「シュトラウスがギリシア人たちに応用した読みのパターンは，起原においては古代的なものでも近代的なものでもなく中世的なもの——精確にはイスラーム的なもの——である」(Braque 1998: 239).

ラトン[8]」(1945年)が『迫害と著述の技法』Persecution and the Art of Writing (1952年)の「導入 Introduction」の元になっているという事実を確認し[cf. PAW: 5]、後者のテクストを参照することにしよう。そこでの中心的なテーマは、異なる宗教間の衝突あるいは共存というよりは、政治と宗教とにとり囲まれた哲学の「自由」である。

哲学と社会との間の関係についての現代の「流行の諸省察[9]」のほとんどは、哲学がつねに政治的あるいは社会的地位を所有したことを当然視している。しかし、ファーラービーによれば、プラトンの時代においては、哲学は都市・ポリスのなかで承認されていなかった[10]。そしてシュトラウスは、ファーラービーはプラトンの時代について語ることによって自分自身の時代のことを示しているのだ、と主張する[11]。彼自身の時代とは、「哲学が不鮮明にされたり破壊されたりしてしまった後」である[PAW: 12, 18]。哲学は、イスラーム世界において、単に不信仰というだけではなく、「怪しい suspect」追究を意味するようになった。哲学の地位は「不安定 precarious」であった [PAW: 18]。その意味は、哲学の「正 the right」、「自由 freedom」、「正当性 the legitimacy」が承認されていないことである [PAW: 17, 18]。ファーラービーの関心は、「哲学が不鮮明にされたり破壊されたりしてしまった後の、哲学の導入 introduction」にある、つまり「哲学の復興」にある [PAW: 12]。

そしてここに、一方におけるキリスト教と、他方におけるイスラーム教およびユダヤ教との「最も重要な差異」の一端がある、とシュトラウスは主張する[12]。神聖な教説は、前者においては「啓示神学」であり、

---

8 "Falabi's Plato," in Louis Ginzberg: Jubilee Volume on the Occasion of His Seventieth Birthday, English Section, The American Academy for Jewish Research, 1945.
9 ここで「知識社会学」が念頭におかれていることは明らかである。それは「思想と社会との間の本質的調和を当然視する」。それに対してシュトラウスは、「未来の哲学社会学」を宣言する [PAW: 7]。
10 つまり「哲学と社会との間に調和はまったく存在しなかった」[PAW: 17]。
11 次の箇所も参照せよ。「イスラーム的およびユダヤ的哲学者たちは、この諸事物の状態〔ポリスが全体主義的であったこと〕と、彼ら自身の時代に広まっている状態との間の類似を承認した」[PAW: 21]。
12 シュトラウスは「導入」において、キリスト思想、イスラーム思想、およびユダヤ思想を2つの陣営に分ける：一方におけるキリスト的スコラ主義 Christian scholasticism と、他方

あるエピローグ

後者においては「＜神法＞の法的解釈」である．それと哲学との共通性は，前者においてよりも後者においてのほうがはるかに少ない[13]．それゆえに，哲学の地位は，「原理の問題として as a matter of principle」，前者においてよりも後者においてのほうがはるかに「不安定」である．キリスト教において哲学は，神聖な教説の学徒の公式に承認された，そして必要とさえされる訓練に「統合され integral」た [PAW: 19]．

このように，シュトラウスはキリスト思想，イスラーム思想，およびユダヤ思想の間の差異を，哲学と社会との緊張関係[14]の観点から理解する．しかし，彼は別の箇所において，3つの宗教全体と哲学との関係に触れている．最後にそこに触れることによって本稿を締めくくることにしよう．

中世は，西洋世界の次の2つの最も重要な勢力の間での第1の，そして確かに第1の十全なディスカッションを目撃した：＜聖書＞の

におけるイスラーム的およびユダヤ的中世哲学 Islamic and Jewish medieval philosophy．前者は主義であり，後者は信仰ではなく哲学であるとされるが，彼は両者の間の「根本的差異」の存在を指示する．それを認識するために，彼は一方におけるユダヤ教およびイスラーム教 Judaism and Islam と，他方におけるキリスト教 Christianity との間の「本質的差異」を考察する．＜啓示＞ Revelation は前者においては＜信仰＞ Faith というよりは＜法＞ Law の性格をもつ [PAW: 8-9]．

13 なぜそうなのか？ 少なくとも「導入」においてはほとんど説明がなされていないように思われる．次のように理解することはできようか．イスラーム的およびユダヤ的哲学者たちにとっては，啓示は信仰というよりは法として現われるので，彼らが啓示について省察する場合に，それは「信条」や「教義の一式」ではなく「社会的命令 a social order」となり，それは，法として，命令として，人びとの行動だけでなく思想や意見までも「統制する regulate」．したがって，哲学者の側は，哲学の自由を擁護するために，啓示＝神法を，法に即して解釈する．神法の法廷を前にして哲学の正当化を強制された哲学者たちがつくりだした，この「＜神法＞の法的解釈」は，彼ら自身の基準からすれば哲学からほど遠いものであるかもしれない [cf. PAW: 9-10]．

14 もちろん，単に緊張，敵対，コンフリクトのみが問題になっているのではない．「神学―政治問題」が「人間的共生の正しい秩序への問い」をも含むことはすでに見た．シュトラウスによれば，ファーラービーが示唆するのは，「プラトンは〔都市の〕俗衆とのコンフリクトを，かくしてソクラテスの運命を回避した」ことである [PAW: 16]．プラトン政治哲学が人間的共生の正しい秩序の問題と関係していることについての，より直接的な議論としては，cf. CM: 51-52．

宗教とギリシア人たちの科学すなわち哲学．それは，倫理的一神教と異教との間ではなく，すなわち2つの宗教の間ではなく，宗教それ自体と科学すなわち哲学それ自体との間でのディスカッションであった：信仰と服従とに基礎づけられた生き方と，自由な洞察に，人間的知恵にのみ基礎づけられた生き方との間での．……神秘主義者の特殊な諸経験がトーラーの絶対的真理を保証する仕方は，それらがキリスト的教義やイスラームの主義の絶対的真理を保証する仕方と別のものではない．……事実において，そうした〔3つの偉大な一神教的宗教の間での〕教説上の諸コンフリクトの解決不可能な性格こそが，哲学的諸研究への衝動を生みだし，あるいは少なくとも強めたのである[15]．[RCPR: 214-215]

異なる宗教間の「絶対的真理[16]」をめぐる衝突が矛盾として意識されるとき，哲学への衝動が生まれる．ここにおいてもまた，シュトラウスは哲学の誕生の場面を描いて見せるのである [cf. NRH: 86]．

---

15 「世界と人間の歴史の本来的な，唯一の，および最も深い主題 Das eigentliche, einzige und tiefste Thema der Welt- und Menschengeschichte」としての「不信仰と信仰のコンフリクト der Konflikt des Unblaubens und Glaubens」というゲーテの語句が，PAWにおいても引用されている [PAW: 107, n. 35]．

16 ファーラービーの哲学賞賛の意図が，宗教から「認知的価値 cognitive value」をとり除くことにあるというシュトラウスの主張については，cf. PAW: 13．

参考文献

Braque, Rémi (1998), "Athens, Jerusalem, Mecca: Leo Strauss's 'Muslim' Understanding of Greek Philosophy," Poetics Today, vol. 19, no. 2.
Connolly, William E. (2005), "Pluralism and Relativism," *Pluralism*, ch.2, Duke University Press（杉田敦ほか訳『プルーラリズム』岩波書店，2008 年）.
―――― (2006), "Pluralism and Faith," in *Political Theologies: Public Religions in a Post-Secular World*, ed. by Hent de Vries and Lawrence E. Sullivan, Fordham University Press.
Meier, Heinrich (2003), *Das theologisch-politische Problem: Zum Thema von Leo Strauss*, J. B. Metzler（石崎嘉彦・飯島昇藏・太田義器監訳『レオ・シュトラウスと神学―政治問題』，晃洋書房，2010 年）.
Tanguay, Daniel (2007), *Leo Strauss: An Intellectual Biography*, trans. by Christopher Nadon, Yale University Press.
飯島昇藏(1997)．『スピノザの政治哲学――『エティカ』読解をとおして』，早稲田大学出版部．
大竹弘二(2008)．「リベラリズム，ユダヤ人，古代人――レオ・シュトラウスにおける啓示の二義性」『思想』第 1014 号．
柴田寿子(2009)．『リベラル・デモクラシーと神権政治――スピノザからレオ・シュトラウスまで』，東京大学出版会．
藤原保信(1995)．『学問へのひとつの道――働くことと学ぶこと』，私家版．

Toward the Political Philosophy of Leo Strauss
Ed. Ryo Nishinaga
Otaru University of Commerce Press

ABSTRACTS

Introduction: Strauss's Political Philosophy and "Liberal Education"

Ryo Nishinaga

Two questions are equally essential for Strauss: What Is Political Philosophy? and What Is Liberal Education? Liberal education means originally to liberalize men in the *polis* who have leisure (*scholē*) for themselves. It is related to politics and philosophy, each of which requires both leisure and some amount of property in order to cultivate human excellence (virtue and wisdom). Democracy is originally identical with aristocracy, a regime governed by the educated, hence virtuous and wise, people. We, living in mass democracy, are free as the sovereign, even if uneducated. Philosophy or science in turn has been modernized and "specialized." Liberal education is therefore all the more necessary for us: to found an aristocracy within mass democracy, and to "specialize" in philosophy, i.e. to liberate our own mind from prejudices of our times. The present book aims to prepare such an education through reading and interpreting Strauss's texts.

1. **Political Zionism and Atheism: Focusing on Strauss's Essays on Freud**

Takashi Sato

Studies in recent years have clarified that during his time in Germany, the political philosopher Leo Strauss was deeply involved in political Zionism, and in particular, its theoretical activities. With this in mind, the purpose of this study is to inquire into the "theologico-political problem" discussed in Strauss's "»Die Zukunft einer Illusion«" and "Zur Ideologie des politischen Zionismus". According to Strauss, despite the fact that political Zionism is a movement based on unbelief, it feigns neutrality without facing up to its own atheistic character. "The struggle between unbelief and belief" still continues, and political Zionism must still fight this battle to the bitter end. Additionally, the "fact of religion as such" cannot be reduced to culture in general, for it is impossible to conceal it. For this reason, modern Jews must also accept "the struggle between unbelief and belief," and by doing so, the foundational reality of their "theologico-political problem" should become evident.

2. "The Theologico–Political Problem" in the Chapter on Max Weber of Strauss's *Natural Right and History*

Ryo Nishinaga

It has been said that Strauss criticizes Weber's view of science as "value-relativistic" in ch. II of *NRH*. The representative of such an interpretation in Japan was Yasunobu Fujiwara, who himself criticized Weber's realistic political theory and claimed the revival of the normative one. But this way of understanding does not reach fully Strauss's true intention, for he seems to find out the conflict between divine revelation and science or philosophy, not just value conflicts, in "awful depths" of Weber's thought. This article therefore attempts to prove that it is not the element of value relativism, but "the theologico-political problem" which leads Strauss to examine Weber's thought. In *NRH*, the problem of natural right concerns certainly the right way of life, i.e. philosophy as distinguished from the divine law as well as the natural law. The article in the last analysis aims to cast light on some implications of the virtue of moderation within ch. II of *NRH*, in order to understand what Strauss means by political philosophy.

3. Philosophy and Religion: Machiavelli, Spinoza and Strauss

Shozo Iijima

After pointing out the Japanese recent growing interest in Strauss, I examine briefly such an interpretation of Strauss as a religious thinker, i.e., an anti-scientific scholar expounded especially by one of the Japanese prominent social scientists, Ryuichi Nagao. Then I, interpreting Strauss as a philosopher, try to show his view of Spinoza as "the disciple of Machiavelli," by elaborating on, among others, his interpretations of (1) Spinoza's critique of "Utopia," (2) Spinoza as the theoretical founder of "political Zionism," (3) Spinoza's critique of religions, and (4) his *neutral* attitude toward the Jewish people. Finally I dare to suggest that Strauss, as a teacher, may be construed as one of the modern philosopher-kings through his education of "the perfect prince" *both* at the university *and* in his writings.

4. Hedonism and Politics: On Leo Strauss's Interpretation of Epicureanism

Satoshi Nakagane

Strauss's interpretation of Epicureanism has not been given due appreciation in understanding Strauss's thought. It originated from the critical reception of Nietzsche's ambivalence about Epicurus which enabled the young Strauss to distinguish the 'original' Epicureanism from its 'modern' variations: popular, Christianized or political. But this variety was eventually identified with the diversity of means by which to attain *ataraxia*, the final purpose of Epicurean philosophy. In *Natural Right and History* (1953), Strauss claims that Epicureanism as philosophical conventionalism had much in common with the classical natural right theory, among which is an alleged Epicurean insult to man-made laws. Epicurean natural philosophy discloses any justice on earth to be but a devious substitute for the lost *moenia mundi* (Lucretius), but takes it nevertheless to be necessary for peace and safety the philosophical life needs. Given Strauss's repeated suggestion that any genuine philosophy involves a certain politics if it is to give man the supreme pleasure, the 'original' Epicureanism may be understood to have recognized it with natural right theory but from a different view of nature. The modernization of Epicureanism had its origin in Lucretius's didactic poem where it had become enlightened ("Notes on Lucretius," 1968). Since then it has been accepted only as an incubator of modernity, but it never lost its original ambivalence about justice in Montaigne's legal thought or even in Hobbes's moral and political philosophy. Though not an Epicurean or a hedonist himself, Strauss as a philosopher approves of the Epicurean image of human predicament as 'an unwalled city.'

5. Socrates' Funeral Speech: Rhetoric and Education in Plato's *Menexenus*

Kazutaka Kondo

The aim of this chapter is to investigate the motivation and effect of Socrates' funeral oration in Plato's *Menexenus*. In Plato's works, Socrates is usually depicted as the critic of rhetoric and of the teachers of the skill, the Sophists. However, in the *Menexenus* Socrates himself makes a great and complete funeral speech, praising the Athenian constitution and its foreign policy. Facing this apparent contradiction, the previous studies tend to regard the dialogue as a non-genuine work of Plato or simply disregard it. This chapter focuses on two features of Socrates' speech. First, it is a criticism of Pericles' famous funeral oration that extols the Athenian empire. Second, it is addressed only to a young man, Menexenus, who is politically ambitious. From this, the chapter argues that through making a fine speech Socrates proposes a new way of imagining the greatness of Athens that is radically different from the greatness of the empire, and that he attempts to educate the ambitious young man about the new mode of politics and, possibly, the philosophical way of thinking by attracting him to the Socratic speech.

6. The Dialogue between Strauss and Gadamer: Toward the Task of Philosophy in the Postmodern Age.

Tetsuri Kato

The purpose of this paper is to compare the two representative philosophers in the 20th century, Leo Strauss and Hans-Georg Gadamer. Each of the two experienced the crisis of the Western civilization and its fundamental values in the first half of the 20th century. They devoted their lives to finding the new way of thinking to break the deadlock of modern society by restoring the ancient Greek philosophy in their own original ways. This article elucidates the difference between these thinkers from three points of view; 1)the concept of history and 2) the concept of nature, and 3) the method of text interpretation.

Given Strauss' criticism of relativism and historicism, the disagreement between the two lies only around the evaluation of the Heideggerian concept of historicity, and if so, Gadamer's philosophical hermeneutics would be simply regarded by Strauss as one of the eminent derivations from his mentor. But this article does not remain in such superficial contrast, and by comparing them in three perspectives, it makes clear that behind the discrepancy there is the different understanding of the philosophizing and the truth, both of which will respectively show us the way to think the task of philosophy in the postmodern age.

7. A Comparison between Two Essays on Aristotle by H. V. Jaffa and C. Lord in *History of Political Philosophy*: With a Focus on the Status of "Philosophy" in Aristotle's Political Philosophy

Jun Sasaki

This study compares two essays on Aristotle in *History of Political Philosophy*. In the third edition, the author on Aristotle changed from Harry Jaffa to Carnes Lord. Lord pays much more attention to Aristotle's rhetorical strategy than

Jaffa. This makes a crucial difference on how they characterize philosophy in Aristotle's political philosophy. On the one hand, Jaffa consistently interprets philosophy in the *Politics* as the theoretical speculation. This leads him to the conclusion that the solution of the political problem requires a certain coincidence of philosophy and political power, which reminds us of Plato's philosopher-kings. On the other hand, Lord states that Aristotle often uses philosophy in the broad sense. Philosophy in this sense is what we would today call "culture," consisting mainly of the leisured cultivation of music and poetry. The primary audience of Aristotle's political writings is "gentlemen," who never understand what philosophy really is and are incapable of it, although they can sympathize with it. The purpose of presenting philosophy as culture is to tame their *thymos*. Aristotle remarks in the second book of the *Politics* that Socrates in the *Republic* did not rely on philosophy. But we know that philosophy plays a key role in the *Republic*. Only when we conceive philosophy in the broad sense as Lord points out, can we understand the meaning of that phrase.

8. On Strauss Divided: An Introduction to the Political Philosophy of H. V. Jaffa

Hirotaka Inouye

Although it is said that Harry V. Jaffa is one of the most influential disciples among Strauss's students, he remains a little known in the Japanese academic community which have comprehensively studied the political philosophy of Strauss and his disciples over many years. One reason why Jaffa is so unpopular in Japan may be that the Japanese advocates for Straussian political philosophy have paid less careful attention to the fundamental political significance of Lincoln's speeches and the Declaration of Independence that Jaffa have found in *Crisis of the House Divided* and his other books. In this chapter I introduce Jaffa's political philosophy, in particular focusing on his interpretation of Lincoln's Lyceum Address in 1838. I also review the reason why Jaffa identifies East and West as the meaningful classification when he opposes the three schools of East Coast, West Coast and Midwest that Catherine and Michael Zuckert claim as Straussian Geography.

9. Book review: Kenneth Hart Green, *Leo Strauss and the Rediscovery of Maimonides* (Chicago: The University of Chicago Press, 2013)

Isaiah (Izaya) Teshima

The book is an excellent introduction to the depth of Leo Strauss' political thinking as a congruence of political philosophy and Jewish thought, in which the author particularly highlights the face of Leo Strauss as "honest archaeologists of thought and undogmatic historical scholars" who struggle for the advancement of the historical understanding of Maimonides and for delineating the logic of modern liberalism as based on historical truth. Thus the review is critically interested in the book by raising the following three historical enquiries to further validate the author's argument.

1) What makes Strauss, as a person, concerned with Maimonides? Particularly, according to Ami Bouganim, Leo Strauss met with Jacob Gordin in Berlin, spending time together to discuss the ideal of modern Judaism, comparing Judah Halevi and Maimonides; what are the causes that lead Strauss to limit his focus to Maimonides?
2) Does Strauss himself do justice to understanding Spinoza's critique of Maimonides? Historically, Spinoza criticizes Maimonides for his view of the metaphorical level of meaning as a tool of solving contradictions caused by the literal level of reading, whereas Maimonides himself does not view the two levels of meaning—the "apparent" and the "secret"—as exclusive to each other.
3) What does Maimonides himself mean by the "secret" level of meaning of the biblical prophecies? Is there a political motive behind this level, while Maimonides recognizes a distinction of the

"apparent" level of meaning as conveying political wisdom such as moral virtue and social values?

In sum, the reconsideration of Leo Strauss as a historian of Jewish thought, as advanced by the argument and the knowledge through the book, would certainly open questions regarding the methodological ground of studying Maimonides and Kabbalah historically, and should also invite further debates on how to value today's political liberalism in terms of the history of political ideas.

An Epilogue: The Present of "Liberalism"

Ryo Nishinaga

In this century Strauss's political philosophy has been attracting still more academic interest. This phenomenon seems to have been caused partly by the actual problem of the relationship between philosophy and politics (e.g. the so-called "Neo-Con(s)") or between politics and religion (e.g. the religious challenge to modern liberalism in the "post-secular" age). In those contexts he is frequently regarded as anti-liberal. This essay deals with Connolly's pluralistic criticism in order to understand "liberalism" peculiar to Strauss, through (re-)reading his self-critical "Preface" on Spinoza. In doing so, it attempts to prove that his "liberalism" implies a movement of liberating potential philosophers from their prejudices so that they can live in free inquiry, i.e. of introduction to philosophy. The point here is, therefore, how to manage the tension between philosophy and society (including both politics and religion), rather than to establish the coexistence among different faiths in a certain society. In this light the essay also clarifies the reason for his turn to Islamic medieval philosophy, especially Farabi's: to understand Plato's political philosophy.

人名索引

ア行

アヴェロエス　Averroes　82, 95, 102, 237
アウグスティヌス　Augustinus　119, 123
アリストテレス　Aristoteles　12, 102, 108, 165, 166, 179, 180, 181, 182, 183, 184, 185, 186, 187, 188, 189, 191, 192, 193, 198, 201, 202, 205, 206, 207, 208, 219, 221
アリストファネス　Aristophanes　80, 81, 110
アレキサンダー大王　Alexander the Great　203
ウァレンティヌス　Valentinus　96
ウァロ　Varro, Marcus Terentius　119
ウィルソン　Wilson, Woodrow　207, 208
ウェーバー　Weber, Max　7, 9, 11, 41, 42, 43, 44, 45, 46, 47, 48, 49, 50, 51, 52, 53, 54, 55, 56, 57, 58, 60, 62, 63, 64, 69, 215
ウェスト　West, Thomas G.　201
ウェッターグリーン　Wettergreen, John A.　198
ヴォルテール　Voltaire　97
エピクロス　Epicurus　11, 81, 82, 83, 91, 92, 93, 94, 95, 96, 97, 98, 99, 100, 101, 102, 103, 104, 105, 106, 107, 108, 109, 111, 112, 113, 114, 115, 116, 117, 118, 119, 120, 121, 122, 123, 125, 126
オークショット　Oakeshott, Michael　91, 92, 95, 123, 126
オリゲネス　Origenes　96

カ行

ガーダマー　Gadamer, Hans-Georg　12, 159, 160, 161, 162, 163, 164, 165, 166, 167, 168, 169, 170, 171, 172, 173, 174, 175, 176, 177, 178

カエサル　Caesar, Gaius Julius　100, 121, 203, 204
ガッサンディ　Gassendi, Pierre　101
カルネアデス　Carneades　117, 118
カント　Kant, Immanuel　68, 72, 215, 222
キケロ　Cicero, Marcus Tullius　101, 114, 116, 117, 118, 119, 121, 123
ギャルストン　Galston, William A.　201
グリーン　Green, Kenneth Hart　13, 213, 216, 219, 220, 222, 226, 227, 229, 231
クレイ　Clay, Diskin　92, 122, 198
クレイナック　Kraynak, Robert P.　198
クロプシイ　Cropsey, Joseph　194, 201
ケアリー　Carey, George W.　202
ゲーテ　Goethe, Johann Wolfgang von　24, 32, 36, 244
ケスラー　Kesler, Charles　201, 208
ケニントン　Kennington, Richard H.　45, 58, 59
ケンドール　Kendall, Willmoore　202
ゴールドウォーター　Goldwater, Barry M.　198
コジェーヴ　Kojève, Alexandre　106, 107, 159
コノリー　Connolly, William E.　68, 235, 236, 237, 238, 240, 241
コンスタン　Constant, Benjamin　73

サ行

ジェファソン　Jefferson, Thomas　206
ジャファ　Jaffa, Harry V.　12, 13, 87, 179, 181, 184, 185, 186, 187, 188, 189, 191, 192, 195, 196, 197, 198, 199, 200, 201, 202, 203, 204, 205, 206, 207, 208, 209, 210
ジャファ　Jaffa, Marjorie　198
シュミット　Schmitt, Carl　21, 61, 62, 189, 194

ショーレム　Scholem, Gershom　20, 21, 39, 218, 219, 222, 223
スピノザ　Spinoza, Baruch de　11, 13, 26, 59, 60, 62, 67, 68, 72, 73, 74, 75, 76, 77, 78, 79, 80, 81, 82, 83, 84, 86, 87, 88, 89, 92, 94, 97, 102, 126, 170, 214, 215, 221, 224, 225, 226, 227, 228, 229, 230, 236, 237, 239, 240, 241
セネカ　Seneca　101, 102
ソクラテス　Socrates　11, 12, 80, 87, 114, 123, 127, 128, 129, 130, 131, 134, 135, 136, 137, 138, 139, 140, 141, 142, 143, 144, 145, 146, 147, 148, 149, 150, 151, 152, 153, 154, 155, 156, 157, 165, 166, 167, 173, 175, 176, 184, 185, 187, 191, 199, 200, 243
ソッツィーニ（ソキヌス）　Sozzini, Fausto Paulo　96, 97

タ行

ダイアモンド　Diamond, Martin　199, 201, 202
ダグラス　Douglas, Stephen A.　196, 199, 202, 203, 204
タルコフ　Tarcov, Nathan　68, 179, 194
ツッカート　Zuckert, Catherine H.　12, 199, 200, 201, 202, 205, 206, 207, 208, 210
ツッカート　Zuckert, Michael P.　12, 197, 198, 199, 200, 201, 202, 205, 206, 207, 208, 209, 210
ディオゲネス・ラエルティオス　Diogenes Laertius　101, 123
デカルト　Descartes, René　78, 98, 221
テルトゥリアヌス　Tertullianus　96
トゥキュディデス　Thucydides　110, 113, 127, 129, 131, 149, 189
ドストエフスキー　Dostoyevsky, Fyodor　34
トラシュマコス　Thrasymachus　110, 123, 199

ナ行

長尾龍一　70, 71, 72, 79, 87
ナポレオン　Napoléon Bonaparte　203
ニーチェ　Nietzsche, Friedrich Wilhelm　51, 62, 88, 91, 92, 95, 96, 99, 100, 105, 106, 121, 122, 126, 174, 176

ハ行

バーンズ　Berns, Walter　198, 201
ハイデガー　Heidegger, Martin　105, 106, 122, 126, 159, 162, 167, 174, 176, 215, 218, 233, 234
パスカル　Pascal, Blaise　98, 106
バックリー・ジュニア　Buckley, Jr., William F.　198
ハレヴィ　Halevi, Yehudah　85, 216, 217, 218, 219, 231, 232
パングル　Pangle, Thomas L.　179, 194, 198, 201
ピンスカー　Pinsker, Leon　74
ファーラービー　al-Farabi　241, 242, 243, 244
ファリントン　Farrington, Benjamin　100, 101
藤原保信　42, 43, 46, 47, 48, 49, 190, 233
フッサール　Husserl, Edmund　43, 215, 218
プラトン　Platon　11, 12, 68, 72, 84, 86, 87, 92, 99, 100, 102, 108, 110, 114, 115, 117, 118, 119, 122, 123, 127, 128, 130, 134, 135, 141, 157, 165, 166, 167, 168, 169, 171, 172, 173, 179, 180, 182, 184, 185, 187, 188, 189, 191, 192, 205, 219, 221, 229, 241, 242, 243
ブルーム　Bloom, Allan　99, 100, 176, 201, 233, 234
フロイト　Freud, Sigmund　10, 19, 21, 22, 24, 25, 27, 28, 29, 30, 31, 32, 33, 35, 36, 37, 39, 43, 70, 71
ブロシャール　Brochard, Victor　102
プロペルティウス　Propertius　123

人名索引

ヘーゲル　Hegel, G. W. F.　68, 69, 87, 89, 106, 107, 164, 221, 222
ベール　Bayle, Pierre　97
ヘラクレイトス　Heraclitus　109, 113, 167, 177
ヘロドトス　Herodotus　109
ベンヤミン　Benjamin, Walter　20, 39
ホッブズ　Hobbes, Thomas　21, 42, 69, 72, 74, 78, 87, 91, 92, 95, 96, 97, 98, 99, 102, 111, 123, 124, 194

マ行

マイモニデス　Maimonides, Moses　13, 19, 20, 170, 213, 214, 215, 216, 217, 218, 219, 220, 221, 222, 223, 224, 225, 226, 227, 228, 229, 230, 231, 232, 237
マキァヴェッリ　Machiavelli, Niccolò　11, 51, 67, 69, 70, 72, 73, 74, 76, 77, 78, 79, 80, 81, 82, 86, 87, 89, 95, 102
マルキオン　Marcion　96
マルクス　Marx, Karl　43
丸山眞男　9, 10
マンスフィールド　Mansfield, Jr., Harvey C.　201
メンデルスゾーン　Mendelssohn, Moses　34, 216
メンミウス　Memmius, Gaius　120, 121
モミリアーノ　Momigliano, Arnaldo　100, 101
モンテーニュ　Montaigne, Michel de　123

ヤ行

ヨセフ　Joseph, Max　21, 30, 31, 32, 33, 34, 35

ラ行

ラ・ペイレール　La Peyrère, Isaac de　97
ラーナー　Lerner, Ralph　201
ライプニッツ　Leibniz, Gottfried Wilhelm　78, 221
ラクタンティウス　Lactantius　117

リウィウス　Livius, Titus　73
リンカン　Lincoln, Abraham　196, 197, 198, 199, 200, 201, 202, 203, 204, 205, 206, 207, 208, 209
ルキアノス　Lucianus　95
ルクレティウス　Lucretius　83, 92, 94, 104, 112, 119, 121, 123, 125
ルソー　Rousseau, Jean-Jacque　87
レーヴィット　Löwith, Karl　20, 21, 176, 215
ローゼンツヴァイク　Rosenzweig, Franz　26, 34
ロード　Lord, Carnes　12, 179, 180, 181, 182, 183, 184, 185, 186, 188, 189, 191, 192
ロック　Locke, John　75, 201, 205, 206

257

初出一覧

序　論　書き下ろし.

第1章　書き下ろし.

第2章　「シュトラウスのウェーバー論における「神学—政治問題」——『自然的正と歴史』 Natural Right and History 第Ⅱ章の再検討」（『政治哲学』第16号，2014年）に若干の修正を加えたもの.

第3章　「Machiavelli, Spinoza and Leo Strauss—Philosophy and Religion—」（同志社大学21世紀COEプログラム「一神教の学際的研究——文明の共存と安全保障の視点から」2006年度研究報告書，2007年）を大幅に圧縮・修正したもの.

第4章　「快楽主義と政治——レオ・シュトラウスのエピクロス主義解釈について」（『政治哲学』第9号，2010年）に若干の修正を加えたもの.

第5章　「プラトン『メネクセノス』篇におけるソクラテスの葬送演説——帝国主義批判と弁論術の教育的使用について」（『政治思想研究』第13号，2013年）を加筆修正したもの.

第6章　「レオ・シュトラウスとガーダマーの対話」（『政治哲学』第14号，2013年）に若干の加筆と修正を加えたもの.

第7章　「『政治哲学の歴史』におけるH・V・ジャッファとC・ロードのアリストテレス論の比較——「哲学」の位置付けを中心として」（『政治哲学』第16号，2014年）の修正版.

第8章　「分かたれたるレオ・シュトラウスの危機（書評——Harry V. Jaffa et al. Crisis of the Strauss Divided: Essays on Leo Strauss and Straussianism, East and West）」（『政治哲学』第15号，2013年）に大幅な加筆と修正を加え，新たな論文としたもの.

第9章　『政治哲学』第16号（2014年）に掲載された書評論文に修正・加筆を施したもの.

あるエピローグ
　　　　書き下ろし.

執筆者紹介

編著者

西 永　　亮 （にしなが・りょう）

1972 年生まれ．
現在，小樽商科大学教授．
最終学歴：博士（政治学）［早稲田大学］．
主要業績：『初期ルカーチ政治思想の形成——文化・形式・政治』（小樽商科大学出版会，2014 年）；『「政治哲学」のために』（共著，行路社，2014 年）；『岩波講座 政治哲学』第 4 巻（共著，岩波書店，2014 年）；ラクラウ，ムフ『民主主義の革命——ヘゲモニーとポスト・マルクス主義』（共訳，ちくま学芸文庫，2012 年）；シュトラウス『リベラリズム 古代と近代』（共訳，ナカニシヤ出版，2006 年）．
担当箇所：序論，第 2 章，あるエピローグ．

執筆者(50音順)

飯島昇藏（いいじま・しょうぞう）

1951年生まれ．
現在，早稲田大学教授．
最終学歴：Ph. D. (Political Science) [The University of Chicago].
主要業績：『スピノザの政治哲学』（早稲田大学出版部，1997年）；『社会契約』（東京大学出版会，2001年）；『「政治哲学」のために』（共編著，行路社，2014年）；シュトラウス『ホッブズの政治学』（共訳，みすず書房，1990年）；シュトラウス『僭主政治について』（共訳，現代思潮新社，上2006年，下2007年）；シュトラウス『哲学者マキアヴェッリについて』（共訳，勁草書房，2011年）．
担当箇所：第3章．

井上弘貴（いのうえ・ひろたか）

1973年生まれ．
現在，神戸大学准教授．
最終学歴：博士（政治学）[早稲田大学].
主要業績：『ジョン・デューイとアメリカの責任』（木鐸社，2008年）；「ウィルモア・ケンドールのロック読解について──『ジョン・ロックと多数派支配の原理』（1941年）と「ジョン・ロック再訪」（1966年）を中心に」『政治哲学』第12号，2012年；「ニューディールの挑戦，ニューディールへの挑戦──リベラリズムの転機と合衆国の知識人たち」『政治思想研究』第12号，2012年．
担当箇所：第8章．

加藤哲理（かとう・てつり）

1981年生まれ．
現在，名古屋大学准教授．
最終学歴：博士（法学）[京都大学].
主要業績：『ハンス＝ゲオルグ・ガーダマーの政治哲学──解釈学的政治理論の地平』（創文社，2012年）；「＜解釈＞を解釈する──思想史方法論としての哲学的解釈学」『政治思想研究』第13号，2013年．
担当箇所：第6章．

執筆者紹介

近藤和貴（こんどう・かずたか）

1978年生まれ．
現在，日本学術振興会特別研究員(PD)．
最終学歴：Ph. D. (Political Science) [Boston College].
主要業績：*Socrates' Understanding of his Trial: The Political Presentation of Philosophy*, ProQuest, 2011；「ソクラテスはメレトスを論駁したか——プラトン『弁明』篇におけるソクラテスの目的をめぐって」*Studia Classica* 4, 2014年；『「政治哲学」のために』（共著，行路社，2014年）；シュトラウス『政治哲学とは何であるか？とその他の諸研究』（共訳，早稲田大学出版部，2014年）；デイヴィッド・グリーン『ギリシア政治理論——トゥキュディデスとプラトンにおける男のイメージ』（共訳，風行社，2014年）．
担当箇所：第5章．

佐々木潤（ささき・じゅん）

1976年生まれ．
現在，麻布中学・高等学校教諭．
最終学歴：修士(政治学)[早稲田大学]．
主要業績：「アリストテレス政治学の一解釈　政治哲学の意義をめぐって」（修士論文，2001年）；デイヴィッド・グリーン『ギリシア政治理論——トゥキュディデスとプラトンにおける男のイメージ』（共訳，風行社，2014年）；シュトラウス『都市と人間』（共訳，法政大学出版局，近刊予定）．
担当箇所：第7章．

佐藤貴史（さとう・たかし）

1976年生まれ．
現在，北海学園大学准教授．
最終学歴：博士(学術)[聖学院大学]．
主要業績：『フランツ・ローゼンツヴァイク——＜新しい思考＞の誕生』（知泉書館，2010年）；「ユダヤ・ルネサンスの行方，ローゼンツヴァイクの挫折——20世紀ユダヤ思想史における近代批判の諸相」『思想』第1045号，2011年；『「政治哲学」のために』（分担章：第9章「レオ・シュトラウスにおける「神の問題」——『哲学と法』を中心にして」，行路社，2014年）；シュトラウス「スピノザの遺言」（単訳）『思想』第1014号，2008年．
担当箇所：第1章．

手島 勲矢 (てしま・いざや)

1958 年生まれ．
現在，京都大学，関西大学ほか非常勤講師．
最終学歴：Ph. D. [Harvard University].
主要業績：『わかるユダヤ学』（編著，日本実業出版，2002 年）；『ユダヤの聖書解釈——スピノザと歴史批判の転回』（岩波書店，2009 年）．
担当箇所：第 9 章．

中金　聡 (なかがね・さとし)

1961 年生まれ．
現在，国士舘大学教授．
最終学歴：博士(政治学)[早稲田大学]．
主要業績：『オークショットの政治哲学』（早稲田大学出版部，1995 年）；『政治の生理学——必要悪のアートと論理』（勁草書房，2000 年）；『「政治哲学」のために』（共編著，行路社，2014 年）；シュトラウス『政治哲学とは何であるか？とその他の諸研究』（共訳，早稲田大学出版部，2014 年）．
担当箇所：第 4 章．

シュトラウス政治哲学に向かって

2015 年 3 月 31 日発行　第 1 刷発行

編著者＝西永　亮
発行者＝和田　健夫
発行所＝国立大学法人小樽商科大学出版会
〒047-8501　小樽市緑 3 丁目 5 番 21 号
電話　0134-27-5222　　FAX　0134-27-5275
http://www.otaru-uc.ac.jp/htosyo1/shupankai/
発売元＝株式会社　紀伊國屋書店
http://www.kinokuniya.co.jp/

定　価＝本体 2,500 円＋税
ISBN 978-4-87738-456-2 C3010 ¥2500E